汽车电子产品营销与服务

主　编　朱靖华　谢政权
副主编　孙年芳　徐志豪
参　编　朱　燕　禹　云

北京理工大学出版社
BEIJING INSTITUTE OF TECHNOLOGY PRESS

图书在版编目（CIP）数据

汽车电子产品营销与服务/朱靖华，谢政权主编. —北京：北京理工大学出版社，2017. 2

ISBN 978 – 7 – 5682 – 1124 – 6

Ⅰ.①汽…　Ⅱ.①朱…　②谢…　Ⅲ.①汽车 – 电气设备 – 市场营销 – 高等学校 – 教材②汽车 – 电气设备 – 售后服务 – 高等学校 – 教材　Ⅳ.①F764.4

中国版本图书馆 CIP 数据核字（2015）第 196883 号

出版发行／北京理工大学出版社有限责任公司	
社　　址／北京市海淀区中关村南大街 5 号	
邮　　编／100081	
电　　话／（010）68914775（总编室）	
（010）82562903（教材售后服务热线）	
（010）68948351（其他图书服务热线）	
网　　址／http：//www. bitpress. com. cn	
经　　销／全国各地新华书店	
印　　刷／三河市天利华印刷装订有限公司	
开　　本／787 毫米×1092 毫米　1/16	
印　　张／12.5	责任编辑／王俊洁
字　　数／295 千字	文案编辑／王俊洁
版　　次／2017 年 2 月第 1 版　2017 年 2 月第 1 次印刷	责任校对／周瑞红
定　　价／42.00 元	责任印制／李志强

图书出现印装质量问题，请拨打售后服务热线，本社负责调换

前 言
Preface

    本书在编写过程中力求体现我国高等教育的特点，遵循"工学结合，能力本位"的教育指导思想：学生是学习的行动主体，以真实职业情境中的行动能力为目标，以基于职业情境的学习过程为途径，以独立地计划、独立地实施与独立地评估（自我调节的行动）为方法，以师生及学生之间互动的合作行动为方式，以强调学生自我建构的行动为过程，以专业能力、方法能力、社会能力、个人能力整合后形成的行动能力为评价标准。

    本教材是《汽车电子产品营销与服务》精品课程的配套教材，为满足课堂教学和教师备课的需要，教材附有一本配套的实训项目。实训项目有知识拓展、理论习题及项目工单，可为教师进行知识拓展、布置课后作业及填写项目工单提供帮助。本教材还配有电子教案、课件、课程网站，方便读者网上学习使用。

    本书建议学时为24~54学时，各学校可按照自身专业设置的具体情况灵活分配。

    本书由朱靖华、谢政权担任主编，由孙年芳、徐志豪担任副主编，朱燕、禹云参与编写。具体分工如下：情境1由谢政权编写，情境2由孙年芳编写，情境3由徐志豪编写，情境4由朱燕和朱靖华编写，情境5由禹云和朱靖华编写。全书由朱靖华统稿。

    在编写的过程中，我们参阅了大量的文献资料，在此，对这些文献资料的作者表示诚挚的感谢！由于编者的学识水平有限，教材中难免存在疏漏或错误，敬请各位专家和读者朋友提出宝贵的意见和建议，以便修订时完善。

编　者

目录
Contents

情境 ① 市场营销及汽车电子产品营销

🔄 情境导入

小王刚从汽车技术服务与营销专业毕业，应聘到了某汽车电子产品（以下简称电子产品）企业，从事汽车电子产品的营销工作，小王在上岗前想了解汽车电子产品营销的具体内容和营销模式，熟悉汽车电子产品营销人员所应具备的素质要求。

🔄 学习目标

✔ 知识目标

1. 了解市场营销和汽车电子产品营销的基本知识和内容。
2. 熟悉常见的市场营销方法。
3. 掌握汽车电子产品营销人员所应具备的素质要求。

✔ 能力目标

1. 具有现代营销的理念。
2. 对某一电子产品选择合适的营销方法。
3. 具有良好的职业道德和职业素养。
4. 能按商务礼仪的要求接待客户。
5. 能与客户保持长久的良好关系。
6. 能够通过各种媒体资源查找所需要的信息。

任务 1　市场营销和汽车电子产品营销认知

1.1.1　市场营销认知

一、市场的概念

市场的概念有狭义与广义之分。狭义市场的概念是指买卖商品的场所。广义市场的概念是指各种商品交换关系的总和。从营销者的角度来看，市场是指某种产品的现实购买者与潜在购买者需求的总和。

市场是由三个要素组成，即，市场 = 消费者人口 + 购买力 + 购买欲望。

二、市场营销的概念

市场营销是引导商品和服务从生产者到达消费者或用户所实施的企业活动。市场营销指的是一种活动，尤其是指企业的经营管理活动，是在创造、沟通、传播和交换产品的过程中，为顾客、合作伙伴以及整个社会带来价值的一系列活动、过程和体系。市场营销活动是从生产企业的生产活动结束，产出产品开始，直至产品到达消费者手中为止。也就是产品生产出来后，开始通过推销、广告、定价、分销等活动，把产品销售出去，到达消费者或用户手中，市场营销活动就算完成一个周期。商品交换关系的总和如图 1 – 1 – 1 所示。

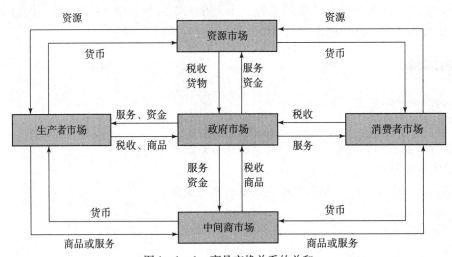

图 1 – 1 – 1　商品交换关系的总和

市场营销的核心是交换，从供给与需求两个方面来分析，同时满足自己需要和他人需要的唯一途径是商品交换，只有同时满足交换各方需要的交换活动才是市场营销，不满足任何一方或仅仅满足其中一方需要的市场活动都不是真正意义上的市场营销。

三、市场营销的目的

对于企业来说，赢利是其存在的理由，满足消费者的需要与欲望是它赢得利润的途径。企业只有发现消费者的现实与潜在需要，并通过商品交换尽力满足它，把满足消费者的需要变成企业赚钱的机会，这才是市场营销这一活动的终极目的。从消费者的角度来讲，花钱，就是为了满足自己的需要，在市场竞争中，消费者手中的钞票就像选票一样，如果企业的产品没能满足自己的需要，或没能完全满足自己的需要，那么，消费者将把自己的选票投给其他企业，这种选票决定着企业在市场中的生存与发展。因而，有眼光的企业经营者都会在服务、质量等各方面使消费者满意，这才是企业长远发展的道路。

四、市场营销的基本职能

市场营销不只是销售、推销，其内容要广泛得多。市场营销的基本职能可以归纳如下：

（一）与市场紧密联系，收集有关市场营销的各种信息、资料

开展市场营销研究，分析营销环境、竞争对手、顾客需求、购买行为等，为市场营销决策提供依据。

（二）根据企业的经营目标和企业内外环境分析，提出市场定位

结合企业的有利和不利因素，确定企业的市场营销战略和目标，细分市场，选择目标市场，提出市场定位。

（三）制定市场营销组合决策

1. 制定产品决策

包括调整和计划合理的产品数量、适应各个市场的现实和潜在需要；调整或改进老产品的式样、品质、功能、包装，开发新产品，优化产品组合，确定产品的品牌和商标、包装策略。

2. 制定价格决策

确定企业的定价目标、定价方法、定价策略，制定产品的价格，进行价格调整。

3. 制定销售渠道决策

确定销售渠道策略，选择适当的渠道中间商，管理和调整销售渠道，组织好产品的实体分配。

4. 制定促销决策

制定适当的促销方式和策略，包括人员推销、广告、宣传、公共关系、营业推广等，促进现实的和潜在的顾客购买本企业的产品。

5. 组织市场营销组合策略的实施

配合以上几点，有计划地组织市场营销组合策略的实施。

（四）市场营销计划的编制、执行和控制

此处不详述。

（五）销售事务与管理

包括建立与调整营销组织，制定销售及一般交易的程序和手续，销售合同管理，营销人员的培训、激励、分配等管理。

由以上基本职能可知，营销不仅是企业的经营活动，也是管理过程，是组织和指导企业满足顾客和社会的目前及未来的需要，从而实现企业预期的利润和目标的管理过程。因此，市场营销部门应与企业的生产、研究开发、财务、采购、人力资源等各部门协调一致，以顾客为核心，分工合作，相互配合，协调一致，形成合力，共同为有效满足顾客的需要，实现企业的市场营销目标而努力。

五、营销要素与市场营销组合

（一）营销要素

为了便于分析和运用市场营销要素，美国市场营销学家麦卡锡教授把各种市场营销要素归纳为4大类：产品（Product）、价格（Price）、分销（Place）、销售促进（Promotion），称4PS。

1．产品

它包括产品的外观、式样、规格、体积、花色、品牌、质量、包装、商标、服务、保证等子因素。这些子因素的组合，构成了产品组合要素（Product Mix）。

2．价格

它包括基本价格、折扣、津贴、付款时间、信贷条件等，构成了价格组合要素（Price Mix）。

3．分销

包括销售渠道、储存设施、运输、存货控制等，构成了分销组合要素（Place Mix）。

4．促销

包括人员推销、广告、公共关系、营业推广、售后服务等，构成了促销组合要素（Promotion Mix）。

（二）市场营销组合

就是指企业为追求预期的营销目标，综合运用企业可以控制的各种因素，并对之进行最佳组合，简称4PS组合，如图1-1-2所示。

市场营销组合有许多种组合形式，如质量可分为高、中、低三档；价格也可分为高、中、低三种价格；广告按其所使用媒体的不同，可分为报刊、电视、广播、橱窗广告等多种，其组合数目相当可观。只要其中某一个因素发生变化，就会出现一个新的组合。因此，在选择市场营销组合因素时，不要选择太多，否则，随着市场营销组合因素的增多，组合的数量会大大增加，不仅浪费时间、精力和资金，也使企业无所适从。

市场营销组合不是固定不变的静态组合，而是经常变化的动态组合。企业应善于动态地利用可以控制的市场营销因素，制定市场营销组合策略，以适应外部环境不可控因素的变化，在市场上争取主动，从而提高市场竞争能力，使企业更好地生存和发展。

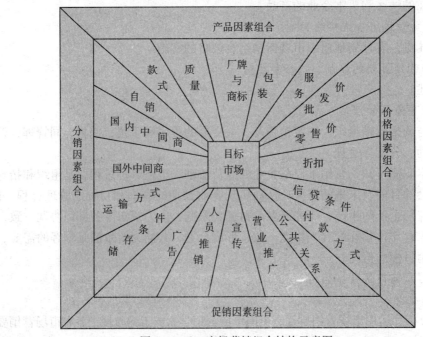

图1-1-2　市场营销组合结构示意图

六、市场营销的营销方法

（一）整合营销传播

这是指将一个企业的各种传播方式加以综合集成，其中包括一般的广告、与客户的直接沟通、促销、公关，等等，对分散的传播信息进行无缝接合，从而使企业及其产品和服务的总体传播效果达到明确、连续一致的提升。

（二）数据库营销

这是指以特定的方式在网络上（资料库或社区）或是收集消费者的消费行为资讯、厂商的销售资讯，并将这些资讯以固定格式累积在数据库当中，在适当的行销时机，以此数据库进行统计分析的营销行为。

（三）网络营销

网络营销是企业整体营销战略的一个组成部分，是为实现企业总体经营目标所进行的，以互联网为基本手段营造网上经营环境的各种活动。网络营销的职能包括网站推广、网络品牌、信息发布、在线调研、顾客关系、顾客服务、销售渠道、销售促进8个方面。国内积累多年经验的襟抱堂时刻保持对互联网的关注与观察，对新式营销传播载体第一时间研究、验证，确保利用最全面的方法为客户提供全方位的营销服务。从初创阶段至今，襟抱堂总结出20多种有效营销方式，才使襟抱堂成为行业领域中极具生命力和持续发展能力的翘楚，并长期拥有一批稳定客户。

（四）直接营销

这是在没有中间经销商的情况下，利用消费者直接通路来接触及传送货品和服务给客户。其最大的特色是"直接与消费者沟通或不经过分销商而进行"，利用一种或多种媒体，理论上可到达任何目标对象所在区域，包括地区上的以及定位上的区隔，且是一种可以衡量回应或交易结果的营销模式。

（五）关系营销

关系营销是从"大市场营销"概念衍生、发展而来的。它把营销活动看成是一个企业与消费者、供应商、分销商、竞争者、政府机构及其他公众发生互动作用的过程，其核心是建立和发展与这些公众的良好关系。

（六）绿色营销

这是指企业为了迎合消费者绿色消费的消费习惯，将绿色环保主义作为企业生产产品的价值观导向，以绿色文化为其生产理念，力求满足消费者对绿色产品的需求所做的营销活动。

（七）社会营销

这是基于人具有经济人和社会人的双重特性，运用类似商业上的营销手段达到社会公益的目的；或者运用社会公益价值推广其商品或商业服务的一种手段。与一般营销一样，社会营销的目的也是有意识地改变目标人群（消费者）的行为。但是，与一般商业营销模式不同的是，在社会营销中所追求的行为改变动力更多来自非商业动力，或者将非商业行为模拟出商业性卖点。

（八）病毒营销

这是一种信息传递策略，通过公众将信息廉价复制，告诉给其他受众，从而迅速扩大自己的影响。和传统营销相比，受众自愿接受的特点使得成本更少，收益更多、更加明显。

病毒式营销利用的是用户口碑传播的原理。在互联网上，这种"口碑传播"更为方便，可以像病毒一样迅速蔓延，因此，病毒式营销（病毒性营销）成为一种高效的信息传播方式，而且，由于这种传播是用户之间自发进行的，因此几乎是不需要费用的网络营销手段。

（九）危机营销

这包括两方面内容：一是圆满解决危机；二是通过一系列的策划和手段，将危机有效地转化为机遇。企业欲成功地实施危机营销，可通过以下途径：

1. 适当延长产品经营线

经销商在代理经营制造商的产品时，在尽可能的情况下，适当延长自己的产品经营线，以分化因制造商的危机而带来的风险。以某区域的经销商老王为例，其经营的产品线过于单一，主打产品就是乐百氏和汇源系列，结果在某次风波中，损失很大，虽然也采取了一些补救措施，但对其所造成的影响，在一定的时期内却是灾难性的。

2. 加大对终端网络的建设和维护力度

对于一个成功的经销商来讲，产品多样化经营是必要的，但主要依靠的应该是终端网络，而不是某一两个产品。只有这样，才能在发生危机时，快速地调整经营策略，充分利用自己所掌控的终端网络，以降低风险。

3. 加强与制造商的合作

一般情况下，企业（厂家、制造商）承受风险的能力要远远大于经销商。当制造商危机来临的时候，经销商应该观察一段时间，不要立即把货退回制造商，那种非常冲动的经销商，当企业危机过去的时候，他自己的损失是最大的，企业也不会再和这样的经销商合作，这些一般都是些没有实力和眼光的经销商的表现。特别是对于一些知名的企业，只要厂家向经销商传达的信息是积极主动的，经销商就应该积极地配合厂家。只要厂家遵守承诺，该退货的退货，该赔偿的赔偿，聪明的经销商此时应该和厂家同舟共济，共同挽救当前的不利局面。毕竟"锦上添花"的事并没什么值得称道的，而"雪中送炭"才会令人记忆深刻。这样，经销商不仅可以减少风险，而且在制造商的危机过去以后，还可以确立和企业更为密切的合作关系，相信在厂家的销售政策、促销力度等方面，也会取得更为丰厚的回报。

4. 提高自身的经营能力

在现代商业经营中，机遇和风险是并存的。要想成为一个优秀的经销商，就应该学会未雨绸缪，要时刻树立危机意识，时时关心厂家、产品和市场的动态，合理把握自身资金流、库存、网络、配送的关系，强化内部管理，吸收先进经验。同时注意收集行业信息，为应对危机作好规划，才能与命运周旋。这样，才能抓住机遇，避免危机和风险。成功的经销商各有各的特色，失败的经销商却拥有很多相似之处，关键在于对危机的判断和反应能力。只有学会正确处理危机，在危机降临时，才能化危为机，在现代商业战场上，取得辉煌的胜利。

1.1.2 汽车电子产品营销认知

一、汽车电子产品

随着现代电子信息技术的飞速发展和我国汽车制造业生产水平的不断提高，我国汽车工业正步入持续快速发展的时期。融现代汽车技术与电子、信息技术为一体的汽车电子产业也进入了快速发展阶段。电子化几乎渗透到汽车业的每一个角落，时尚的汽车电子产品越来越受汽车消费者的关注。我国汽车电子技术水平与国外存在较大差距，发展空间广阔，目前大家已认识到应该抓住这一机遇，大力发展我国汽车电子这一新兴产业，提高我国汽车工业的整体水平和国际竞争力。

汽车电子产品主要有音响、车载娱乐系统、GPS、车载 DVD、防盗器、倒车镜、摄像头、头枕显示屏、车载 CD、车载 MP3 播放器、车载电源、车载充电座、车载加热坐垫、车载按摩坐垫、车载按摩靠枕、车载导航仪、行车记录仪、汽车音响喇叭、车载万能充电器、电子眼、倒车雷达，等等。

二、汽车电子产品的营销模式

目前汽车电子产品的营销模式主要包括以下几个方面：

（一）区域代理

目前生产厂家最青睐的营销模式就是发展自己的区域代理网络，厂家为代理商供货并提供一系列的服务，代理商负责面向后市场和4S店进行产品推广和销售。对厂家而言，区域代理模式既能为厂家带来较大的销售量、减轻厂家的销售压力，同时还可为厂家解决货款结算的问题。但要实现区域代理模式，则需要产品或厂家具有一定的知名度、产品具有极大的吸引力或厂家政策吸引人。

（二）直供4S店

基于目前4S店的经营现状（整车利润越来越低），越来越多的厂家开始组建自己的销售团队，开拓4S店市场。与4S店合作的模式首推预前装模式，即所有产品到达4S店后即加装到车上，与整车一起销售。其次则是将产品摆放在精品区独立销售，但现在车主消费日趋理性，精品区的精品销售难度越来越大，与4S店合作的精品需要品质优良、服务完善、具有吸引力。

（三）与集团客户合作

一般都是实力较强、具有一定的知名度、产品适用范围广的厂家较容易与集团客户达成合作。与集团客户合作，既能扩大产品的销量、解决货款结算问题，同时还能在较多汽车品牌中形成知名度。

（四）与汽车厂合作

一般的汽车电子产品生产厂家都无法与汽车厂合作，因为汽车厂的门槛较高，各项指标要求严格，尤其是合资企业更难合作。但要真正达到汽车厂的要求，与其建立合作，则销量会大增。

（五）批发零售

目前较多的小厂家都采取批发零售模式，为汽车用品零售店供货，并提供必要的售后服务，这种营销模式适用于价格较低、品质一般，但又具有一定市场需求的产品。

经典实例

福特公司的荣誉与教训

亨利·福特1903年开办自己的汽车公司时，合伙人希望他生产价位高、利润大的汽车。福特反对这样做，他创办公司的最大愿望就是"要为大众生产汽车"，让汽车进入普通人的生活。公司成立不到一个月，福特就推出了 A 型车，并且取得销售的成功。1907 年，福特回购了公司足够的股权，确保了自己大股东的地位。随后，他就运用自己对公司的控制权，扭转了公司的经营方向。对他而言，衡量公司成功与否的标志就是自己的汽车销量是否增加。"以适当较小的利润"销售大量的汽车，可以让福特实现自己的人生的两大主要目标：让更多的人能够拥有和享受汽车带来的便捷，同时让更多的人可以找到一份高薪工作。在 1908 年到 1916 年，福特生产的"普通人的汽车"价格下调了 58%。其实，当时他们接到的汽车订单已经远远超过了自己的生产能力，完全可以提高销售价格，福特公司的股东们攻击福特不合时宜，迂腐不堪。与此同时，他每天付给工人们 5 美元的报酬，这也是当时汽车行业标准工资的两倍。继 A 型车之后，福特公司又连续推出 N 型、R 型、S 型等大众化汽车。这些产品在销售上获得的巨大成功，使福特更加坚定了走汽车大众化的路子。

1907 年，福特宣布："生产一种设计简单的人人都能买得起的标准化大众车，是本公司今后的主要目标。"第二年 3 月 19 日，独霸天下的 T 型车诞生了。面对雪片般飞来的 T 型车订单，福特意识到原始的手工组装技术和工序应当像马车一样退出历史舞台。恰值不久前他在芝加哥参观过屠宰业流水线，他看到一头头活牛被赶进屠宰线的起点，到流水线终端时，整牛已被分解成一块块牛肉。福特大受启发，提出了与此相反的工作流程，对大批量汽车制造流水作业方式作出了精彩的构想：大批量生产方式就像流动不息的河流一样，在正确时间涌出材料、原料的源泉，然后汇合成一股零件的河流，这条河流又以正确时间汇聚成大零件的河流，当这些以正确时间流动的河流汇集到出口时，一辆完整的汽车就诞生了。

福特汽车公司首创的以这种生产方法和管理方式为核心的福特制，为后来汽车工业的发展提供了楷模，掀起了在全世界范围内具有历史进步性的"大批量生产"的产业革命。在福特居美国汽车工业之首的龙头老大地位时，它的对手们（29 家汽车公司）联合起来向它展开进攻。它们在内部推行专业化、制度化科学管理的同时，采用了多品牌、多品种的产品特色化策略，先后推出多款车型，但亨利·福特根本不以为然。每次通用汽车公司推出一个新型号，福特就以降价来应对。从 1920 年到 1924 年，共降价 8 次，长期的降价经营使福特公司的利润率已经很低，在继续降价余地很小的情况下，T 型福特车走到了尽头，进入长期亏损的阶段。眼看着通用汽车一点一点地蚕食着福特汽车的市场，福特公司内许多人都非常着急，希望亨利·福特能够及时调整策略，按顾客需求重新设计产品。但是这些合理建议都遭到了福特的拒绝。按当时福特汽车公司的雄厚基础，要回应通用等竞争者的挑战并非难事，只需在生产流程、组织设计、产品观念方面做相应的调整，就可以继续保持老大的地位。但是，这对于把流水线视为最高理想境界的亨利·福特来说，是绝对不愿意看到的。亨利·福特的理念是在产品的制造环节上追求最高效率，面对出现的多样化问题，他只寄希望在现有固定的框架下去解决。为此，福特冻结了产品技术，拒绝了一切试图改善 T 型车的建议。

此后近 30 年中，任何对福特车型提改革建议的人都在福特石墙一样的顽固面前碰了壁。其结果是福特车的销售额不断下降，福特帝国不断崩塌，这些又使得老福特变得越来越孤僻，越来越听不进不同意见。有才华的人纷纷离去，身边的圈子越来越窄，外部新鲜的信息越来越难传入福特的耳中。到 1946 年，福特公司的亏损已达到每月 1000 万美元，只是因为第二次世界大战开始，政府的订货才使福特公司免遭倒闭的噩运。

🖱 思考与讨论题

1. 简述福特汽车公司的兴衰史，并从营销角度分析其兴衰的原因。
2. 福特老板的问题对其他创业型企业家有何启示？

任务 2　汽车电子产品营销人员的素质要求

1.2.1　汽车电子产品营销人员的职业素质

企业一切产品与服务的销售都必须通过销售人员来完成，在销售活动中，销售人员即代表公司，又联系顾客；既要取得销售利润，又要为用户尽责，要完成如此艰巨的任务，就必须有较高的素质。有人把销售人员的素质概括为 3H、1F。3H 是指 Head、Heart 和 Hand，1F 是指 Foot。Head 是指销售人员要有学者的头脑，要注重销售创新。Heart 是指销售人员要有艺术家的心，要会观察市场和客户；Hand 是指销售人员要有技术专家的能力，要了解产品及其使用的知识。Foot 是指销售人员身体要健康，要能主动寻找客户。

一般来说，一名合格的销售人员，应具备思想品德、心理素质、业务素质、能力素质等几方面的基本素质。

一、销售人员的思想品德

不同的职业对从事该职业的作业人员有着不同的行为准则和道德规范，销售人员也有规章制度和言行守则，美国销售协会在"销售人员道德准则"中指出：销售人员在为本企业或委托人的利益服务的同时，必须致力于一个更远大的目标，就是促进社会、集团、机构、个人之间的交流与合作。以真实、准确、公正、负责的态度为顾客服务。销售人员在实际工作中应当遵守职业道德规范，对于自己所服务的企业和顾客必须一视同仁，平等对待，坚持真实和准确的职业准则，恪守人们普遍认可的社会公德，不得从事腐蚀政府机构和客户代表的活动，不得有意破坏竞争对手和其他销售人员的声誉，不得有意传播虚假的或容易使人误解的信息。

（一）实事求是

销售工作的实质在于通过买卖双方的信息交流来达到销售产品和服务的目的。要使销售活动获得成功，基本的前提是所传播的信息必须真实、准确。严重的信息失真不仅会导致企业在客户心中名声扫地，而且会导致企业管理和生产决策的失误，给企业带来形象上和经营上的损失。销售人员说话办事要表里如一，不可投机取巧，所作所为要经得起顾客的检查与事实的考验。

（二）讲究信用

我国有句俗话："言必信，行必果。"无论对哪个企业，信誉是至关重要的。对顾客做得到的才承诺，不承诺办不到的事情，一个企业的良好信誉甚至可以在关键时刻挽救企业。

讲究信用是商务活动中的其本准则。作为销售代表，每发布一条信息，签订一项合同，承诺一桩购销协议，都应当想方设法去兑现。

（三）遵纪守法

销售人员作为社会的一分子，他的一切活动都置于一定的法律规范之内。这就要求销售人员具有强烈的法制观念，遵纪守法，一切依法办事，真正做到执法、懂法、守法。销售人员的法制观念强弱，主要表现在是否遵纪守法和依法办事上。在实际的销售活动中发布信息、签订合同，都需要严格依法办事。

（四）廉洁奉公

销售人员每天与各类人打交道，最有机会获取信息、技术和商品，因此，销售人员必须遵守廉洁奉公、不谋私利的道德规范，作为企业的销售人员，应当做到不贪污侵占，不行贿受贿，不收受不义之财，以兢兢业业的工作态度为广大客户提供优良的服务，用踏踏实实的销售业绩致力于提高企业和产品的信誉度。

二、销售人员的心理素质

（一）豁达大度

销售人员与不同顾客交往，所以，要敢于交往，善于交往，热情、豁达、平易近人，对人热忱相待。由于销售工作要接纳各种各样与自己性格、风格不同的人，要善于相处，并使顾客产生好感和信任感，提高销售效益。

（二）自信

销售人员要使销售成功，必须对企业有信心，对产品有信心，对自身个人能力有信心。有这样一句话："自信，则人信之。"只有对自己充满信心，才能感染客户，影响客户，改变客户的态度，使客户对你产生信心，进而相信你销售的产品。如果没有自信心，在危机面前就会缺乏应变能力，显得手足无措，一片慌乱，一蹶不振，失去成功的机会。

（三）坚韧顽强

销售人员常年在外奔波劳顿，要遇到许多挫折和失败，这就需要销售人员对所负担的工作有忍耐精神和坚持不懈的毅力。

三、销售人员的业务素质

销售人员是否具备良好的业务素质，直接关系到他们的工作业绩的好坏。因此，优秀的销售人员就需要具备多方面的专业知识，并且要把多种专业知识内化为自己头脑的知识体系和知识结构。

（一）销售理论知识

销售理论知识及销售工作的基本理论，主要包括市场营销学、消费者行为学、广告学、传播学、顾客管理等方面的内容，销售人员必须了解销售的基本知识、基本原则、基本职能等专业知识，如市场营销的各种战略、策略方法；还要学会整体的管理知识，如信息收集和使用市场调查、市场预测、营销决策的技术与方法等。

（二）销售环境知识

一般环境包括政治、经济、法律、社会文化、社会心理等，它对购买行为能产生较大的影响。因此，销售人员必须了解自己所面临的一般环境与行业环境。如销售人员必须了解销售区域内的风土人情、宗教信仰、交通运输、语言习惯等，而在行业环境中特别要分析竞争对手、目标市场的变化，等等，以利于克服工作中的困难，减少工作中的麻烦，使销售工作顺利完成。

（三）销售实务知识

销售实务知识主要包括企业知识、商品知识、市场知识、合同知识、结算知识、销售技巧等。如在企业知识方面，销售人员要熟悉本企业的情况，了解本企业的发展史，本企业生产的规模、经营方针和特点、在同行业中的地位、经营决策、服务项目、交货方式、付款条件等。在商品知识上，不仅应了解本企业商品的生产方法、品种、用途、规格、性能、特点、价格、使用方法及维修等，同时还要了解与其他公司的同类型产品之间的差别以及它能给顾客带来的好处等。而市场知识更是销售人员的看家本领。如市场对本企业产品的需求和市场的潜力；用户或消费者对本企业产品的反映和评价；产品在流通过程中的采购、调拨、批发、零售等不同环节形成的价格差价；同类产品占领市场的情况和供应的情况；影响市场营销各种因素的变化情况；等等。当销售人员在达成销售交易以后，还要与顾客签订买卖合同并收回货款，这就要求销售人员还必须掌握合同知识。

四、销售人员的能力素质

能力是指一个人从事一定社会实践活动的本领，是销售人员十分重要的智能因素，一个人仅仅掌握知识是不够的，还必须学会运用知识。

（一）观察能力

由于不同的人在天资、能力、个性、生活阅历、社会经验等方面存在着差异，因而对一件事情就可能产生不同的看法。仁者见仁，智者见智，又由于各人所处的地位、平时的工作、生活习惯不同，从不同角度去观察问题时，也会得出不同的结论，如果某人具有敏锐的观察能力和行为上相应的灵活性，从这个角度看，该人就比较适合从事销售工作。

（二）应变能力

在日常工作中，销售人员所接触的顾客很复杂、很广泛，这就要求销售人员必须认真观察顾客的特点，掌握各地风土人情、生活习俗，了解社会各阶层的知识水平和涵养。以适应不同顾客的具体要求。市场环境的不断变化、竞争对手的此消彼长，都要求销售人员具有适应变化的能力和技巧。销售人员在日常工作中还要机警灵敏，随时应付可能出现的顾客异议和突发事件。

（三）控制情绪的能力

销售人员在工作中会遇到各种矛盾、冲突，要处理各种突发事件和纠纷，并常常受到顾客的冷淡、批评、拒绝。这就需要销售人员具有善于控制情绪的能力。要遇乱不慌、遇危不惊、有礼有节、沉着应付，绝不能使性子，更不能带着情绪办事。

（四）语言表达能力

能言善辩是做好一个销售人员的重要能力之一。销售人员必须具有良好的语言表达能力和应变活动能力，既是企业的外交家，又是企业的社会活动家，从而广交朋友。正如日本松下幸之助所说："培养销售人员，使其拥有一套完整合适的应对辞令，那就如虎添翼，一定会达到销售目的。"

（五）社会交际能力

一个从事销售工作的人必须具备较为强大的交往能力，在任何场合都能应付自如。社交能力是衡量一个销售人员能否适应社会和做好本职工作的一条重要标准。销售人员要与各界人士建立亲密的关系，懂得各种社交礼仪，比如日常的礼节、各种宴会聚会礼仪、公共场合礼节。在洽谈的过程中，有些问题往往在正式场合未得到解决，但在社交场合却能得到圆满的解决。

（六）动手能力与技术能力

销售人员在工作中，不能夸夸其谈，只说不做。仅有语言说服还不能促使顾客购买，还必须教会顾客使用产品的方法。销售人员还要掌握产品展示、现场广告策划及实施等技术，从而提高企业的形象与服务质量，使顾客感到满意，赢得顾客的信任，同用户建立密切的关系，取得销售的成功。

（七）组织能力

销售人员的工作就是开展多种形式的促销宣传活动，如各种纪念活动、重大的庆典活动、新闻发布会、记者招待会、用户联系会、商品展览会，以及日常接待、整理资料、编写宣传材料等工作。销售人员必须在每一项活动中都参与筹划安排。因此，强有力的组织能力对一个销售人员来说是十分重要的。

（八）创新能力

从事销售工作，大到一个总体计划的制订，小到一份请柬、一张名片的印制，都可以有两种截然不同的做法，作为一名销售人员，要有别出心裁的创新精神，善于采用新方法，走新路子，这样，他的销售活动才能引起广大顾客的注意，从而取得良好的效果。

1.2.2　汽车电子产品营销人员应具备的商务礼仪

当今时代，礼仪成了社会人际交往的通行证，社交礼仪有利于与他人建立良好的人际关系，形成和谐的氛围。任何社会活动都离不开礼仪，而且人类越进步，生活越社会化，人们也就越需要礼仪来调节生活。

作为市场营销人员，如何与领导、同事打交道，如何建立良好的人际关系，如何与客户沟通，如何与消费者沟通，如何进行自我形象设计，如何尽快地适应社会生活等。这都需要社交礼仪来帮助其提升自身素质与自我修养。销售人员在工作中难免会和一些大客户接触，只要销售人员具备良好的专业技能与社交礼仪知识，那么，在遇到各种情况和困难时，就能始终保持沉着稳定的心理状态，根据所掌握的信息，迅速采取最合理的行为方式，化险为夷，争取主动。

一、着装礼仪

着装是一门艺术，它既要讲究协调色彩，也要注意场合、身份。同时它又是一种文化的体现。一个人的着装要与他的年龄、体形、职业和所在的场合吻合，表现出一种和谐，这种和谐能给人以美感。不同年龄的人有不同的穿着要求，不同的场合也有不同的穿着要求，着装还必须遵循不同的规范与风俗。

服装是一种情感符号，是一个人社会道德感、责任感和公德意识的自然流露，人们可以通过服装来表达自己的情感和心理感受。作为一名营销人员，给消费者的第一印象非常重要，因为"良好的开端，是成功的一半"，这就要求营销人员必须用良好的着装去满足消费者在视觉上和心理上的要求，以适当的服装显出营销人员的身份，体现自己所扮演的角色。男营销人员的仪表和女营销人员的仪表要求如图1-2-1和图1-2-2所示。

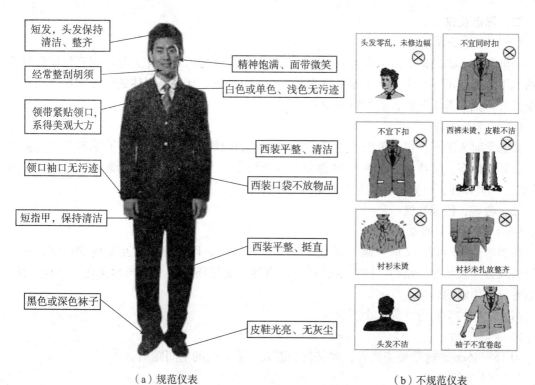

（a）规范仪表　　　　　　　　　（b）不规范仪表

图1-2-1　男营销人员的仪表

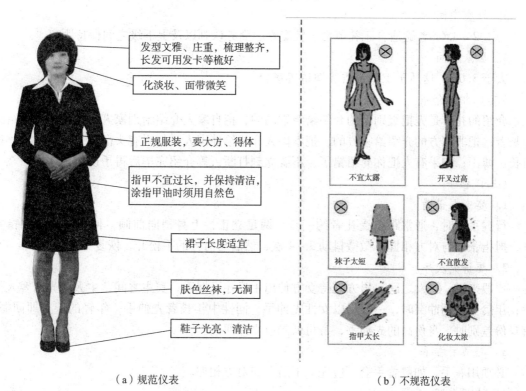

（a）规范仪表　　　　　　　　　（b）不规范仪表

图1-2-2　女营销人员的仪表

二、形态礼仪

（一）形体语言

全世界的人都借助示意动作有效地进行交流。最普遍的示意动作，是从相互问候致意开始的。了解那些示意动作，至少你可以辨别什么是粗俗的、什么是得体的。使你在遇到无声的交流时，更加善于观察，更加容易避免误解。

（二）正确体态

体态无时无刻不存在于你的举手投足之间，优雅的体态是人有教养、充满自信的完美表达。美好的体态，会使你看起来年轻得多，也会使你身上的衣服显得更漂亮。人们常说的"站如松、坐如钟、行如风"就是对正确体态的描述。

三、会客、待客礼仪

（一）适益的空间距离

适益的空间距离，又称控制"界域"。所谓"界域"，即交往中相互距离的确定，它主要受到双方关系状况的制约，同时也受到交往内容、交往环境以及不同的文化、心理特征、性别差异等因素的影响。

与人之间的空间可分为4个层次：

1. 亲密空间

为15～46cm，这是最亲的人，如父母、恋人、爱人间的空间距离。

2. 个人空间

为46cm～1.2m，这适合普通的社交场合及一般亲朋好友之间促膝谈心、拉家常等。

3. 社交空间

为1.2～3.6m，这适合于礼节性、社交性、商务谈判以及上下级之间保持距离。

4. 公众空间

大于3.6m，这适于工作报告、演讲等场合。

（二）相互介绍

介绍的礼节是先把级别低的介绍给级别高的，把自家人介绍给别家人，把年轻人介绍给年长者，把非官方的介绍给官方的，把本国人介绍给外国人；如果有头衔，一定要加上，如市长、博士；如果有人把你介绍错了，不要立刻打断，等介绍完毕后再予以更正。

（三）握手

1. 姿态要正确

行握手礼时，通常距离受礼者约一步，两足立正，上身稍向前倾，伸出右手，四指并齐，拇指张开与对方相握，微微抖动3～4次，然后与对方的手松开，恢复原状。

2. 要讲究次序

一般来说，男女之间，男方需待女方伸出手后才可握手；宾主之间，主人应先向客人伸手；年龄与性别冲突时，一般仍以女性先伸手，同性中年长者先伸手，年轻的应立即回握；有身份差别时，身份高的先伸手，身份低的应立即回握。

3. 必须用右手

必须用右手，如戴着手套，应先取下后再与对方相握。

4. 注意力度

跟上级或长辈握手时，只需伸过手去握手，不能过于用力，身体可微欠；跟下级或晚辈握手，要热情地把手伸过去，时间要短，用力不要太轻。异性间的握手，女方伸出手后，男方应视双方的熟悉程度回握，但不可以用力，一般象征性地轻轻握一握。

1.2.3　汽车电子产品营销人员应具备的商业公关能力

一、公共关系

公共关系在市场营销中的作用非常重要。在市场经济条件下，企业之间的竞争非常激烈，企业要想在市场竞争中取胜，不仅要依靠技术竞争、质量竞争、价格竞争和服务竞争等手段，还要依靠信息竞争。谁在公众中获得了良好信誉，谁就能获得竞争的主动权。企业的良好信誉是无形的财富，因此，任何一个企业都必须通过公共关系，努力树立企业的良好形象和信誉，大力提高企业及其产品品牌的知名度，赢得社会公众的了解和赞许，这样才能立于不败之地。

公共关系是一种有计划、有目标的活动。公共关系的基本目标是：在广大消费者和用户面前树立和保持企业的良好形象和信誉。

二、市场营销人员应具备的商业公关能力

市场营销人员应具备的商业公关能力主要包括推销能力、观察能力、记忆能力、思维能力、交往能力、劝说能力、演示能力、核算能力、应变能力、反馈能力和自学能力。其中推销能力最为重要，推销能力应从以下几个方面培养：

（一）自信

你对自己所说的话，必须有绝对的信心，客户才会听你的。你必须对你推销的产品、你的公司，甚至你自己都充满信心，才有可能取信于客户。

（二）助人

所谓助人，就是愿意不计一切地去帮助他人。推销员的主要职责就是：帮助你的客户选择他们所需要的产品，推销时，你若能站在客户的立场帮他选购，就一定能成为广受欢迎的推销员。

（三）热诚

热诚是全世界推销专家公认的一项重要的人格特征。它能驱使别人赞同你的意见，让他为你的产品做义务宣传员，甚至成为你的义务推销员。热诚就是你表现出来的兴奋与自信引起客户的共鸣，使客户对你的话深信不疑。赞美客户是表现热诚的主要方法，但赞美要恰到好处，掌握好赞美的分寸：一要真诚，二要把握时机。

（四）友善

对人友善，必获回报。表示友善的最好方法就是微笑。只要你养成逢人就展露亲切微笑的好习惯，保证你广得人缘，生意兴隆。友善就是真诚的微笑、开朗的心胸，加上亲切的态度。微笑代表礼貌、友善、亲切与欢快。它不必花成本，也无须努力，但它使人感到舒适，使人乐于接受你。

（五）应变

要有随机应变的能力，推销员在推销过程中会遇到千奇百怪的人和事，如果拘泥于一般的原则而不会变通，往往导致推销失败。因此，一定要有随机应变的能力。

经典实例

乔·吉拉德销售秘诀之一：诚实

诚实，是推销的最佳策略，而且是唯一的策略。但绝对的诚实却是愚蠢的。推销允许说谎言，但必须是"善意的谎言"。这就是推销中的"善意的谎言"原则，乔·吉拉德对此认识深刻。

诚为上策，这是你所能遵循的最佳策略。可是策略并不是法律或规定，它只是你在工作中用来追求最大利益的工具。因此，诚实就有一个度的问题。

推销过程中有时需要说实话，一是一，二是二。说实话往往对推销员有好处，尤其是推销员所说的，顾客事后可以查证的事。

乔·吉拉德说："任何一个头脑清醒的人都不会卖给顾客一辆6个汽缸的车，而告诉对方他买的车有8个汽缸。顾客只要一掀开车盖，数数配电线，你就死定了。"

如果顾客和他的太太、儿子一起来看车，乔·吉拉德会对顾客说："你这个小孩真可爱。"这个小孩也可能是有史以来最难看的小孩，但是如果想要赚到钱，就绝对只能这么说。

乔·吉拉德善于把握诚实与奉承的关系。尽管顾客知道乔·吉拉德所说的不尽是真话，但他们还是喜欢听人拍马屁。少许几句赞美，可以使气氛变得更愉快，没有敌意，推销也就更容易成交。

有时，乔·吉拉德甚至还撒一点小谎。乔·吉拉德看到过推销员因为告诉顾客实话，不肯撒个小谎，就失去了生意。顾客问推销员他的旧车可以折合多少钱，有的推销员粗鲁地说："这种破车。"乔·吉拉德绝不会这样，他会撒个小谎，告诉顾客，一辆车能开上12万公里，他的驾驶技术的确高人一等。这些话使顾客开心，赢得了顾客的好感。

思考与讨论题

1. 谈谈自己作为营销人员应具备哪些能力。
2. 你打算从哪些方面提高自己的能力？

情境 2

汽车电子产品市场调研

情境导入

根据目前不断更新的汽车电子产品市场，某汽车电子产品企业于本年度预计新推出 5 种新型汽车电子产品，这 5 种汽车电子产品分别为：防盗系统、汽车信息系统（行车电脑）、导航系统、汽车音响及电视娱乐系统、车载通信系统。该企业应该如何进行相关的市场调研（调查）呢？

学习目标

知识目标

1. 了解市场营销信息系统的组成。
2. 熟悉汽车电子产品市场细分和市场定位的概念。
3. 熟悉汽车电子产品市场细分的原则、依据和方法。
4. 掌握汽车电子产品市场调研的主要方法和一般调研工具。
5. 掌握汽车电子产品市场分析和预测的主要方法。
6. 掌握汽车电子产品目标市场定位的步骤和策略。

能力目标

1. 能对企业的营销信息系统进行简单的规划和设计。
2. 能应用各种调研方法和调研工具，设计调查问卷。
3. 能应用各种预测方法，对企业做出营销预测。
4. 能运用多个因素对汽车电子产品市场进行细分。
5. 能对某个汽车电子产品进行有效的市场定位，并制定有效的营销策略。

任务1 汽车电子产品市场调查

2.1.1 市场调查的作用

一、市场调查的概念

（一）市场信息

1. 信息

这是指知识、学问以及从客观世界提炼出来的各种数据和消息的总和。

2. 市场信息

就是反映市场活动特征及其发展变化情况的各种消息、情报、资料等的统称。包括以下两个方面：

（1）市场需求信息：指用户特点和影响用户需求各因素的信息。影响用户需求各因素的信息主要有购买力信息和购买动机信息。

（2）竞争信息：包括现有和潜在竞争者的基本情况、竞争能力、发展动向等。

3. 市场信息分类

（1）按信息来源分，可分为以下两类：

①外部环境信息：有重点用户信息、同行竞争信息、技术发展信息，政治、法律信息，新能源、新材料开发信息以及自然环境方面的信息。

②内部管理信息：有生产成果信息、物资利用信息和财务状况信息。

（2）按信息内容分，可分为用户方面的信息、市场开发方面的信息、科技信息和政治信息。

（二）市场营销信息系统的构成

1. 市场营销信息系统

这是指由人、设备和程序组成的一个持续的、彼此关联的结构。其任务是准确、及时地对有关的信息进行收集、分类、分析、评估和分发，供给营销决策者运用，以使营销计划、实施和控制具有科学性和准确性。它一般由4个子系统构成。

（1）内部报告系统：主要工作任务是向管理人员提供有关销售、成本、存货、现金流程、应收账款等各种反映企业经营现状的信息。

（2）市场营销情报系统：它是指市场营销管理人员用以了解有关外部环境发展趋势的信息的各种来源和程序。

（3）市场营销调查系统：主要任务是搜集、评估、传递管理人员制定决策所必需的各种信息。

（4）市场营销分析系统：其任务是从改善经营或取得最佳经营效益的目的出发，通过分析各种模型，帮助市场营销管理人员分析复杂的市场营销问题。

2. 市场营销信息的来源

其来源有咨询员工法、专门收集法、购买信息法。

（三）汽车市场调查的概念

一般意义上的市场调查，是指运用科学的手段与方法，有计划、有目的、有系统地对与企业市场营销活动相关的市场情报进行收集、整理和研究分析，并提供各种市场调查数据资料和各种市场分析研究结果报告，为企业市场预测和经营决策提供依据的活动。

汽车市场调查指汽车企业对用户及其购买力、购买对象、购买习惯、未来购买动向和同行业的情况等方面进行全部或局部的了解。其目的是为汽车企业的科学决策提供可靠的依据。

二、市场调查的作用

对市场信息资料收集得越多，分析得越准确，产品的销路越好，因此，市场调查已成为各大企业共同关注的问题，那么，市场调查最终可以起到什么作用呢？

（1）市场调查是市场预测的基础，为企业决策提供依据。

（2）有助于企业开拓市场，开发新产品。

（3）有利于企业在竞争中占据有利地位。

（4）促进企业改善经营管理，增加销售，增加利润。

2.1.2 市场调查的类型

一、市场调查的分类

按照市场调查的目的、调查对象包括的范围、调查是否具有连续性、调查的地域范围等不同有不同的分类。

（一）按照市场调查的目的分类

按照市场调查的目的，可将市场调查分为探测性调查、描述性调查、因果关系调查和预测性调查。

1. 探测性调查

探测性调查通常是最无结构和最不正式的调查，进行探测性调查的目的是获得有关调研问题大体性质的背景资料。探测性调查通常在项目开始的时候进行。

2. 描述性调查

当调研的目的只是了解现状时，可以实施描述性调查。描述性调查通常通过对"谁""什么""哪里""何时""怎样"等问题的回答来进行。描述性调查可以分为横向研究与纵向研究两大类型。

3. 因果关系调查

因果关系调查是为了了解市场出现的有关现象之间的因果关系而进行的市场调查。因果关系调查的主要目的是解决"为什么"。其目的是在两个以上的变量中寻找原因与结果的关系，确定自变量与因变量，明确变化方向，并建立变化函数。

4. 预测性调查

预测性调查是为了预测未来市场的变化趋势而进行的调查，它着眼于对未来市场状况的调查研究。预测性调查是预测的一个重要步骤，并建立在描述性调查、因果关系调查的基础之上。

（二）按照调查对象包括的范围分类

按照调查对象包括的范围可以分为全面调查和非全面调查。

1．全面调查

全面调查是对调查对象中所有单位全部进行调查的一种市场调查，其目的在于获得研究对象全面、系统的总量资料。全面调查一般而言仅限于在调查对象有限的情形下使用，当调查对象太多时，全面调查需要花费大量的调研费用。仅当全面调查非常有必要时，才可以进行全面调查。

全国性的普查是最常见的一种全面调查。新产品试销的跟踪调查也是一种全面调查。

2．非全面调查

非全面调查是对调查对象中的一部分样本所进行的调查，非全面调查一般按照代表性原则，以抽样的方式挑选出被调查单位。常见的市场调查多为非全面调查。

非全面调查的优点是：更容易实施，费用低廉。

（三）按照调查是否具有连续性分类

按照调查是否具有连续性可以分为经常性调查、定期性调查和一次性调查。

1．经常性调查

在选定市场调查的样本之后，组织长时间的不间断的调查，以收集有时间序列的信息资料。经常性调查常用于对销售网点产品销售量的调查。

2．定期性调查

定期性调查是在确定市场调查的内容后，每隔一定的时期进行一次调查，每次调查间隔的时间大致相等。通过定期调查，可以掌握调查对象的发展变化规律和在不同环境下的具体状况。常见的定期调查有月度调查、季度调查与年度调查。

3．一次性调查

一次性调查是为了某一特定目的，只对调查对象作一次临时性的了解而进行的调查。大多数情况下，企业所进行的调查都是一次性调查。

（四）按照调查的地域范围分类

按照调查的地域范围可以分为地域性市场调查、全国性市场调查、国际市场调查、农村市场调查和城市市场调查。

2.1.3　市场调查的内容

市场调查的基本内容有以下 4 个方面：

一、社会环境调查

这里的社会环境是指作用于汽车企业生产与经营的一切外界力量的总和。调查内容主要包括政治环境、经济环境、文化环境、气候和地理环境，这些因素往往是企业难以驾驭和影响的，只有在了解的基础上去适应，并使其为我所用，才能取得成功。

二、市场需求调查

市场需求的含义是指在一定的支付能力下市场对生产出来的供应最终消费与使用的物质产品和劳务的总和。

市场需求调查的内容包括汽车消费需求量调查、汽车消费结构调查、汽车消费者行为调查、潜在汽车市场调查。

三、营销组合调查

汽车营销组合调查，由产品、定价、销售渠道和促销方式 4 个方面组成。其中产品调查包括产品实体的调查、产品包装的调查、产品品牌的调查、产品服务的调查、产品市场占有率的调查。定价调查包括成本价、商品价等的调查。销售渠道是指商品从生产者到消费者所经过的流通途径或路线，销售渠道调查即指对商品销售过程中的通路所进行的调查。促销方式调查指对企业各种促销方式的效果进行调查，包括人员促销、营业推广和公共关系等。

四、竞争对手状况调查

竞争对手状况调查的主要内容包括竞争对手的数量与经营实力、竞争对手的市场占有率、竞争对手的竞争策略与手段、竞争对手的产品、竞争对手的技术发展。调查的目的在于：一方面，借鉴竞争对手的长处和经验；另一方面，可以以此为依据确定企业的竞争策略。

2.1.4　市场调查的方法

在我们的日常生活中，市场调查的方法主要有文案调查法、访问法、观察法、实验调查法、抽样问卷调研法和网上调研法。

一、文案调查法

文案调查法是通过搜集各种历史和现实的动态统计资料，从中摘取与市场调研课题有关的情报，在办公室内进行统计分析的调研方法。其特点是时间少、费用低，但难以得到第一手资料。

二、访问法

访问法是将拟调研的事项，以当面、电话、书面或其他方式向被调研者提出询问，以获得所需资料的方法。

三、观察法

观察法是由调研人员到各种现场进行观察和记录的一种市场调研方法。调查人员不许向被调查对象提问题，也不需要被调查对象回答问题，只是通过观察被调查对象的行为、态度和表现，来推测判断被调查对象对某种产品或服务是欢迎还是不欢迎、是满意还是不满意等。

它能客观地获得准确性较高的第一手信息资料，但有一定的局限性：一是它只反映了事物的现象，而不能说明事件发生的原因；二是此种方式调查面窄，花费时间较长。

四、实验调查法

实验调查法是指在控制的条件下，对所研究的对象的一个或多个因素进行控制，以测定这些因素间的关系。实验法要求调查人员事先将实验对象分组，然后置于一种特殊安排的环境中，做到有控制地观察。

优点：方法科学，具有客观性价值；缺点：时间长，成本高。

五、抽样问卷调研法

抽样问卷调研（调查）法是利用从总体中抽取的样本，以及设计好的结构式问卷，从被调研者中抽取所需的具体信息的方法。

优点：问卷易于操作，收集的数据比较可靠，数据编码、分析和解析都比较简单，样本具有代表性，可对总体情况作较合理的判断。

缺点：被调研者可能不愿意或不能够提供所需的信息，封闭式问题限制了被调研者选择答案的范围，设计问卷难度较大。

六、网上调研法

网上调研法是在因特网上针对特定营销环境进行简单的调研设计、收集资料和初步分析的活动。

主要优势：及时性、共享性、便捷性、低费用，有交互性和充分性，有可靠性和客观性，无时空、地域限制，有可检验性和可控制性。

主要缺点：网民的代表性存在有不准确性，网络的安全性不容忽视，受访对象难以限制。

2.1.5　市场调查的步骤

不同类型的市场调查（调研），其程序不尽相同，但基本上都有如图 2－1－1 所示的几个步骤。

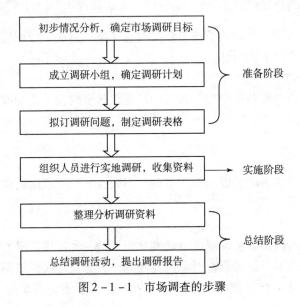

图 2－1－1　市场调查的步骤

2.1.6　市场调查问卷设计

无论何种市场调查方法，问卷是经常采用的方式之一。

问卷调查是通过精心地设计一组问题来征求被调查的答案，从中筛选出想要了解的问题及答案的调查方式。

一、调查问卷的功能

（一）调查问卷的 6 种主要功能

（1）把研究目标转化为特定问题。

（2）使问题和回答标准化。

（3）通过措辞、问题流程与卷面设计来促进合作。

（4）记载记录原始数据。

（5）加快数据分析过程。

（6）进行有效性测试。

（二）设计调查问卷应遵循的原则

（1）为被调查者着想。方便、易懂、易填、有趣。

（2）紧扣主题。避免无关的问题，注意质与量的平衡。

（3）结构合理。层次清楚，逻辑性强，避免大幅跳跃。

（4）统筹考虑。在设计问卷时，充分考虑填写、运输、编码、录入和分析等相关因素。

（三）问卷设计的要求

（1）必须将需要获得的信息转变成一系列问题，这些问题是被调查者能够并且愿意回答的。

（2）一份问卷必须能激发、促进并鼓励被调查者参与到访谈中来，愿意合作，并最终完成访谈。

（3）一份问卷应减少回答误差。

（4）问题应该简短，应尽可能使用简单句。

二、调查问卷的设计流程

规范的问卷设计一般遵循以下流程：

（1）确定调查目的。

（2）确定资料收集方法。

（3）确定问题。

（4）问题评估。

（5）获得客户的认同。

（6）问卷的预测试。

（7）问卷设计修订。

（8）定稿和印刷。

（9）确定调查对象的数量。

（10）发放试卷。

（11）回收和审查调查试卷。

三、问卷设计应该避免的问题

（1）问题不应该假设不明显存在的标准。

（2）问题不应该超越受访者的能力与经验。

（3）问题不应该用特例来代表普遍状况。

（4）问题中涉及的细节不应超出受访者的记忆能力。

（5）问题不应该涉及推断与猜测。

（6）不应该询问过多的无关问题。

（7）问题中不应该使用夸张词语。

（8）问题中不应该使用有歧义的词语。

（9）不应该将两个问题合并为一个。

（10）不应该诱导受访者回答特定答案。

（11）问题不应该具有暗示性。

四、问卷设计的基本结构

（1）开头部分：一般包括试卷标题、问卷说明和编号等内容。

（2）背景部分：指被调查者的一些主要特征。如性别、年龄、收入、职业等。

（3）主体部分：问卷的核心部分，也是问卷的重要部分，包括调查的全部问题。

（4）结尾部分：记载调查过程的记录和被调查者的联系方式等。

经典实例

汽车市场调查问卷

尊敬的朋友，您好！

我们是奇瑞公司的市场调查员，为了适应市场需要和更好地为您服务，我公司现对汽车市场的部分情况做一个简要调查，希望您能用两三分钟时间填写以下问卷，您的认真填写对我们至关重要。谢谢您的合作！（问卷题目未注明的为单选）（在选项上打钩）

1. 您印象最深刻的是哪种品牌汽车？（最多选3个）

A. 捷达　　B. POLO　　C. 富康　　D. 夏利2000　　E. 派里奥

F. 赛欧　　G. 奇瑞　　H. 爱丽舍　　I. 桑塔　　其他（请注明）＿＿＿

2. 您认为能成为"百姓车"的自主品牌是哪些（最多选3个）

A. 长安　　B. 昌河　　C. 奇瑞　　D. 东风　　E. 吉利　　F. 长城　　G. 哈飞

H. 红旗　　I. 猎豹　　J. 夏利　　K. 跃进　　L. 中华　　其他（请注明）＿＿＿

3. 您一般通过什么途径了解汽车？

A. 朋友介绍　　B. 媒体广告　　C. 网络　　D. 厂家宣传

4. 如果您购车，下列哪一项因素对您影响最大？

A. 认准一个牌子　　B. 注意汽车广告　　C. 征求朋友意见　　D. 阅读专业资料

5. 您购买汽车最看重的因素（如表2-1-1所示）是什么？其次呢？再次呢？（打钩）

表2-1-1　购买汽车最看重的因素

因素	最重要	次重要	第三
价格			
品牌			
性能			
外观			
售后服务			
配置水平			
发动机排量			
耗油			

6. 除了轿车本身之外，影响您购买汽车的最主要因素是哪一项？

A. 交通设施、车位等基础设施　　　　　B. 购车后的维护保养费用

C. 国家出台的有关汽车消费政策　　　　D. 保险费、车牌费等购买时附带的费用

7. 您最担心购车后会出现什么问题？

A. 车辆质量　　B. 售后服务　　C. 安全性　　D. 其他

8. 您觉得最理想的家用汽车的价位是多少？

A. 4万元以下　　　　B. 4万~8万元　　　　C. 8万~12万元

D. 12万~15万元　　　　　E. 15万元以上

9. 您喜欢哪种排档方式（变速箱类型）?

A. 小排量家用型轿车　　　B. 公商务型轿车　　　其他（请注明）_____

10. 您打算何时购车?

①未购车，尚无具体打算。

②有具体购车打算，为:

A. 半年之内　　　B. 半年以上到1年之内　　　C. 1年以上到2年之内

D. 2年以上到5年之内　　　E. 5年以上

③已购车，尚无具体打算。

11. 请问您或您的家人计划购买新车还是二手车?（单选）

A. 新车　　　B. 二手车

12. 请问您最喜欢的汽车颜色是:

A. 红　　B. 黑　　C. 白　　D. 银　　E. 墨绿　　F. 浅黄

G. 金色　　H. 浅绿　　I. 深蓝　　J. 浅蓝　　其他_____

13. 请问您喜欢这种颜色的原因是什么?

A. 体现个性　　　B. 体现时尚　　　C. 体现稳重

D. 视认性好，有助提升安全性　　　E. 其他

　　个人资料部分（请在选项之后○内打钩）

您的性别:　　　　　　　男 ○　　　　　女○

1. 您的年龄是:

18岁以下 ○　　　　　　18~25岁 ○　　　　　　26~35岁 ○

36~45岁 ○　　　　　　46~56岁 ○　　　　　　56岁以上 ○

2. 您的受教育程度是:

小学及以下 ○　　　　　初中 ○　　　　　高中 ○

大专 ○　　　　　　　　本科 ○　　　　　硕士及以上 ○

3. 您的职业状况是:

政府部门管理人员 ○

国有企业管理人员 ○

外企/私企员工 ○

外企/私企管理人员 ○

事业单位（医院、学校）工作人员 ○

事业单位管理干部 ○

专业人士（医生/律师/记者）等 ○

文艺体育类工作者 ○

学生 ○

个体户 ○

4. 请问您有驾照吗?

有 ○　　　　　　无 ○　　　　　　正在考○

思考与讨论题

编制市场问卷调查表应注意哪些问题？

任务2　汽车电子产品市场预测

2.2.1　市场预测的内容

一、市场预测的概念和作用

（一）市场预测的概念

市场预测，就是在市场调研的基础上，利用科学的方法和手段，对未来一定时期内的市场需求、需求趋势和影响营销因素的变化作出判断，为营销决策服务。包括市场需求预测、市场供给预测、产品价格预测、竞争形式预测等。

（二）市场预测的作用

市场预测是企业进行经营决策的重要前提条件，是企业制订经营计划的重要依据，可以使企业更好地适应市场的变化，提高企业的竞争能力，可为汽车电子产品市场营销指明方向。

（三）市场预测的特点

其特点有倾向性、关联性、近似性、时间性、科学性、局限性。

二、市场预测的内容

市场预测的内容通常包括以下几个方面的内容：市场需求变化预测、消费结构变化预测、产品销售预测、产品价格预测、产品生命周期预测、资源预测、市场占有率预测、生产技术的变化预测。

（一）市场需求变化预测

市场需求变化预测主要是指商品的购买力及其投向的预测。它包括生产资料市场购买力预测和消费市场购买力预测。预测市场需求的变化还需要研究社会潜在购买力，潜在购买力包括两种情况：受货币支付能力或商品供应量的限制而未能实现的需求；居民手中因为种种原因而持有的现金以及居民银行存款情况。预测市场需求的变化还必须研究人口变动、基本建设规模、生产力水平、文化水平、货币流通速度以及消费者行为的变化。

（二）消费结构变化预测

消费结构变化预测的主要内容是预测消费品市场的产品构成以及其相应比例关系。包括消费者的消费支出在不同商品之间的分布比例、变动趋势；其中最为关键的是居民消费的恩格尔系数的变化。

（三）产品销售预测

产品销售预测是指企业本身对产品销售前景的判断，包括对销售的品种、规格、价格、销售量、销售额以及销售利润等方面变化的预测。其目的在于使产品适销对路，满足消费需求，提高企业经济效益。

（四）产品价格预测

产品价格预测是指根据企业产品的市场价格以及同类产品的市场价格对企业产品未来市

场价格变化的预测。影响产品价格的主要因素有市场供求、市场竞争状况、产品价值以及价格规律。

（五）产品生命周期预测

产品生命周期预测主要是对企业产品在生命周期中所处阶段的预测。即对产品投入期、成长期、成熟期与衰退期的预测。

（六）资源预测

为了保障企业生产的顺利进行，必须对企业所需要的原材料、能源等稀缺资源的供应状况及其变化趋势进行合理的预测，明确资源供应的数量、规格、质量、价格与渠道等，寻找降低资源成本的途径，增强企业竞争力。

企业不仅要对物力资源的供应进行预测，还应该加强对企业财力与人力资源的预测。

（七）市场占有率预测

企业产品的市场占有率是企业产品的市场竞争能力的综合表现。市场占有率的预测包括企业绝对市场占有率的预测与相对市场占有率的预测。

企业不仅应该预测本身产品的市场占有率及其变化趋势，还应该对同类产品、替代产品的市场占有状况及其变化趋势进行预测。

（八）生产技术的变化预测

生产技术的变化对企业的生存与发展有着十分重要的影响。企业必须时刻关注内外部生产技术的变化发展趋势，并不断进行技术改革，保持与国际技术的同步发展。生产技术的变化预测包括企业自身生产技术变化的预测、国内行业技术发展变化的预测以及国际先进技术发展变化的预测等。

三、市场预测的分类

按照不同的标准，可将市场预测进行不同的分类。

（一）依据预测的范围分类

1. 宏观市场预测

这是对整个市场的预测分析，研究总量指标、相对数指标以及平均数指标之间的联系与发展变化趋势。宏观市场预测对企业确定发展方向和制定营销战略具有重要的指导意义。

2. 微观市场预测

这是对一个生产部门、公司或企业的营销活动范围内的各种预测。微观市场预测是企业制定正确的营销战略的前提条件。微观市场预测是宏观市场预测的基础和前提，宏观市场预测是微观市场预测的综合与扩大。

（二）依据预测的时间分类

1. 近期预测

时间在1周~1个季度的预测。

2. 短期预测

时间在1季度~1年的预测。帮助企业适时调整营销策略，实现企业经营管理的目标。

3. 中期预测

时间在1~5年的预测。帮助企业确定营销战略。

4. 长期预测

时间在5年以上的市场变化及其趋势的预测。为企业制定总体发展规划和重大营销决策提供科学依据。

（三）依据预测的对象分类

1．单项产品预测

这是市场预测的基础。按照产品的品牌、规格与型号进行预测。为企业编制季度计划、年度计划与安排生产进度提供科学依据。

2．同类产品预测

这是按照产品类别进行预测。一般而言，按照同大类产品的具体标志性特征进行具体预测。

3．产品总量预测

这是对消费者需要的各种产品的总量进行预测。一般属于行业预测。

（四）依据预测的性质分类

1．定性预测

研究和探讨预测对象在未来市场所表现的性质。主要通过对历史资料的分析和对未来条件的研究，凭借预测者的主观经验、业务水平和逻辑推理能力，对未来市场的发展趋势作出推测与判断。定性预测简单易行，在预测精度要求不高时较为可行。

2．定量预测

确定预测对象在未来市场的可能数量。以准确、全面、系统、及时的资料为依据，运用数学或其他分析手段，建立科学合理的数学模型，对市场发展趋势作出数量分析。

2.2.2　市场预测的方法

市场预测的方法可分为两大类：定性预测方法和定量预测方法。其中定性预测方法又可分为集体意见法、德尔菲法、类推法、转导法；定量预测方法又可分为时间序列法、因果预测法、市场细分预测法。

一、定性预测方法

（一）集体意见法

这种方法是集中企业的管理人员、业务人员等，凭他们的经验和判断共同讨论市场发展的趋势，进而做出预测的方法。

其优点是简单易行，成本也较低。缺点是易受预测人员的知识和经验的限制。

（二）德尔菲法

德尔菲法也称专家小组法。德尔菲法的预测过程如下：

1．与专家接触

送预测项目调查表，说明内容和要求，告知专家编号，提供信息资料，征求专家对预测工作的建议，说明收回预测结果的时间表，交代联系方式。

2．进行初步预测

专家独立完成第一次预测意见的表达和表格填写工作，在规定时间内，由工作人员收回。

3．整理专家第一次预测结果

汇总、整理分析专家预测的结果，制定反映专家意见的新表格。

4．多次交流和反馈

在初步整理的基础上，把全部专家意见汇总后，成为一个有统一要求和内容的表格，或者问题汇总。再次以匿名方式给专家。专家可以参考其他专家的意见，对自己的预测结果进行修改。如此反复，直到各位专家都认为可以提出最后预测意见为止。

（三）类推法

应用相似性原理，把预测目标同其他类似事物加以对比分析，推断其未来发展趋势的一种定性预测方法。它一般适用于开拓市场，预测潜在购买力和需求量以及预测增长期的商品销售等，而且适合于较长期的预测。

（四）转导法

转导法也称经济指标法。它是根据政府公布的或调查所得的经济预测指标，转导推算出预测结果的市场预测方法。这种方法是以某种经济指标为基础进行预测，不需要复杂的数学计算，因而是一种简便易行的方法。

二、定量预测方法

1．定量预测方法

定量预测方法也叫统计预测法。它是根据掌握的大量数据资料，运用统计的方法和数学模型，近似地揭示预测对象的数量变化程度及其结构关系，并据此对预测目标做出量的测算。应该指出，在使用定量预测方法进行预测时，要与定性预测方法结合起来，才能取得良好的效果。

2．时间序列法

时间序列法是从分析某些经济变量随时间演变规律着手，将历史资料按时间顺序加以排列，构成一组统计的时间序列，然后向外延伸，预测市场未来的发展趋势。这种方法是利用过去资料找出一定的发展规律，将未来的趋势与过去的变化相类似地进行预测。

3．因果预测法

因果预测法也叫演绎推论法。是利用经济现象之间的内在联系和相互关系来推算未来变化，根据历史资料的变化趋势配合直线或曲线，用来代表相关现象之间的一般数量关系的分析预测方法。它用数学模型来表达预测因素与其他因素之间的关系，是一种比较复杂的预测技术，理论性较强，预测结果比较可靠。

4．市场细分预测法

市场细分预测法是对产品使用对象按其具有同类性进行划分类别，确定出若干细分市场，然后对各个细分市场根据主要影响因素，建立需求预测模型。

2.2.3　市场预测的步骤

一、市场预测的主要步骤

市场预测的主要步骤如下：

第一步：确定预测目标。

第二步：收集处理资料。

第三步：选择预测方法。

第四步：建立预测模型。

第五步：评价预测模型。

第六步：进行预测。

第七步：分析预测结果。

第八步：提交预测报告。

二、汽车电子产品市场预测注意问题

汽车电子产品市场预测应注意的问题如下：

政策变化、预测结果的可信度、预测的方案、拟合度与精确度、预测的期限、预测模型、数据处理与模型调整、实际与想象等。

经典实例

中国汽车电子市场和发展机会预测分析

2003年，世界汽车产量增长不到3%，其中80%的增量来自中国，中国汽车电子行业的快速发展引起了全球汽车电子产业的关注。本文概要介绍中国汽车电子技术和市场的现状、面临的困难和发展的趋势，以及汽车电源管理器件和技术的发展方向，这些内容有助于汽车电子设计工程师、技术经理、市场经理和销售经理，以及汽车半导体供应商抓住中国汽车电子市场发展的机会。

汽车电子产品可为两大类：①汽车电子控制装置，包括动力总成控制、底盘和车身电子控制、舒适和防盗系统。②车载汽车电子装置，包括汽车信息系统（车载电脑）、导航系统、汽车视听娱乐系统、车载通信系统、车载网络等。图2-2-1所示为瑞萨科技对汽车电子系统的划分示意图。

一、中国汽车电子行业的发展方向和面临的困难

目前，中国车载电子系统制造商已经具有一定的经济规模，他们正在通过兼并或重组等方式，融入车厂的配套体系之中，并逐步打入国际高档轿车配套市场。发展车载电子设备是迅速发展中国汽车电子产业的重要方向之一。相比之下，中国汽车电子控制系统的产业化水平和研发能力与国外的差距还很大。

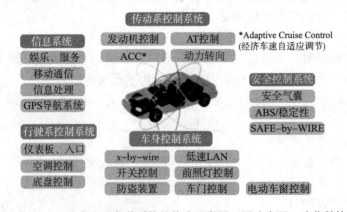

图2-2-1　汽车电子各分系统的构成示意图（图片来源：瑞萨科技）

在不利的市场竞争环境面前，中国科技人员并没有停滞不前。随着能源形势日益紧张，中国国家"863"计划积极推进在电动汽车和燃料电池汽车电子控制系统领域的研究，汽车电子的研究和产业化主要集中在以下3个方面：

1. 信息化

时速表、发动机转速表和油量表将被集网络、诊断和数字显示功能于一体的触摸式液晶

屏幕所取代，并通过车载动态信息系统的"专家智囊团"实现现场诊断、道路自主导航、电子地图、车辆定位动态显示和轨迹回放等功能。

2. 节能化

高速行驶时方向盘转向很容易，而缓速转弯时，打方向盘很吃力，这会增加2%左右的油耗。新研发的电动助力转向系统有望反其道而行之，让行车省力又安全，并节省能源。

3. 舒适化

目前车用空调是由发动机一机多用带动的，温度全靠司机手动控制，耗能问题严重。自动空调系统和智能化空调系统的研发将自动搜集车内外温度、湿度、阳光及车速等一系列信号，按一定的数学模型计算，随时自动调节，以获得最佳的空调运行模式。

上述3大研究成果将率先在燃料电池汽车上应用，并视条件不同对传统汽车逐步进行改建。此外，中国信息产业部将重点支持发展6项汽车电子产品：统一的汽车计算平台、电控燃油喷射系统ECU、汽车行驶监控记录仪、车用音视频导航系统、汽车用半导体器件及专用芯片、智能交通系统。

目前中国新兴汽车电子企业在开展研究和产品产业化方面面临的主要困难在于：对国际标准体系的要求了解不够，整车厂与新兴的汽车电子制造商自上而下、根据整车电子产品配置需求开展项目合作的商业模式没有完全建立起来。由于缺乏整车的需求牵引，汽车电子制造商不得不自行研发产品的功能性样机，才到整车厂接受测试，通过测试之后，才寻求配套厂家，中国汽车技术研发中心的一位高级工程师表示，由于测试次数少和费用高的原因，产品经受的试验时间比较短，在稳定性和安全性上难以达到国际标准的要求。与此同时，由于汽车电子产品与整车的配套相关性很高，新兴的中国汽车电子企业要上规模，很难走出合资经营模式，因此容易被整车厂控制。在这两方面的原因综合作用下，可能妨碍中国汽车电子企业在短时间内推出满足市场需求的产品并发展壮大。

在研发过程中，国内生产汽车电子产品零部件的配套厂家受到合资企业的控制，造成汽车电子配套市场不健全，对中国汽车电子研发企业的发展也有一定的负面影响，存在采购周期长、购买不方便、规格不符合汽车专用要求等比较普遍的问题，上海新代车辆技术有限公司的马锡平经理说："汽车电子的高功率、大电流环境对线缆和器件的配套有较高的要求，这方面存在配套困难。"

对此问题，天津富士通天电子有限公司的白雪亮主任说："为给中国本地的汽车电子厂家提供配套，我们已经针对中国汽车电子的迅猛发展成立了富士通天研发中心天津有限公司，目的就是为需要汽车电子产品设计的整车厂提供服务。"而摩托罗拉电子有限公司的郭鲁宁经理认为，中国汽车电子企业要参与国际性的汽车电子采购大会，逐步了解市场需求和国际标准，从配套入手发展中国的汽车电子产业。

目前，在电动助力、高电压电源安全管理系统、车身电机控制、数字仪表、低速总线控制系统、胎压监测和报警系统的研究和产业化进程上，中国汽车电子企业已经开始推出产品。中国"国家汽车计算平台工程"的启动有望攻克汽车控制、驾驶、信息处理、智能交通、传感、执行等重大核心技术，从而为第三代移动通信、高清晰度数字电视、卫星导航、智能交通、移动网络的应用和信息化在汽车电子的应用提供重大发展机遇，并将形成汽车工业和电子信息产业良性互动的发展格局。随着国际顶级汽车半导体方案提供商进入中国，中国汽车电子行业有望加速发展。

二、中国主要汽车电子产品市场和发展机会

安全、节能、环保以及智能化和信息化是未来汽车的发展趋势。中国汽车市场的高速增长促成了中国车载娱乐系统市场规模的成倍增长，市场研究表明，在2003—2006年，中国轿车产量合计在1 200~1 600万辆，汽车娱乐系统市场的规模在500~800万套，主要提供OEM配套服务。采用车载计算机作为平台，将车载通信、导航、视听娱乐、网络控制等集成为一体化多媒体信息系统是该领域的市场发展趋势。调查分析表明，中国目前发展前景较大的汽车电子产品市场如表2-2-1所示，可见与汽车行驶安全和控制相关性不大的车载娱乐和导航信息系统、车身电子是中国汽车电子产品市场的主要发展方向。

表2-2-1　中国具有较大市场前景的汽车电子产品

汽车电子产品	市场前景大小/%	2002—2004市场需求的年均复合增长率/%
GPS	28.35	82.6
电子地图	23.61	—
车身电子控制	23.15	29.2
ABS	9.02	46.1
电动汽车系统	7.20	—
车载DVD	4.56	25.8
安全气囊	2.73	34.2
数据来源：《汽车电子世界》和《国际电子商情》市场研究		

1. 车载自主导航系统市场快速发展

中国计划以京、津、沪、穗4大城市为中心向外拓展导航电子地图的覆盖空间，提供导航电子地图数据库的北京四维图新导航信息技术有限公司总经理孙玉国说："目前符合汽车工业标准和中国法律的汽车自主导航电子地图产品已投放京、津、沪、穗4个城市。"到2005年，覆盖中国大部分地区的导航电子地图产品面世，以满足2008年北京奥运会和2010年上海世博会对汽车导航产品的需要。车载自主导航系统由车载GPS（全球卫星定位系统）接收机监测车辆当前位置，并将存储在光盘或内置存储器（如硬盘）中用户自定义的目的地电子地图数据做比较，计算行驶路线，并实时将定位和路线信息提供给驾车者。

汽车电子地图市场的发展，将驱动对GPS、电子地图存储设备、显示设备的巨大需求。Strategy Analytics预测，全球导航系统的年需求将由2002年的430万套增加到2010年的1 220万套。Telematics Research Group预测，GPS接收机的需求将从2004年的940万台增加到2010年的3 000万台。

从技术上看，为旧车配备车载GPS自主导航系统会面临一些空间限制，利用车载DVD光盘大容量存储的优势，就可以通过DVD播放机显示电子地图信息，因此，车载DVD市场有望快速成长。Telematics Research Group 2004年7月预测，全球车载DVD市场的年需求将从2004年的450万台增加到2010年的3 300万台。

由于全球汽车市场的增长主要来自中国，中国车载自主导航系统市场的快速发展对全球市场有举足轻重的影响。据日本媒体报道，基于 DVD/HDD 的导航系统正在呈现增长的趋势，在中国，虽然此类系统只是在 2003 年才刚刚推出，但预计其销量到 2008 年将超过 100 万个。电子地图数据提供商将在此巨大的市场需求推动下获益。现在比较敏感的是电子地图的普及有可能涉及国家安全问题。

此外，汽车无线电接收机技术正在从模拟接收方式向数字接收方式演变，基于软件无线电技术的数字信号处理器将引领车载数字无线电接收机的发展方向，最终有可能将 AM/FM、电视接收机和卫星数字广播接收机、GPS 甚至通信等功能集成为一体。飞利浦 CarDSP 解决方案可提供增强的多路径修正和各种天线自适应功能，对于改善 AM/FM 或数字广播无线电等车载视听设备品质有重要意义，值得关注。

2. 车身电子领域发展空间很大

由于汽车电子电器数量的急剧增多，为了减少连接导线的数量和车身的重量，网络和总线技术在此期间有了很大的发展，目的是解决汽车电子子系统的增加带来的数据传输的安全性、可靠性、车内线缆总长度太长导致车重增加等问题，并满足线控汽车的需要。国际汽车巨头和顶级汽车半导体制造商提出了一系列汽车总线标准，包括：IDB－1394 和 MOST（用于多媒体）、FlexRAY 和 TTCAN（用于线控）、CAN、IDB－C 和 GMLAN SWC（用于动力总成控制）、J1850 和 LIN（用于车身控制）、Keywrod2000 和 ISO 9141（用于诊断）。图 2－2－2 所示为现有主流汽车总线标准、用途和速率的简要说明。

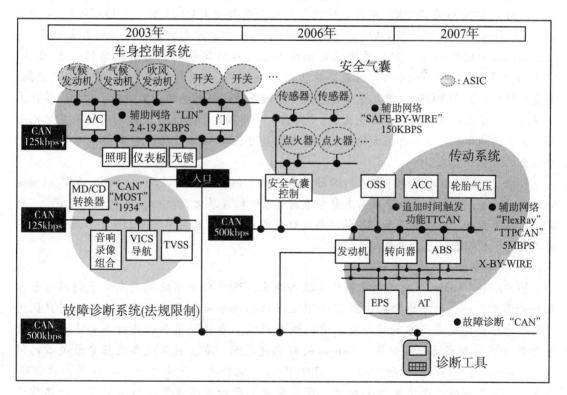

图 2－2－2　现有主流汽车总线标准、用途和速率的简要说明（图片来源：瑞萨科技）

我们认为，汽车车身网络系统的发展将为中国汽车电子产业带来很好的机遇和切入点，原因有两点：

（1）它降低了企业的进入门槛。

借助具备 LIN 或 CAN 总线接口的单芯片方案，缩短了企业开展车身电子研究的周期，降低了企业进入汽车电子配套市场的门槛。

（2）提高汽车使用的舒适度，拓展汽车增值空间。

过去利用手工控制机械装置，例如车内空调环境控制、锁、车窗、座椅、内部和外部照明、后视镜、雨刷等子系统，现在都可以通过基于 CAN 或 LIN 总线的车身网络系统连接起来，从而有机会将原来要手动操作的部件改为电控，逐步实现中低档轿车和轻型货车车身控制装置的机电一体化。

iSuppli 汽车电子市场高级分析师 Nancy Dang 说："目前国外高级轿车的汽车电子车身子系统多达 50 多个，国内中档轿车的车身电子子系统只有 6～7 个，因此，在车身电子领域，中国汽车电子行业未来的发展空间很大。"据信息产业部经济运行司的预测，中国车身电子将从 2003 年的 10.32 亿人民币增长为 2007 年的 50.33 亿人民币，增幅为 3.8 倍，仅次于车载信息通信系统的增幅（2007 年比 2003 年增长 4.2 倍）。因此，对具有 LIN/CAN 总线接口的 MCU、相关的功率驱动器件、电机控制 MCU 和执行电子机械构件的车身电子产品将产生存在巨大需求。

飞思卡尔（Freescale）汽车电子半导体部业务拓展经理康晓敦认为：① 目前 ISO9141 和 Keyword2000 主要用于诊断系统，后者在汽车电子控制上用得多一些。② J1850 原来只有北美使用，在 2006 年或 2007 年停止使用，然后全部转至 CAN 总线。③ LIN 为 CAN 的补充，两者一般结合使用，与 CAN 总线相比，LIN 总线控制方式的成本较低是最大的优势；从高容错性的比较而言，CAN 总线的目标应用是汽车的高速和多路数据通信。④ 目前，CAN 仍然是汽车电子控制中可靠性最高的总线，Flexray 是它的升级，但是目前成本还很高，不能实际应用。⑤ MOST 主要用于音视频流传输的基于光纤的总线，不能用于控制。其他总线在汽车电子上的推广不好。康晓敦说："目前，在中国，CAN/LIN 总线的实际应用才刚刚开始，不同的车辆可能会有很大的差别，基本配置可能有 4～5 个节点，高档车可能达到 50 个以上的节点。"

目前，LIN 联盟的支持厂家包括国际汽车巨头，例如 BMW、Volvo、Audi、VW、Daimler Chrysler 等，因此，代表了未来车身电子网络系统的发展方向之一。康晓敦补充说："将 MCU、功率驱动、电压调节和 LIN 物理层接口集成为一体，构成单芯片 LIN 子节点，这是目前车身电子控制器的主要发展趋势。"

3. 汽车安全系统增长最强劲

据 Strategy Analytics 公司的市场研究报告指出，汽车安全系统是汽车电子领域增长最强劲的需求之一，年平均增幅达到 25% 以上。杜邦汽车最新调查表明，大部分用户认为最需要考虑的问题是汽车的安全性，它比汽车性能、车载娱乐和燃油效率都重要，安全气囊和 ABS 有望成为标准配置。Visteon 的研究也表明：安全性是汽车消费者最关心的问题。Renesas 对中档轿车的研究揭示：国外 1996 年就将安全气囊作为标准配置，从 2002 年起国际上已经将两个乘客测知座椅、预紧式安全带和传感器系统与安全气囊一起作为标准配置，预计到 2006 年预紧式安全带和传感器系统将增加到 4 个，传感器系统更是大幅度增加，以提高冲撞检测能力并提高乘车的稳定性，从而有可能构成统一的安全气囊网络。

国际汽车安全系统市场正呈现主动和被动安全系统分别发展并走向融合的趋势，图2-2-3所示为汽车安全系统的发展路线图。目前，中国新兴的汽车电子在汽车安全产品的设计方向上，主要开发轮胎压力监测系统（TPMS），以防止正面、侧面和后面碰撞为目的的汽车雷达系统，而中国在ABS和安全气囊的研究才刚刚起步。

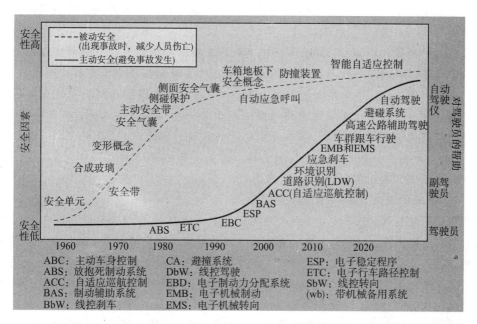

图2-2-3　汽车电子技术改进汽车安全性能的发展路线图

目前市场上出现的轮胎压力监控系统（TPMS）大致可分为两大类：

（1）直接TPMS，它可将传感器和射频发射器芯片安装在轮胎的气门附近，在轮胎压力过高、过低、轮胎缓慢漏气或温度异常变化时及时向车载无线接收器报警，从而有效防止爆胎。首先，该方案的难点在于可靠性要求高，电池的寿命、抗高低温和振动问题对系统的可靠性有一定影响，其次，直接TPMS系统所使用的无线收发频点还没有现成的标准可循，一些制造商采用与无线遥控开门或防盗器相同的器件和频率（433MHz），调制方式通常为FSK方式，在实际使用上很难避免同频干扰问题，最后，安置在车胎上的无线传感器的低功耗设计问题一直困扰着整个行业。开发不需要电池的无线电传感器是市场的一个需求和发展方向。

目前直接TPMS技术还分为主动和被动两种技术。英飞凌的主动式系统将压力传感器安装在每个轮圈上，汽车既有的各种遥控接收装置，包括RKE的射频组件可作为胎压测量的接收器，从而整合为完整的胎压监控系统。主动式技术的优点在于技术成熟度高，开发出来的模块适用于各厂牌的轮胎，缺点在于感应模块需要电池供电，因此存在使用寿命的问题。被动式技术不用电池供电，它需要将转发器整合至轮胎中，这牵涉到各轮胎制造商需建立互通的标准才有可能实现，目前只有西门子与米其林正在开发该技术，尚没有成熟的产品出现。

（2）间接TPMS，它使用ABS轮胎速度传感器来测量每一个轮胎的转速，从而推断出某只轮胎的压力是否不足，这套系统具有耐用性强、可靠性高，不受电池和其他无线电波困扰的特点，不需要对汽车轮胎改装，与直接 TPMS 相比，成本低得多，特别适合轿车和轻型货车，可以直接以向车厂配套的方式切入市场。间接 TPMS 市场的大小取决于装备了 ABS 的整车市场规模的大小。目前，载重汽车的安全性已引发广泛关注，中国政府正考虑强制所有的载重汽车都采用 ABS，以增强道路行驶的安全性，利用直接 TPMS 系统，对长货车、加挂货车和重型载重汽车的胎压进行实时监测，对防止行驶中因爆胎导致的严重交通事故有重大的社会效益和市场前景。

贝能科技的陈强经理说："2001 年全球市场对直接轮胎压力监控系统的需求约为 230 万套，目前 200 多万辆通用和福特公司的汽车正在使用这种直接 TPMS 技术，预计到 2008 年将达到 2 930 万套左右，平均复合增长率为 44%。"目前，中国胎压监测系统市场还处于产品完善和市场起步阶段，整套系统价格还高达几千元一套（以轿车为例，4 个轮胎），产业化配套的市场还没有大规模启动。深圳亚联电子的黄琦总经理说："无论直接 TPMS 系统还是间接 TPMS，都需要强制性安装政策的支持，才能真正把市场做大，中国直接 TPMS 市场要形成规模，还要几年时间。"

4. 汽车电源管理以 5%～8% 速度增长

德尔福的研究预测，汽车电子系统对电力的需求从现在到 2030 年将保持每年 5%～8% 的速度增长，在过渡阶段，42V/12V 电力系统有望成为事实上的车辆电力系统标准。目前国外高级轿车电子产品需要的导线超过 2 000 线、各种控制器件的触点超过 4 000 个、导线总长度超过 4 000 米、重量大于 40 公斤、电机和 MCU 超过 100 个，采用 42V 电力系统之后，现有主流导线截面积由 0.5～1.5mm^2 降低为 0.35 mm^2，带来的好处表现在以下几个方面：

(1) 相同功率下，导线流过的电流要小，降低了每欧姆导线的损耗，油耗降低 10%～20%；

(2) 导线节省出来的空间可以添加新的电子系统功能；

(3) 采用铝线代替铜线，并更多地采用柔性导线，电机的尺寸可以做得更小；

(4) 符合混合燃料汽车发展的需要。

上海新代车辆技术有限公司的马锡平说："采用 42V 或 42V/12V 电力系统可以达到节能和环保的要求，因而是汽车电子发展的必然趋势，问题在于现有投资、开发好的产品和配套元器件很难让我们放弃既有方案重新开始。在已经定型的老车上推广应用 42V 电力系统，不如在新车应用可能性大，逐步淘汰老车的过程可能还需要 3～4 年的时间。"

最新的消息显示：由于能源和环保等问题，中国将在 1～2 年内启动混合动力汽车的大规模生产，中国汽车行业将采取根据需要逐步提高汽车电力系统电压的方式（12V、16V、24V、36V……）来满足对电源快速增长的需求，在这两方面因素的作用下有可能引发对各种汽车电源转换模块（DC - DC 转换器）、高电压/高电流功率器件的需求大幅度增加。

据美国国际整流器公司的预测，未来三年内，汽车电子市场的发展对电源集成电路的需求将以年平均 25% 的增长率上升，用户对功率器件，包括 MOSFET 和 IGBT 的总体要求是增加电流密度、减低器件成本、缩小占位空间，许多厂家都在为此而努力，包括 Freescale、Toshiba、NEC、Philips、On Semiconductor、Vishay Siliconix、Linear Technology、Fairchild Semiconductor 和国际整流器（IRF）公司。功率器件的温度特性好不好，将直接影响整车的节能和环保性能，降低电源器件的开态电阻（Ron）是汽车电源器件市场竞争的焦点之一。表 2 - 2 - 2 所示为主要汽车半导体方案提供商和 2003 年市场份额。

汽车电子产品营销与服务

（实训项目）

主　编　朱靖华　　谢政权

副主编　孙年芳　　徐志豪

参　编　朱　燕　　禹　云

北京理工大学出版社

BEIJING INSTITUTE OF TECHNOLOGY PRESS

目录 Contents

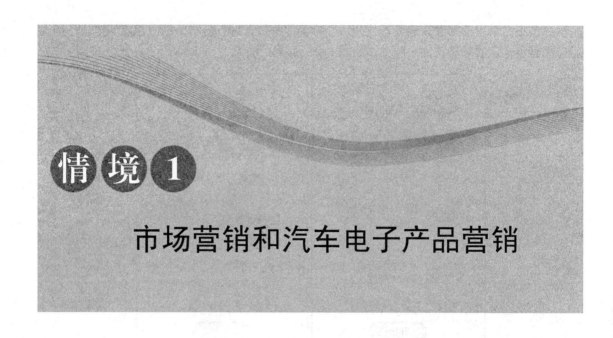

情境 1

市场营销和汽车电子产品营销

任务 1　市场营销和汽车电子产品营销认知

知识拓展

大众"蓝色驱动"：另辟蹊径的 APP 移动营销

大众汽车："蓝色驱动"APP 下载人数超 30 万，"蓝色驱动"是大众中国设计的中国首个车载移动应用，是国内为数不多的通过 APP 进行品牌营销的尝试，在整个营销过程中，活动总次数达到了 10 万次，逾 30 多万人下载了 APP，在社交网络上共同评论、分享了 22 万次。

大众为这一活动设立了专门的网站，用丰厚的奖品激励下载者使用，整个活动除了通过大众汽车官方主页、大众汽车等网站，还通过社交网络上的主页部分手机网页广告进行传播，使大众的品牌和活动都得到了良好的宣传推广。

简评：大众中国"蓝色驱动"APP，既符合企业核心价值，又有利于品牌推广，摆脱了传统营销理念，把传统的销售提高到品牌理念宣传的高度，使保持良好驾驶习惯和节油等当今热门话题和企业核心价值无缝衔接，让人眼前一亮。

一、APP 简介

来自大众公司的蓝色驱动，这款 APP 针对的并非潜在汽车购买用户，而是已经拥有汽车的有车一族。下载者将它安装应用到手机上，程序会根据 GPS 系统定位到车主的位置，画面中会出现一只站在冰块上的蓝色小北极熊，伴随车主的驾驶而左摇右晃。当完成驾驶后，点击"停止"，本次行程的时间、距离、速度、加速、减速等数据都会被记录下来，应用程序会根据车主的驾驶表现进行打分，并对上传的数据进行分析，给出相应的建议，还会为应用者量身定制减碳省油小贴士。如图 1-1 所示。

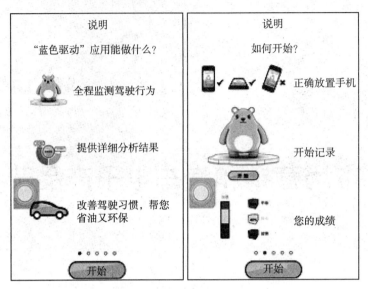

图 1-1　蓝色驱动的小贴士

二、开发背景

2010 年，大众汽车品牌在全球推出"Think Blue·蓝·创未来"的理念，这一品牌理念延续了大众汽车在 20 世纪 60 年代的传奇品牌标语"Think Small"。"Think Blue·蓝·创未来"涵盖了三个方面：在产品上，大众汽车致力于为人们提供更加高效、清洁的环保技术解决方案；在人机交互方面，大众汽车将协助人们改善自己的驾驶习惯，从而促使人们在主观上建立节能降耗意识；在企业层面上，企业自身也将更多地投身于各种环保项目中，表明积极的参与态度。

大众汽车"Think Blue·蓝·创未来"的理念是大众汽车为促进环保出行和可持续个人行为而采取的整体方略。其中包括采用更节能、更高效的车型和纯电动车，以及"Quicar"汽车共享项目这样的新型出行概念，还有以低排放生产为宗旨的"蓝创·未来—工厂"理念。

"Think Blue·蓝·创未来"的实质还在于汇聚客户和所有感兴趣的人，交流有关可持续出行方式的灵感。"Think Blue·蓝·创未来"同时涵盖与全球众多环保机构的合作。

"Think Blue·蓝·创未来"是大众汽车在全球推行的品牌理念，它代表着大众汽车对践行环保的承诺，树立了汽车企业对未来环境的责任标杆。大众汽车品牌在中国启动新一轮"Think Blue·蓝·创未来"主题推广活动。为此，大众汽车品牌在中国推出全新的电视宣传片和平面广告，并开展丰富多样的线上、线下活动，传播可持续出行理念，激发公众参与环保行动。致力于在中国公众中传播"Think Blue·蓝·创未来"的环保理念，并鼓励公众参与环保和可持续的个人行动，和大众汽车一起加入保护环境的事业中来。因此，在最近两年来，我们总能看到大众汽车在产品和营销领域做出的环保行动。

人类未来的生活将是怎样的？在过去的很长时间，这曾经是一个难以回答的问题。如今，人们知道保护环境具有越来越重要的意义；人们知道化石燃料并非取之不尽，用之不竭；人们知道从长期发展的角度出发，未来交通离不开全新的、零排放的驱动系统。所以，人类最重要的活动之———交通，以及与之相伴的汽车技术，就成为人类最重要的、通往未来世界的窗口。汽车技术正处在一个新时代的转折点。在不久的将来，混合动力以及全电力驱动系统，也将逐步成为最重要的汽车动力技术，服务于人们的交通生活。大众汽车，这一具有创新技术的汽车品牌致力于成为电动车市场的技术领先者，以新技术、新理念实现未来交通和城市的可持续发展，创建城市的"蓝色未来"。

蓝色就是未来，未来是你我共同的责任！大众汽车不断探索和研发对环境更加友好的汽车技术，每一次技术的突破和革新，只为追逐和创造可持续发展的前进动力，建城市的"蓝色未来"

三、功能介绍

Think Blue 分为：蓝色科技、蓝色创想以及蓝色行动。这三点的相互作用也就实现了大众汽车的 Think Blue，而实践则是 Think Blue 的核心。其中面对消费者的是蓝色创想，其实创想是一件很随意的事情。我们可以想象如何用科技创造出蓝色的未来，也可以想象如何用美好的蓝色愿景使大众创造出改变未来的蓝色科技。在蓝色创造之中，发挥你对大众蓝色未来的无穷想象吧。当然，除了想象，蓝色创想也包括了具体的实践。在你力所能及的范围内，也可以做到蓝色，这就是蓝色驾驶。通过不断地改善自己的驾驶和出行习惯，我们也可以有效地减少功耗以及排放，这种蓝色行为也是大众蓝色创想所倡导的。

同时，大众还为这一活动 APP 设立了专门的网站，不仅用丰厚的奖品来激励下载者使用，还展开了相应的宣传，网页中不仅可以随时下载 APP，追踪你的驾驶行为记录，还提供了一个"造冰救北极熊"的小游戏，在造冰拯救的过程中，还可以与其他玩家 PK，赢得奖品。如图 1－2 所示。

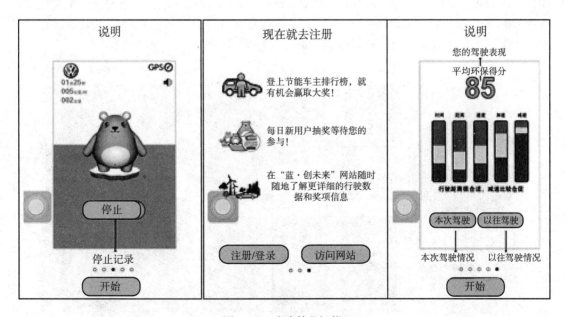

图 1－2　造冰救北极熊

卖出产品并不应该是品牌营销的终点，帮助车主改善驾驶习惯、减少碳排放才是大众中国品牌传播更高的诉求。通过设计好玩又有趣的互动性 APP，帮助车主改善驾驶习惯、节约油耗，大众的探索无论是对 APP 的使用还是其营销理念，都让人眼前一亮。

作为知名汽车品牌，大众汽车希望帮助车主改善驾驶习惯、减少碳排放量，共同为创建一个清洁的环境而努力。但是，仅仅提醒人们建立环保意识还是远远不够的，通过具有互动性强的、好玩有趣的APP让大家亲身参与，才能够事半功倍。

根据行为心理学，一个人的新习惯或理念的形成并得以巩固至少需要21天，为此大众发起了"21天蓝色驱动大挑战"等多个活动，鼓励用户累积使用21天，在这21天里，养成正确的驾驶习惯，把减排理念深入生活中的点滴。坚持到底的用户可以赢取蓝色大礼包，包含北极熊毛绒玩具、iPhone手机壳、创意车贴、参观北京车展等礼品。如图1-3所示。

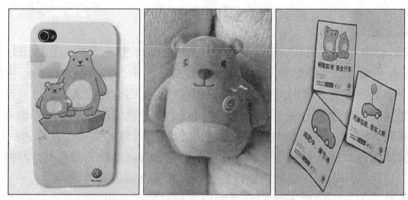

图1-3　参加"21天蓝色驱动大挑战"礼品

不少网友也分享了驾驶过程中的小窍门：比如在行驶中注意避免拥堵路面和时段，一路上越是畅通无阻，你获得高分的机会就越大；在加速时忌猛踩油门、强行加速，"轻柔加油，适度加速"是高分王道，在减速时预判路况，尽量减少急刹车，保持匀速行驶是得到高分的关键；如图1-4所示在行驶中水平或垂直放置手机更有利于提高环保分数，这个秘密一定要记牢，不然，你的高超驾驶技巧就会大打折扣！

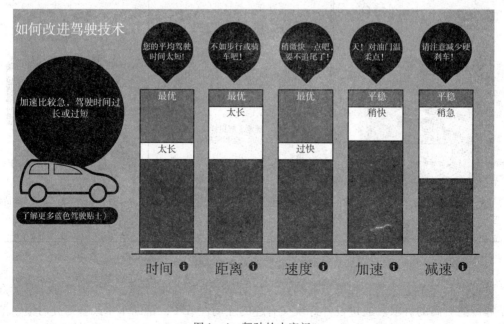

图1-4　驾驶的小窍门

四、推广过程/应用实例

在传播上，大众公司采取了多个活动进行推广。除了通过大众汽车官方主页、大众汽车等网站，还通过开心网、人人网等社交网络上的主页、大众自造以及部分手机网页广告进行传播。大众的品牌和活动都得到了良好的宣传推广。这种既符合企业核心价值，又有利于品牌推广的APP，脱离了只注重传播量不重口碑、只注重营销结果的传统思维，另辟蹊径，值得借鉴。

如在2011年11月推出蓝色驱动之后，立即开展了下载APP赢得积分、亲赴香港的活动；在2011年年底起至2012年1月31日，只要下载"蓝色驱动"APP，赢环保积分，到活动截止时，谁的分数最高，谁就能亲赴香港！

宣传：想要给年前的自己找点乐子？想要让自己的新年与众不同？现在就加入2011年年底最火爆、最有爱、最开心的大众汽车开心网"蓝色驱动"APP有奖活动吧，除了海量减排小贴士和丰厚礼品，更有香港游大奖等你来拿，快行动吧！

活动非常精准地针对消费者，不管是驾驶什么品牌的汽车。通过追踪记录你的驾驶历程，并进行统计分析，"蓝色驱动"手机应用可以分析驾驶是否节能环保，得出环保得分和省钱潜力。分数低，说明耗油严重，还有很多省钱潜能有待挖掘，同时表明，该驾驶员也是全球冰川融化的"帮凶"之一；而分数高，则代表该驾驶员采用低碳环保的驾驶方式，良好的驾驶习惯为减缓冰川融化、保护北极熊的家园，做出了贡献。

如2012年2月开展的减排达人活动，将"蓝色驱动"不仅仅限于个人体验，更在大众汽车蓝色驱动官方网站上搭载了供全国"蓝色驱动"APP的减排达人们分享减排心得、PK减排成绩的互动交流平台。APP通过与大众汽车蓝色驱动网站的同步链接，为大家的驾驶情况计算出相应分数。登录蓝色驱动网站，查询相应驾驶数据，并自动上传每次的绿色出行分数到减排达人排行榜上，与全国的减排达人们尽情PK，足够了解自己在驾驶中的各种不足，改进自己的驾驶习惯，进一步提高分数，快速进化成为"减排达人"。当然，不仅能在官网上找到资料，更多的省油小秘籍在开心网的大众公共主页里面也有提示。

大众汽车在2012年2月开展的"21天蓝色驱动大挑战"所送出的奖品实在是诱人！在21天的时间里，就有冲击减排达人排行榜的冠军位置的机会，只要在大奖公布之前，平均分数最高，就能获得北京车展门票、双人北京机票以及一晚酒店住宿超级大奖！与此同时，每天的新注册用户都能百分百获得大众汽车送出的精美iPhone手机壳，只要注册就有。只要坚持使用"蓝色驱动"APP21天，就能获得由大众汽车送出的蓝色大礼包一个。如图1-5所示。

另外一个全球性的活动为：全球挑战赛2012——中国赛区高尔夫蓝色驱动挑战赛。特邀省油驾驶高手前来一汽—大众经销商门店或自行下载手机应用参赛，最终获胜者于11月代表中国前往美国洛杉矶参加"Think Blue·全球挑战赛2012"，争夺全球节能之冠。赛程安排：中国区资格赛：2012年7月15日—2012年8月26日；（全国）中国区决赛：2012年9月22—23日（北京）；全球总决赛：2012年11月24—28日；地点在美国洛杉矶。

参与办法

蓝色新人奖	持之以恒奖	环保达人奖
1.下载免费"蓝色驱动"App	2.持之以恒使用App	3.赢机票住宿及试驾机会
下载免费"蓝色驱动"App, 并完成一次行程, 立即获得蓝色驱动iPhone手机套一个。	连续21日每天使用App完成一次行程, 立即获得蓝色礼包一个。	在线同步行程数据,争夺排行榜第一名

马上下载 > 　　　活动规则 > 　　　查看排名 >

图 1-5 　"21 天蓝色驱动大挑战"参与办法

2012 年 11 月 28 日,大众汽车"Think Blue·蓝 · 创未来全球挑战赛"总决赛在美国洛杉矶落幕。在两天的比赛中,全球共有 18 位最优秀的选手驾驶 Jetta 混合动力将节油驾驶推向了更高的水平。最终,德国选手 Frank Zauft 创造了 4.7 升/百公里的优异成绩,获得冠军。代表中国赛区参赛的选手邓坚以 4.9 升/百公里的油耗再创佳绩,获得第六名,展现出了高水平的节油驾驶技巧和环保意识。

理论习题

一、单项选择题

1. 市场的三要素是(　　)。

A. 人口、时间、购买力　　　　　　　B. 人口、购买力、购买欲望

C. 时间、空间、购买力　　　　　　　D. 时间、地点、人口

2. 市场营销学的研究对象是(　　)。

A. 市场营销活动及其规律　　　　　　B. 企业的经营、销售活动

C. 市场营销管理　　　　　　　　　　D. 市场促销

3. 在我国,分布最为广泛、需求最为强劲、潜力最大的汽车需求区域是(　　)。

A. 公务用车市场　　　　　　　　　　B. 商务用车市场

C. 经营用车市场　　　　　　　　　　D. 私人用车市场

4. 汽车产品产业市场与消费者市场有明显的差别,其中表现为(　　)。

A. 前者客户数量大,后者客户数量小

B. 前者为非专家型购买,后者为专家型购买

C. 前者需求弹性小,后者需求弹性大

D. 前者市场波动小,后者市场波动大

5. 顾客总成本包含（　　　）。

A. 产品成本、时间成本、形象成本、精力成本

B. 价格成本、体力成本、服务成本、人员成本

C. 货币成本、形象成本、质量成本、人员成本

D. 货币成本、时间成本、精神成本、体力成本

6. 汽车用户购买行为的一般过程表现为（　　　）。

A. 内因、需求、决策、购买　　　　B. 外因、需求、决策、购买

C. 刺激、决策、购后感受　　　　　D. 刺激、购买、评价

7. 市场营销观念强调的是（　　　）。

A. 以量取胜　　　　　　　　　　　B. 以廉取胜

C. 以质取胜　　　　　　　　　　　D. 以消费者需求为中心

8. 市场营销学产生于（　　　）。

A. 19 世纪末　　　　　　　　　　　B. 20 世纪初

C. 第二次世界大战末期　　　　　　D. 20 世纪 50 年代

9. 市场营销理论的中心问题是（　　　）。

A. 消费　　　　　　　　　　　　　B. 交换

C. 需求　　　　　　　　　　　　　D. 欲望

二、判断题

（　　）1. 将产品卖给最终客户，这是促销最基本的职能和作用。

（　　）2. 市场营销活动的中心是产品推销。

（　　）3. 市场营销的研究对象是市场营销活动和营销管理。

（　　）4. 当期利润最大化的定价目标比较适用于新产品或不为市场所熟悉的产品。

（　　）5. 如果双方正在进行谈判，并趋于达成协议，这就意味着他们正在进行交换。

（　　）6. 带有产品观念的企业最易导致"市场营销近视"。

（　　）7. 推销观念产生于资本主义国家由"买方市场"向"卖方市场"过渡的阶段。

（　　）8. 与自己的公众对象一同发展，是公共关系的重要原则。

（　　）9. 市场营销的基本功能是满足消费者的需求和欲望。

（　　）10. 沈阳金杯客车制造公司金杯海狮车的"金杯海狮、丰田品质"的定位属于比附定位。

三、简答题

1. 绘出市场营销组合因素结构图。

2. 阐述汽车市场营销的职能与意义。

任务工单

一、组织实施

1. 进行学员分组，选好小组负责人。

2. 根据本项目学习的相关内容，查阅相关资料，各组分别写出几种汽车电子产品的营销模式。

7

序号	营销模式	特 点

二、相互展示

各组派代表介绍本组熟悉的营销模式。

三、总结评价

评价项目	学生总结	教师总结
专业知识		
个人表现		
团队合作		
表现突出		
改进意见		

任务 2 汽车电子产品营销人员的素质要求

知识拓展

把梳子卖给和尚

一家生产梳子的公司招聘业务员，经过面试后，只剩下三个人，最后一道题是：谁能把梳子卖给和尚？半个月后，三个人回来了。结果如下：

甲经过努力，最终卖出了一把梳子。

甲在跑了无数的寺院、推销了无数的和尚之后，碰到一个小和尚，因为头痒难耐，说服他把梳子当作一个挠痒的工具卖了出去。

乙卖出了 10 把梳子。

乙也跑了很多寺院，但都没有推销出去，正在绝望之时，忽然发现烧香的信徒中有个女客头发有点散乱，于是对寺院的住持说，这是一种对菩萨的不敬，终于说服了两家寺院每家买了 5 把梳子。

丙卖了 1 500 把梳子，并且可能会卖出更多。

丙在跑了几个寺院之后，没有卖出一把，感到很困难，便分析怎样才能卖出去？想到寺院一方面传道布经，但另一方面也需要增加经济效益，而烧香的信徒有的不远万里前来，应该有一种带回点什么的愿望。于是和寺院的住持商量，在梳子上刻上各种字，如虔诚梳、发财梳……并且分成不同档次，在香客求签后分发。结果寺院在应用之后反响很好，越来越多的寺院要求购买此类梳子。

把梳子卖给和尚是很不容易的事情。因此这三个人都应该算是很优秀的销售人员。从三个人完成任务的方式上大家能学到什么东西呢？

点评：

甲是个很勤劳的销售人员，面对困难的时候锲而不舍，最后终于圆满地完成任务。从完成任务本身来看，这是很严谨的，因为这把梳子的确是卖给和尚去使用了，不过他挖掘了产品的另一个附加功能——挠痒。这不能不说是他的聪明之处。人们做销售或者做策划的时候也是同样，是否要把大家认定的主要功能推销出去，哪一种是客户或者消费者最需要的，需要仔细斟酌。其实，满足客户的切身所需是最重要的。

乙的成绩要比甲好，在销售过程中他做了更为大胆的尝试。那就是大胆改变销售人群，让不可能购买的人去购买，但购买后，买的人不一定用，用的人不一定买。这种情况在现实生活中一直存在，那么，人们是否要盯着确定的目标人群不放，并一直抓下去呢？非也，并不是所有勤劳的人都会有结果，而在于你是否能找到正确的方法。

丙的做法更让人大吃一惊，因为他创造了循环的效益。而且找到了一个崭新的市场。但丙的做法给人们最大的启发却是一个很简单的商业道理——双赢。让别人赚到钱，自己才会赚钱。

理论习题

一、单项选择题

1. （   ）是礼貌的具体表现。

A. 礼节   B. 礼貌

C. 礼仪   D. 风俗习惯

2. （   ）是礼仪的核心。

A. 宽容   B. 敬人

C. 适度   D. 平等

3. （   ）是礼仪的基础和出发点。

A. 宽容   B. 敬人

C. 适度   D. 自律

4. 参加宴会时下面哪种情况是错误的（　　）。

A. 使用汤匙时应同时将筷子交换到左手拿住

B. 需要处理骨、刺时，应用筷子取出放到桌上

C. 在进餐过程中，不可只品尝自己喜欢的菜肴，不宜议论菜肴的优劣

D. 不宜当众剔牙，更不可用指甲剔牙

5. 出入无人控制的电梯时，陪同人员应该（　　）。

A. 先进后出　　　　　　　　　B. 控制好开关钮

C. 以上都包括　　　　　　　　D. 以上都不对

6. 初次见面握手时，可以晃动（　　）下。

A. 1～5下　　　　　　　　　　B. 2～3下

C. 10　　　　　　　　　　　　D. 4～6下

7. 穿西服时，最理想的衬衫颜色是（　　）。

A. 蓝色　　　　　　　　　　　B. 白色

C. 灰色　　　　　　　　　　　D. 咖啡色

8. 穿西服套裙时，应（　　）。

A. 穿短袜　　　　　　　　　　B. 穿彩色丝袜

C. 光腿　　　　　　　　　　　D. 穿肉色长筒丝袜

9. 从事服务行业的女性也不能留披肩发，其头发最长不应长于（　　）。

A. 耳部　　　　　　　　　　　B. 颈部

C. 腰部　　　　　　　　　　　D. 肩部

10. 在打电话的过程中，可以同时做的事情是（　　）。

A. 喝水　　　　　　　　　　　B. 操作电脑

C. 吃东西　　　　　　　　　　D. 抽烟

11. 打电话时，不恰当的方式是（　　）。

A. 用免提功能拨号，通话后再拿起话筒

B. 左手拿话筒，右手拨号

C. 利用重播功能拨号

D. 用免提功能拨号，通话前就拿起话筒

12. 打电话时，对方无人接听，不恰当的处理方式是（　　）。

A. 如对方是手机，改用短信联系　　B. 不停地拨打

C. 稍后再给对方打电话　　　　　　D. 如是公司电话，换一个号码致电

二、判断题

（　　）1. 调查、收集、整理资料是进行市场预测的首要问题。

（　　）2. 市场预测的核心内容是市场供应量和需求量。

（　　）3. 定性预测法和定量预测法的主要区别是预测依据不同。

（　　）4. 在市场调查实践中，评比量表可用于对某一种商品的多个消费者的态度进行测量。

（　　）5. 客观概率是预测者根据自己的实践经验和判断分析能力，对某种事件在未来发生的可能性的估计数值。

三、简答题

1. 一名优秀汽车销售人员在汽车销售过程中的作用是什么?
2. 汽车销售人员应具备哪些个人素质?

任务工单

一、组织实施

1. 进行学员分组，选好小组负责人。
2. 每位学生准备 30 秒以内的自我介绍。

环节	自我介绍	自我介绍的注意事项

二、相互展示

以组为单位到讲台上展示。

三、总结评价

评价项目	学生总结	教师总结
专业知识		
个人表现		
团队合作		
表现突出		
改进意见		

汽车电子产品市场调研

任务1　汽车电子产品市场调查

知识拓展

一、问卷设计的相关技巧

1. 文句表达要简洁、通俗易懂、意思明确

不要模棱两可，避免用一般或经常等意思的语句。

2. 问题要单一

避免多重含义。

3. 要注意问题的客观性

避免有诱导性和倾向性的问题，以免使答案和事实产生误差。

4. 避免过于涉及个人隐私。

涉及个人隐私会让调查者反感。

5. 问题要具体

避免抽象和笼统。

6. 调查语句要有亲切感

要考虑到被调查者的自尊。

二、在问卷审核过程中可能发现的问题

1. 不完整问卷

问卷没有填写完全。

2. 对某些具体问题的不响应

调查者会拒绝回答某些问题。

3．全赞成或全反对模式

对所有问题作出一致肯定或否定的回答。

4．中间线路模式

对大多数问题的回答为"没有意见"。

5．不可信的响应

在可靠性检查中表现出不一致。

三、阅读

汽车电子组件：一个正在发展的市场[①]

汽车厂商正在越来越多地使用电子系统和半导体集成电路用于汽车的各个方面，包括驾驶员信息和通信、车内娱乐电子设备、传动系和身体控制电子设备、汽车安全和舒适设备。

全球每年7亿辆汽车的销售量为汽车电子产品提供了巨大的市场机会。仅在西欧的汽车销售量就达到了大约2.50亿辆。据市场研究公司 Research&Markets（研究与市场）预测，2010年，汽车中使用的电气和电子产品元件占汽车总成本的比例从目前的25%提高到40%。集成在汽车中的电气和电子组件中的一半是半导体集成电路。随着市场价值在2011年达到1.23亿欧元（1.80亿美元）和平均年增长率达到6%~9%，汽车电子将成为电子产品市场中的主要分市场之一。如图2-1所示。

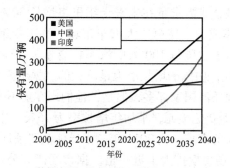

数据来源：Goldman Sache Economist

图2-1　全球汽车保有量预测

这个增长率与全球汽车生产增长率形成了鲜明的对照。全球汽车生产在预测期内的平均年增长率是大约3%。因此，从销售收入方面看，汽车电子市场正在以比汽车市场快得多的速度增长。这显示了企业电子密度和复杂性日益增加的总趋势。据德国 ZVEI（德国电气电子工业协会）组织称，全球汽车微电子市场将增长11.9%，到2011年，全球汽车微电子市场的销售收入将从2006年的191亿美元增长到335亿美元。

汽车电子已经成为汽车市场的主要差异化标准之一。在利润明显减少、销售和生产增速下降、竞争更加激烈和汽车日益商品化的汽车市场，汽车电子产品将为汽车增加价值，特别是在西欧国家。

汽车市场的一个重要推动因素是管理部门要求提高安全性和减少汽车污染排放的规定。

---

① 来源于"电子产品市场"，2008年9月17日。本资料虽为2008年的资料，但用今天的市场情况来比照，的确说明了当时预测的准确性。

法律能够很快创建这个市场快速发展的条件。

在未来5年里，有5个领域预计将推动汽车电子的增长和技术创新。这些领域包括：减少排放和提高发动机效率；传统的机械系统向电子控制（所谓的"x-by-wire"系统和驾驶员辅助系统）过渡以提高安全性和减少功耗；增强个性化功能，如导航和通信系统；方便性和舒适性的日益增长的需求；新兴国家对汽车日益增长的需求。

在这5个领域中，导航和通信系统以及提高汽车安全性的解决方案提供了提高半导体在汽车中应用的最大潜力。

（一）中国汽车市场

中国汽车市场正在繁荣增长。据市场研究公司 iSupply 称，到 2011 年，中国的全球电子系统生产将是半导体消费量的一倍，达到 184 亿美元。这种增长的主要原因是国内轻型汽车生产对电子元件增长的需求和许多全球汽车厂商正在把生产活动转移到中国。

来自美洲、欧洲、日本和韩国的国际汽车电子系统和组件供应商已经开始与中国公司建立合资企业。这些外国公司包括 Delphi、Bridgestone 和 Bosch，在最近的几年里，通用汽车公司已经投资 3.50 亿美元在中国西南部的广西壮族自治区柳州市的五菱合资企业总部建设了一个现代的生产厂。这些工厂生产商用的、低价格的、耗油量低的轻型汽车。这与通用汽车在北美的战略正好相反。通用汽车在北美主要销售大型、昂贵的 SUV 和卡车。这个战略目前受到了汽油价格上涨和消费者口味变化的挑战。消费者现在对环境保护越来越自觉。此外，分析师预测，全球小型企业需求量在未来十年里将增长 30%，中国汽车市场去年增长了 25%，中国已经超过日本成为全球第二大汽车市场，汽车年销售量达 800 万辆，其中包括微型卡车和微型汽车。由于中国每 100 人的汽车拥有量为 10%，而美国和西欧每 100 人的汽车拥有量是 80%，因此，中国的增长潜力是巨大的。据研究公司 ACNielsen 称，中国希望拥有一辆汽车的人比其他任何国家都多，但是，他们现在还不想购买汽车。中国的汽车组件行业到 2009 年将增长到 580 亿美元，平均年增长率为 15%，中国的国内生产肯定能够满足国内对汽车部件日益增长的需求。到 2011 年，半导体消费预计将增长到 28 亿美元。这比 2006 年接近 15 亿美元的市场规模扩大了近一倍。据市场研究公司 Research&Markets 称，这将使中国成为全球增长速度最快的汽车电子市场。这篇报告称，到 2012 年，中国每辆汽车平均使用的电子元件价值将从 2003 年的 300 美元增长到 500 美元。

（二）用于"四个轮子"的电子系统和组件

平均每辆汽车在 30 个不同功能的电子系统中集成 70~100 个处理器。这些电子系统包括发动机控制、传动系、车身电子系统、安全、娱乐和防盗系统等。用于汽车的半导体设备包括微处理器（通常采用 PowerPC 和 ARM 架构），8、16、32 位微控制器，DSP（数字信号处理器），接口芯片，开关，ASIC，系统级封装芯片，内存集成电路、电阻、电容、电感，微电机系统，光电组件和许多传感器。据市场研究公司 Strategy Analytics 称，在 2007 年，用于汽车的传感器销售达 2 600 万个，销售总收入达 2 600 万美元。

在未来的汽车电子电路中，对于准确、闭环、实时控制和要求处理大量的来自多个传感器的数据等需求将日益增长。配置执行器的系统也有大量的半导体元件。特别是微电机系统代表了一种非常有潜力的技术，可用于安全气囊、稳定性控制、轮胎压力监视、发动机气流控制和乘员检测系统等各种汽车系统。市场研究公司 n-Stat/MDR 预测，平均每辆汽车至少使用 10 个微电机设备。这种微电机设备的市场总价值为 15 亿美元。其他新兴的应用包括遥控无匙进入（PKE）系统的生物传感器和用于多媒体显示的光学微电机系统。例如，日立去年推出了一种手指静脉识别技术，驾驶员在抓住方向盘的几秒钟之内，系统就能够验证驾驶员的身份。日立公司预测，到2010年，手指静脉识别传感器将开始取代传统的基于钥匙的汽车点火装置。关于虚拟化解决方案，对于更大尺寸的显示屏和触摸屏的需求将日益增长。

汽车中使用的视频摄像机的数量也将显著增长。这些视频摄像机将用于巡航控制、避免碰撞或者视频监视等。包括夏普在内的许多公司正在开发专门用于汽车中的视频系统。汽车视频摄像机还将提供 WVGA 分辨率，并且将以 CCD（用于更高的分辨率要求）或者价格较低的 CMOS 技术为基础。据市场研究公司 Strategy Analytics 称，2008 年全球汽车视频摄像机出货量将达到 700 万台，销售收入将达到大约 4 000 万美元。与集成在手机中的视频摄像机有关的市场将扩大 50 倍。然而，汽车应用的更严格的要求将使这个市场成为一个非常营利的边缘市场。

LED 在汽车中的应用，特别是在尾灯的应用，大约占整个市场的 10%。与白炽灯系统相比，基于 LED 的照明系统以高效率、使用寿命长和电源消耗低而闻名。LED 在汽车行业的普及到目前为止一直非常缓慢，主要原因是驱动电路非常复杂、生产成本高。目前，LED 的生产成本正在积极地下降。LED 首先非常适合汽车内部的照明应用。一辆汽车需要 100 ~ 200 个白色 LED，因此，这个市场的潜力是非常大的。这个市场目前的规模是 7.40 亿美元，预计在 2010 年之前的复合年增长率为 14.2%。集成电路在汽车安全中应用的增长趋势是最高的，其次是车体和车厢，这两项应用的增长率为 9.8%。在这些方面，需要准确、闭环、实时控制处理大量的来自多个传感器的数据，以便使汽车更安全、更省油和尾气排放更环保。

汽车电子的最重要的应用是车身电子产品，其 2007 年的市场规模为 44 亿美元，占整个市场的 26%，在 2013 年，这个市场将达到 80 亿美元。用于发动机控制的电子系统从 2007—2013 年的复合年增长率为 5.7%，2013 年的规模将从 2007 年的 50 亿美元增长到 70 亿美元。这种需求强烈地表明处理计算能力要满足日益严格的性能要求。依靠查看表格的系统将向基于模型的管理大量数据的平台转变。例如，喷油控制是以若干因素为基础的，包括歧管压力、电池电压、发动机速度、油门位置和尾气氧含量。一辆汽车代表了电子设备应用的非常严峻的环境，因为有振动、温度的变化（可能在零下 40℃ 至零上 150℃ 之间）、严重的电磁场（达到 200V/m，而工业和家庭中的电磁场只有 10V/m 和 3V/m）、瞬变高峰 ±100 伏高峰电压、湿度、尘土、突然负载变化和可能的短路等。汽车环境要求电子设备必须保证高水平的质量和可靠性。一个组件的故障就可能威胁到汽车乘员的安全。汽车电子组件的测试要按照 AEC - Q100 评测流程和 ISO - TS16949 技术规范进行。这个技术规范是国际汽车任务组制定的。

在汽车信息系统中，必须共存重要任务层和方便层。前者控制发动机，后者提供工具（如电子窗）。后者虽然对于安全不是非常重要，但是必须一直工作。随着汽车行业努力减少芯片设计中的故障，这将推动新的集成电路和电子系统设计方法的发展。还需要一个网关，这种网关是一个电子系统，作为重要安全部件、方便层和远程信息处理系统等组件的接口。

据市场研究公司 Databeans 称，飞思卡尔半导体是全球汽车半导体市场领先的厂商，占市场份额的 11%；其次是英飞凌，市场份额为 10%；意法半导体排名第三位，市场份额为

9%；瑞萨科技的市场份额为 7%；NEC 电子的市场份额为 6%；其他厂商的市场份额为 58%。这表明，汽车半导体市场是非常分散的。

在汽车市场经营的公司正在寻求一些方法加快基于新的半导体的应用功能和降低成本。这些方法包括系统开发商与半导体公司之间更密切的合作、整个行业范围采用统一的软件标准以及保护知识产权。采用汽车电子系统还需要在系统级设计方面有广泛的经验。这些经验可以通过战略合作获得。这种合作的一个例子就是飞思卡尔半导体与意法半导体之间两年前开始的合作。这两家公司最近推出了他们的联合设计计划，所生产的首批 4 种汽车电源架构微控制器产品。

意法半导体的总部设在荷兰的 Mobileye，为汽车行业基于视觉的高级驾驶员辅助系统共同开发了 EyeQ2 系统芯片。2007 年 3 月，英飞凌和汽车厂商现代汽车公司在首尔开设了一个联合技术创新中心，长期战略性地共同开发应用在现代公司汽车以及在 2010 年上市的 Kia 汽车中的汽车电子系统和架构。Delphi 正在与英飞凌制定一个共同开发的项目。这个项目以英飞凌的 XC2200 系列微控制器为基础，采用 Autosar 标准。

行业联盟也是开发充分的汽车电子系统的关键。这些行业联盟包括 OSGI（开放服务网关组织）、MISRA（英国汽车工业软件可靠性协会）、AMI－C（美国汽车多媒体接口协会）、ERTICO（欧洲道路运输信息通信合作组织），这是欧盟委员会为了发展自己的智能交通系统在 1991 年创建的。Autosar（汽车开放系统架构）和 Jaspar（日本汽车软件平台架构）是推广网络接口标准化以及企业应用程序软件模块的组织。由 IBM 发起的开源软件 Eclipse 团体的成员包括 WindRiver、Altera 和 Xilinx 等公司。这个组织开发了一个框架，允许为整个产品生命周期开发优化的软件。

理论习题

一、单项选择题

1. 市场调查首先要解决的问题是（　　　　）。

A. 确定调查方法　　　　　　　　　　B. 选定调查对象

C. 明确调查目的　　　　　　　　　　D. 解决调查费用

2. 一般说来，下述几种调查方式中，（　　　）对市场的调查更深入。

A. 探索性调查　　　　　　　B. 描述性调查　　　　　　C. 因果性调查

3. 在市场调查工作中，（　　　）阶段是现场实施阶段。

A. 搜集资料阶段　　　　　　　　B. 研究阶段　　　　　　　C. 总结阶段

4. 在市场经济条件下，企业经营与市场的关系表现为（　　　　）。

A. 与市场可以有联系　　　　　　　　B. 与市场可能有联系

C. 企业受市场的制约和调节　　　　　D. 市场只提供机会

5. 企业为了了解市场表现，开展市场调查，其目的是（　　　　）。

A. 单纯为了市场调查　　　　　　　　B. 不直接的

C. 只是为预测提供基础　　　　　　　D. 为企业经营决策提供依据

6. 对产品质量的调查属于（　　　）。

A. 需求调查　　　B. 产品调查　　　　C. 产品生命周期调查　　　D. 价格调查

7. （　　　）的职责是拟订调查方案和数据处理计划，进行抽样设计、问卷设计、数据分析以及撰写调查报告。

    A. 管理人员   B. 研究人员   C. 督导   D. 访问员

8. （   ）职责是组织、控制整个市场调查与预测工作，协调下属各部门之间的关系；制定公司的管理规则、人员的职责。

    A. 管理人员   B. 研究人员   C. 督导   D. 调查员

9. 市场调查策划案就是把已经确定的市场调研问题转化为具体的（   ）。

    A. 调查内容   B. 调查目标   C. 调查方法   D. 调查资料

10. 当对调查问题一无所知时，宜采用（   ）。

    A. 描述性调查   B. 因果性调查   C. 探索性调查   D. 入户调查

11. 下列哪项不属于按课题的作用划分调查课题（   ）。

    A. 探索预测性调查课题   B. 理论性调查课题

    C. 描述性调查课题   D. 解释性调查课题

12. 经过他人收集、记录、整理所积累，已经存在的各种数据和资料为（   ）。

    A. 原始资料   B. 初级信息   C. 第二手资料   D. 第一手资料

13. 一个调查方案制定的最主要依据就是这个调查的（   ）。

    A. 内容   B. 目的   C. 方法   D. 资料

14. 下列不属于调查方案可行性分析的方法是（   ）。

    A. 大众分析法   B. 经验判断法   C. 逻辑分析法   D. 试点调查法

15. 市场调查策划包括选择恰当的调查课题、调查内容和（   ）。

    A. 调查资料   B. 调查方法   C. 调查结论   D. 调查时间

16. 市场调查策划的制定要在实地市场调查（   ）。

    A. 边进行边策划   B. 之后   C. 之中   D. 之前

17. 问卷设计的步骤中不包括（   ）

    A. 准备阶段   B. 检测和修改阶段   C. 初步设计阶段   D. 实地调查阶段

18. 下列哪个选项不属于问卷的作用（   ）。

    A. 把研究目标转化为特定的问题   B. 把问题和回答标准化

    C. 来获得被调查者的配合   D. 把定性认识转化为定量认识

19. 下列选项中不属于市场调查策划内容的是（   ）。

    A. 调查目的   B. 确定调查对象和调查单位

    C. 市场调查报告撰写   D. 调查项目的费用与预算

20. 在商品销售现场对消费者购买商品情况进行观察是（   ）观察分析

    A. 商品需求   B. 商品库存   C. 商品质量   D. 广告效果

21. 下面哪项不属于问卷的内容（   ）。

    A. 问卷说明   B. 问候语   C. 标题   D. 调查员介绍

22. 按照市场调查问卷的传递方式不同，问卷的类型不包括（   ）。

    A. 封闭式问卷   B. 报刊问卷   C. 邮寄问卷   D. 访问问卷

二、判断题

（   ）1. 市场调查策划和市场调查工作能否高质量地完成无关。

（   ）2. 市场调查的目的是根据市场调查策划产生的。

（　　）3. 市场调查策划仅限于书面的作用，在进行实地调查时由调查人员随即掌握。

（　　）4. 市场调查策划的基本原则、科学性、可行性和有效性侧重的方面不同，它们之间紧密联系，相互作用。

（　　）5. 具体的市场调查的实施方式有很多，在进行市场调查策划时根据调查者的具体情况再进行选择。

（　　）6. 调查课题是指一项调查研究所要解决的具体问题和主要问题下的分支问题。

（　　）7. 当我们对要进行调查研究的课题了解有限，甚至有点不知头绪时，采用描述性调查法可能比较合适。

（　　）8. 在调查策划中有些内容是可以忽略的，只要抓住主要问题就可以了。

（　　）9. 市场调查方案的作用主要是用来提供给雇主或调查委托方审议检查之用。

（　　）10. 市场调查方案的撰写不必涉及细节，言简意赅就可以了。

（　　）11. 访问调查法的目的是了解消费者的消费需求、消费心理、消费态度、消费习惯等现实信息。

（　　）12. 问卷是从访问者那里收集数据的表格，如行为，态度等特征等。

（　　）13. 问卷就是在收集第一手资料的过程中，作为提问、记录和编码的工具。

（　　）14. 如果设计一份优秀的问卷，就可以在调查中避免误差的出现。

（　　）15. 在进行问卷设计时，最重要的步骤是确定问卷类型与调查方式。

（　　）16. 问卷设计的问题越多，收集的信息就越多。

（　　）17. 一份问卷中问题的措辞应尽量通俗易懂。

任务工单

一、组织实施

1. 进行学员分组，选好小组负责人。

2. 根据本项目学习的相关内容，并查阅相关资料，各组分别针对本组产品设计市场调查问卷。

二、相互展示

各组分别将设计完成的市场问卷进行展示，并分析其中的构思和想法。

三、总结评价

评价项目	学生总结	教师总结
专业知识		
个人表现		
团队合作		
表现突出		
改进意见		

任务 2　汽车电子产品市场预测

知识拓展

中国汽车电子市场分析预测与战略咨询研究报告目录

第一章　中国汽车行业发展现状

第一节　汽车整体市场

第二节　乘用车市场

　一、市场规模

　二、市场格局

　三、发展趋势

第三节　客车市场

　一、市场规模

　二、市场格局

　三、发展趋势

第四节　货车市场

　一、市场规模

　二、市场格局

　三、发展趋势

第二章　中国汽车电子行业发展现状

第一节　全球汽车电子市场规模

第二节　中国汽车电子市场规模

　一、发展现状

　二、发展特点

　三、竞争格局

　四、产业链

第三节　发展趋势

第三章　中国汽车动力系统市场现状

第一节　市场概述

第二节　发动机管理系统

　一、产品概述

　二、配套情况

第三节　汽车变速器

　一、产品概述

　二、市场规模

　三、竞争格局

理论习题

一、单项选择题

1.（ ）是根据市场过去和现在的表现，应用科学的预测方法对市场未来的发展变化进行预计或估计，为科学决策提供依据。

    A. 市场调研   B. 市场预测   C. 市场分析   D. 市场考察

  2. 企业对所在地市场的需求及其变化趋势进行市场预测称为（   ）。

    A. 全国市场预测   B. 国际市场预测

    C. 地区市场预测   D. 当地市场预测

  3. 依据数字资料，运用统计分析和数学方法建立模型并做出预测值的方法称为（   ）。

    A. 定量预测法   B. 定性预测法   C. 长期预测法   D. 短期预测法

  4. 以年为时间单位对两年以上的市场发展前景进行预测称为（   ）。

    A. 短期预测   B. 近期预测   C. 中期预测   D. 长期预测

  5. 选择适当的预测方法，就是（   ）。

    A. 选择预测精度最高的方法

    B. 选择预测精度最低的方法

    C. 根据市场现象及各种影响因素的特点来选择

    D. 选择过程简单、运算量小的方法

  6. 市场预测程序是（   ）。

    A. 明确目的、收集资料、分析、预测

    B. 收集资料、明确目的、分析、预测

    C. 分析、明确目的、收集资料、预测

    D. 明确目的、收集资料、预测、分析

  7. 时间序列分析法的特点之一是（   ）。

    A. 时间序列数据存在着规律性   B. 时间序列数据存在不规律性

    C. 时间序列数据存在着一定的趋势   D. 时间序列数据不存在一定的趋势

  8. 运用时间序列法进行预测的前提是（   ）。

    A. 时间序列资料   B. 预测对象和影响因素的时间序列资料

    C. 准确的时间序列资料   D. 准确完整的时间序列资料

  9. 下列描述错误的是（   ）。

    A. 时间序列分析法只适合于近期、中期的预测

    B. 几何平均法适用于预测目标发展过程一贯上升或下降，且逐期环比速度大体接近的情况

    C. 几何平均法的预测模型

    D. 加权平均法较真实地反映了时间序列的规律

  10. 对新产品投放市场的需求量进行预测时，最好用（   ）做预测。

    A. 定性市场预测法   B. 相关回归分析市场预测法

    C. 定量市场预测法   D. 时间序列市场预测法

二、判断题

（   ）1. 调查、收集、整理资料是进行市场预测的首要问题。

（   ）2. 市场预测的核心内容是市场供应量和需求量。

（   ）3. 定性预测法和定量预测法的主要区别是预测依据不同。

（   ）4. 在市场调查实践中，评比量表可用于对某种商品的多个消费者的态度进行

测量。

（　　）5．客观概率是预测者根据自己的实践经验和判断分析能力，对某种事件在未来发生的可能性的估计数值。

任务工单

一、组织实施

1．进行学员分组，选好小组负责人。

2．根据本项目学习的相关内容，查阅相关资料，各组分别针对本组产品进行市场分析及前景预测报告的撰写。要求文章总体结构完整，分析要有条理。

二、相互展示

各组分别展示本组的市场预测报告。

三、总结评价

评价项目	学生总结	教师总结
专业知识		
个人表现		
团队合作		
表现突出		
改进意见		

任务3　汽车电子产品市场分析

知识拓展

一、调查报告的编写规范及要求

（1）明确报告主题。

（2）调研报告需在调研问卷的基础上完成，要有一定的数据分析。

（3）调查报告要包含以下内容：调查目的、调查对象、调查内容、调查方式、调查时间、调查结果、调查体会（或分析）。

二、奇瑞QQ市场细分的成功

（一）在产品名称方面

QQ在网络语言中有"我找到你"之意，QQ突破了传统品牌名称非洋即古的窠臼，有充满时代感的张力与亲和力，同时简洁明快，朗朗上口，富有冲击力。

（二）在品牌个性方面

QQ被赋予了"时尚、价值、自我"的品牌个性，将消费群体的心理情感注入品牌内涵。

（三）引人注目的品牌语言

富有判断性的广告标语"年轻人的第一辆车"及"秀我本色"等流行时尚语言配合创意的广告形象，将追求自我、张扬个性的目标消费群体的心理感受描绘得淋漓尽致，使目标消费群体产生情感共鸣。

它的目标客户是收入并不高但有知识、有品位的年轻人，同时也兼顾有一定事业基础、心态年轻、追求时尚的中年人。一般大学毕业两三年的白领都是奇瑞QQ潜在的客户。人均月收入2 000元即可轻松拥有这款轿车。

许多时尚男女都因为QQ的靓丽、高配置和优性价比就把这个可爱的小精灵领回家了，从此与QQ成了快乐的伙伴。为了吸引年轻人，奇瑞QQ除了轿车应有的配置以外，还装载了独有的"I－say"数码听系统，成了"会说话的QQ"，堪称目前小型车时尚配置之最。"I－say"数码听系统是奇瑞公司为用户专门开发的一款车载数码装备，集文本朗读、MP3播放、U盘存储等多种时尚数码功能于一身，让QQ与电脑和互联网紧密相连，完全迎合了离开网络就像鱼儿离开水的年轻一代的需求。

令人惊喜的外观、内饰、配置和价格是奇瑞公司占领微型轿车这个细分市场成功的关键。

三、阅读

（一）汽车消费市场的细分

1. 按西方国家对汽车产品大类的划分方法

汽车市场可分为轿车市场、商用车市场。

2. 按我国对汽车产品类型的传统划分标准

汽车市场可分为载货汽车市场、越野汽车市场、自卸车市场、专用汽车市场、特种汽车市场、客车市场、轿车市场。还可分为乘用汽车市场、载货汽车市场。

3. 按购买者的性质不同

汽车市场可分为机关公务用车市场、商务及事业性单位用车市场、生产经营性用户需求市场、私人用户需求市场等。

4. 按汽车产品的性能特点不同

汽车市场可分为载货汽车市场、轿车市场、客车市场。载货汽车市场包括重型汽车市场、中型汽车市场、轻型汽车市场和微型汽车市场；轿车市场则包括豪华轿车市场、高档轿车市场、中档轿车市场、普及型轿车市场和微型轿车市场；客车市场又包括大型、中型、轻型和微型客车市场。

5. 按汽车产品的完整性不同

汽车市场可分为整车市场、部件市场、汽车配件市场。

6. 按汽车使用燃料的不同

汽车市场可分为汽油车市场和柴油车市场。

7. 按地理位置不同

汽车市场可分为东部沿海地区汽车市场、中部地区汽车市场、西部地区汽车市场。也可划分为东北区、华北区、华东区、中南区、西南区和西北区6个汽车市场，甚至还可分为城市汽车市场和农村汽车市场。

8. 按汽车保有量变化与否

汽车市场可分为新增需求市场、更新需求市场。其中，汽车保有量是指全社会拥有的可以上路行驶的各类汽车的总量。

9. 按是否具有军事用途分

汽车市场可分为军用汽车市场、民用汽车市场。

10. 按是否属于首次向最终用户销售

汽车市场可分为新车市场、旧车市场。

（二）汽车用品市场的细分

汽车用品市场也称为汽车后市场，是汽车销售后围绕车主在使用过程中的各种需求所表现出来的服务。

总的来说，汽车后市场是汽车销售后与车主使用相关联的行业群体的总称，所涉及的领域相当广泛。

例如，按照对汽车行驶性能作用的影响划分，可以把汽车电子产品归纳为两类。

1. 汽车电子控制装置

汽车电子控制装置要和车上机械系统进行配合使用，即所谓"机电结合"的汽车电子装置；它们包括发动机、底盘、车身电子控制。例如电子燃油喷射系统、制动防抱死控制、防滑控制、牵引力控制、电子控制悬架、电子控制自动变速器、电子动力转向等。

2. 车载汽车电子装置

车载汽车电子装置是在汽车环境下能够独立使用的电子装置，它和汽车本身的性能并无直接关系。它们包括汽车信息系统（行车电脑）、导航系统、汽车音响及电视娱乐系统、车载通信系统、上网设备等。

（三）汽车零部件市场的细分

（1）发动机：汽油机和柴油机。发动机一般由机体、曲柄连杆机构、配气机构、供给系、冷却系、润滑系、点火系（柴油机无点火系）和启动系等部分组成。

（2）底盘。由传动系、行驶系、转向系和制动系组成。

（3）车身。

（4）电气设备。

理论习题

一、单项选择题

1. 在市场营销环境中，（　　）被称为一种创造性的毁灭力量。

A. 新技术　　　　　　　　　　B. 自然资源

C. 社会文化　　　　　　　　　D. 政治法律

2. 购买商品和服务供自己消费的个人和家庭被称为（　　）。

A. 生产者市场　　　　　　　　B. 消费者市场

C. 转售市场　　　　　　　　　D. 组织市场

3. 旅游业、体育运动业、图书出版业及文化娱乐业为争夺消费者一年内的支出而相互竞争，它们彼此之间是（　　　）。

  A. 愿望竞争者   B. 属类竞争者

  C. 产品形式竞争者   D. 品牌竞争者

  4. 消费流行属于（　　　）因素。

  A. 社会文化环境   B. 人口环境

  C. 地理环境   D. 顾客环境

  5. 以下哪个是影响消费者需求变化的最活跃因素（　　　）。

  A. 人均国民生产总值   B. 个人收入

  C. 个人可支配收入   D. 个人可任意支配收入

  6. 一个市场是否有价值，主要取决于该市场的（　　　）。

  A. 需求状况   B. 竞争能力   C. 需求状况和竞争能力   D. 中间商的多少

  7. 收入、种族、性别和年龄是消费者市场细分变数中的（　　　）。

  A. 人口因素   B. 行为因素   C. 地理因素   D. 心理因素

  8. 最适于实力不强的小企业或出口企业在最初进入外国市场时采用的目标市场策略是（　　　）。

  A. 无差异性营销策略   B. 差异性营销策略

  C. 集中性营销策略   D. 大量市场营销

  9. 企业根据目标市场的特点，提供适当的产品或服务，以适应目标顾客的需要，此时企业的营销战略发展到了（　　　）

  A. 集中性营销策略   B. 目标市场营销

  C. 差异性营销策略   D. 市场渗透

  10. 市场营销人员把具有一种或多种共同的特征，并引起他们具有非常相似的产品需求的一组个人或组织称为（　　　）。

  A. 社会市场营销   B. 一个细分市场

  C. 市场份额   D. 一个顾客基础

  11. 不属于消费者市场细分依据的是（　　　）

  A. 地理因素   B. 人口因素   C. 最终用户   D. 心理因素

  12. 4P′s 市场营销组合是指（　　　）

  A. 产品（Product）、促销（Promotion）、人员（People）、有形展示（Physical Evidence）

  B. 分销（Place）、产品（Product）、价格（Price）、过程（Process）

  C. 产品（Product）、价格（Price）、分销（Place）、促销（Promotion）

  D. 产品（Product）、价格（Price）、人员（People）、过程（Process）

  13. 消费者购买过程是消费者购买动机转化为（　　　）的过程。

  A. 购买心理   B. 购买意志   C. 购买行动   D. 购买意向

  14. 同类产品不同品牌之间差异小，消费者购买行为就（　　　）。

  A. 简单   B. 复杂   C. 一般   D. 困难

  15. （　　　）是购买活动的起点。

  A. 消费动机   B. 需要   C. 外在刺激   D. 触发诱因

二、判断题

（　　）1．企业的市场营销环境包括宏观环境和微观环境。

（　　）2．企业可以按自身的要求和意愿随意改变市场营销环境。

（　　）3．宏观环境是企业可控制的因素。

（　　）4．在一定时期内货币收入不变的情况下，如果储蓄增加，购买力消费支出会增加。

（　　）5．恩格尔指数越小，生活水平越低。

（　　）6．在经济全球化的条件下，国际经济形势也是企业营销活动的重要影响因素。

三、简答题

1．市场细分的依据有哪些？

2．市场细分的方法有几种？

3．有效细分市场的条件是什么？

4．目标市场选择的策略有哪些？

5．市场定位有哪几种方式？

任务工单

一、组织实施

1．进行学员分组，选好小组负责人。

2．根据本项目学习的相关内容，查阅相关资料，各组分别针对本组产品撰写相关汽车电子产品市场分析报告。

二、相互展示

各组分别将编写完成的调查报告进行相互展示，并说明调查结果等内容。

三、总结评价

评价项目	学生总结	教师总结
专业知识		
个人表现		
团队合作		
表现突出		
改进意见		

情境 ③

汽车电子产品市场营销策略

任务1 汽车电子产品策略

知识拓展

顾名思义，多品牌战略是相对于单一品牌而言的。例如上海通用，以雪佛兰、别克、凯迪拉克三大品牌，贯穿了通用高、中、低三个消费市场。三个品牌自成体系，又全部归属于GM（通用汽车）。

世界排名500强的企业，以多品牌包打天下的很多。如可口可乐公司，在全球拥有400个非酒精饮料的品牌。宝洁旗下有300个品牌、欧莱雅拥有近500个品牌。大众汽车旗下，除了核心品牌大众和商用车外，还拥有宾利（Bentley）、奥迪（AUDI）、布加迪（Bugatti）、蓝博基尼（Lamborghini），以及西班牙的西亚特（SEAT）、捷克的斯柯达（koda）这些中端品牌。

为什么要有多品牌？答案很简单。因为消费者趣味不同，在不同的时间、地点、情境下，会有不同的需求。所以，厂家在一种品牌难以满足不同需求的时候，多品牌战略的意义便呈现出来。当今的汽车公司中，实行多品牌战略的典型企业有通用、福特、大众、宝马等，虽然每个企业品牌的形成都有一定的历史原因。但一般来讲，多品牌战略是未来的发展方向。

单品牌战略有利于提高消费者的品牌认知度，经营灵活，决策快。但也由于品牌单一，抗击风险能力弱。尤其是当一个品牌下的车型涵盖了高、中、低不同档次，价格区间跨度过大的时候，消费者就容易对品牌的定位产生混淆。这就是上海通用引入雪佛兰，并把不足10万的赛欧从别克品牌下剥离出去的主要原因。

任何车型和品牌的占有率都不可能是100%，每个产品和品牌都会有一个饱和量，单品牌的市场占有率达到一个程度就很难再进行拓展，只有引进新品牌，才能开拓新的市场。

而采取多品牌战略，至少可以通过不同层次的产品覆盖所有的市场，尽可能满足更多消费者的需求。

以21世纪初雄踞美国豪华车市场第一名的雷克萨斯为例，20世纪80年代中期，当丰田意识到，对于高端客户群来说，丰田的品牌只是意味着低端产品，为了扭转局面，丰田以长达6年的努力和10亿美元的技术研发经费，推出第二品牌雷克萨斯。所以说，品牌的意义就在于区分，而区分的意义则在于满足特定消费者特定的需求，并且在消费者心目中建立这种区分。

理论习题

一、选择题

1. 产品组合的宽度是指产品组合中（　　）所拥有的数目。
A. 产品项目　　　　B. 产品线　　　　　C. 产品种类　　　　D. 产品品牌

2. 产品组合的长度是指（　　）的总数。
A. 产品项目　　　　B. 产品品种　　　　C. 产品规格　　　　D. 产品品牌

3. 产品组合的是指一个产品线中所含产品（　　）项目的多少。
A. 宽度　　　　　　B. 长度　　　　　　C. 关联度　　　　　D. 深度

4. 产品生命周期由（　　）的生命周期决定。
A. 企业与市场　　　B. 需求与技术　　　C. 质量与价格　　　D. 促销与服务

5. 拓展产品组合的宽度和增强产品组合深度的策略叫做（　　）。
A. 产品延伸　　　　B. 产品大类现代化　C. 扩大产品组合　　D. 缩减产品组合

6. 农产品、自然产品等原料属于（　　）。
A. 完全进入产品的产业用品　　　　　　B. 部分进入产品的产业用品
C. 不进入产品的产业用品　　　　　　　D. 特殊的产业用品

7. 一个企业的产品组合中所拥有的产品线的数目是（　　）。
A. 产品组合的宽度　　　　　　　　　　B. 产品组合的深度
C. 产品组合的长度　　　　　　　　　　D. 产品组合的相关性

8. 企业原来生产高档产品，后来决定增加低档产品，这叫做（　　）。
A. 向前延伸　　　　B. 向下延伸　　　　C. 向上延伸　　　　D. 双向延伸

9. 品牌中可以被认出，但不能用语言称呼的部分是（　　）。
A. 品牌名称　　　　B. 品牌标志　　　　C. 商标　　　　　　D. 品牌资产

10. 企业将其产品大批量地卖给中间商，中间商再用自己的品牌将货物转卖出去，这种品牌叫做（　　）。
A. 企业品牌　　　　B. 自有品牌　　　　C. 全国性品牌　　　D. 生产者品牌

二、判断题

（　　）1. 即便内在质量符合标准的产品，倘若没有完善的服务，实际上也是不合格的产品。

（　　）2. 产品整体概念的内涵和外延都是以追求优质产品为标准的。

（　　）3. 因为农产品、构成材料和构成部件都属于材料和部件这一类型。所以，其销售方式和销售措施是相同的。

（　　）4．产品项目是指产品线中不同的品种、规格、品牌、价格的特定产品。

（　　）5．在买方市场条件下，能源供应紧张，缩减产品线对企业有利。

（　　）6．产品生命周期的长短，主要取决于企业的人才、资金、技术等实力。

（　　）7．产品的种类不同，其产品生命周期曲线的形态也不相同。

（　　）8．产品品牌的生命周期比产品种类的生命周期长。

（　　）9．新产品处于导入期时，竞争形势并不严峻，而企业承担的市场风险却最大。

（　　）10．继续生产已处于衰退期的产品，企业无利可图。

任务工单

一、组织实施

1．进行学员分组，选好小组负责人。

2．根据本项目学习的相关内容，查阅相关资料，各组分别撰写某一汽车电子产品的产品策略。

二、相互展示

各组派代表讲解本组策划的产品策略。

三、总结评价

评价项目	学生总结	教师总结
专业知识		
个人表现		
团队合作		
表现突出		
改进意见		

任务2　汽车电子产品定价策略

知识拓展

汽车定价是件令厂家很头痛的事，舍弃什么、抓住哪些，要反复权衡各方面的轻重。一旦定价有误，对厂家来说就是一个致命的打击。第九代雅阁就是一个很好的例子。曾几何时，雅阁是中国市场上最畅销的 B 级车，能将别克君越、日产天籁、福特蒙迪欧甩开几条街，但由于上市时定价过高（比同级别车型高 2 万元），不符合消费者的期待和需求，致使销量步步下跌，甚至跌入二流车型。

由此可见，汽车的定价关乎一个车型甚至一个品牌的生死存亡。那么，汽车的定价由什么因素决定的呢？

消费者有一种常规的思维，那就是，汽车厂按照他们的设计，制造出一辆车，推向市场的定价就是根据汽车研发费用、制造的成本、物流费用、销售费用、营销费用、利润以及税费相加得到的。这种定价思维在卖方市场的环境下尚有可能实施，但是在国内竞争激烈、车型繁多的买方市场上就不太适用了。

其实，对于一个汽车厂家来说，汽车定价除了考虑成本因素外，更重要的是同级市场上竞争对手的价格、产品的市场定位、市场份额的预期值等。这就是为什么有的车即使亏本却还在热火朝天地卖，有的车就算卖不动也不降价，有的进口车价格比国外市场同款价格高出一大截。定价，有成本原因，但更多的是市场份额的因素，是品牌、身份、地位的考量，考验的是对市场的把握力。究竟定一个什么价，品牌、份额重要，还是短期的利润更为重要，博弈间，价格与成本的关系越来越淡。

（一）竞争车的价格

任何汽车企业都不能孤立地制定价格，尤其是在激烈竞争的市场中。现在，基本上在市场上销售的每一款产品，都能找到与之对应的同类型的竞争产品，关注车市的人都知道，现在市场上流行把各种车型划分为 A0、A、B、C、D 等级别，每个级别的价格区间、基本配置、性能指标都有其 BM 值（对标值），因此，消费者并不会孤立地评价产品是好是坏，更多地是以对比的眼光来看。同样的价格，要看哪一个的配置更高；价格更高，要看是不是有更出众的性能和更高的配置。

（二）客户的感知

消费者心里对产品都会有一个估价，就是人们常说的消费者的心理价位。其实消费者的价值感知在很大程度上取决于消费者的认知水平，同时受媒体导向的影响，像经常宣传的防撞梁、板厚等细节，消费者在购买汽车产品时会非常留意和关注这些地方。除了细节方面以外，在客户容易感知的地方，像外观、内饰、油耗等方面，厂商会尽量挖掘出其产品的卖点，使其定价与性能相符合。

（三）产品线

现在每个公司都不可能只销售单一的产品，都有其一系列的产品。产品与产品间的定位往往是不同的，厂商往往根据产品的定位、质量、档次以及顾客不同层次的需求来确定不同的价格。对于汽车来说，不同的车型、同一车型的不同版本的定价都是相互关联的。在某些情况下，同一产品线产品之间的需求是互补的，像大众的宝来和速腾、桑塔纳和捷达，它们之间相互有部分替代性，一个产品定价低了，可能会抢夺同一产品线其他产品的销量。

（四）品牌

奢侈品为什么卖这么贵呢？当然有高品质的原因，但主要的原因并不是其成本高，更重要的是其品牌。现在的反垄断调查进行得热火朝天，之所以造成进口车维修价格居高不下，一方面是厂商限定 4S 店的零配件价格和保养价格；另一方面体现了汽车的品牌价值。在市场经济的环境下，尽管人们知道其价格远高于其价值，还是有很多消费者投怀送抱。这样，就导致市场给厂商的信号就是进口车目标客户群对价格不敏感，在中国市场上可以定更高的价格。

理论习题

1. 随行就市定价法是（　　）市场的惯用定价方法。

    A. 完全垄断　　　　　　　　　　B. 异质产品

    C. 同质产品　　　　　　　　　　D. 垄断竞争

2. （　　）是企业把全国分为若干价格区，对于卖给不同价格区顾客的某种产品，分别制定不同的地区价格。

    A. FOB 原产地定价　　　　　　　B. 分区定价

    C. 统一交货定价　　　　　　　　D. 基点定价

3. 某服装店售货员把相同的服装以 800 元卖给顾客 A，以 600 元卖给顾客 B，该服装店的定价属于（　　）。

    A. 顾客差别定价　　　　　　　　B. 产品形式差别定价

    C. 产品部位差别定价　　　　　　D. 销售时间差别定价

4. 为鼓励顾客购买更多物品，企业给那些大量购买产品的顾客的一种降价称为（　　）。

    A. 功能折扣　　　　　　　　　　B. 数量折扣

    C. 季节折扣　　　　　　　　　　D. 现金折扣

5. 如果企业按 FOB 价出售产品，那么产品从产地到目的地发生的一切短损都将由（　　）承担。

    A. 企业　　　　　　　　　　　　B. 顾客

    C. 承运人　　　　　　　　　　　D. 保险公司

6. 统一交货定价就是我们通常说的（　　）定价。

    A. 分区定价　　　　　　　　　　B. 运费免收定价

    C. 基点定价　　　　　　　　　　D. 邮资定价

7. 企业利用消费者具有仰慕名牌商品或名店声望所产生的某种心理，对质量不易鉴别的商品的定价最适宜用（　　）法。

    A. 尾数定价　　　　　　　　　　B. 招徕定价

    C. 声望定价　　　　　　　　　　D. 反向定价

8. 当产品市场需求富有弹性且生产成本和经营费用随着生产经营经验的增加而下降时，企业便具备了（　　）的可能性。

    A. 渗透定价　　　　　　　　　　B. 撇脂定价

    C. 尾数定价　　　　　　　　　　D. 招徕定价

9. 准确地计算产品所提供的全部市场认知价值是（　　）的关键。

    A. 反向定价法　　　　　　　　　B. 认知价值定价法

    C. 需求差异定价法　　　　　　　D. 成本导向定价法

10. 按照单位成本加上一定百分比的加成来制定产品销售价格的定价方法称为（　　）定价法。

    A. 成本加成　　　　　　　　　　B. 目标

C. 认知价值　　　　　　　　D. 诊断

二、判断题

（　　）1. 竞争导向定价法包括随行就市定价法和需求差异定价法。

（　　）2. 分销渠道中的批发商和零售商多采取反向定价法。

（　　）3. 运用认知价值定价法时，有直接价格评比法、直接认知价值评比法和诊断法等方法可供使用。

（　　）4. 基点定价是企业选定某些城市作为基点，然后按一定的厂价加上从基点城市到顾客所在地的运费来定价，按照顾客最远的基点计算运费。

（　　）5. 当采取认知定价法时，如果企业过高地估计认知价值，便会定出偏低的价格。

（　　）6. 产品差异化使购买者对价格差异的存在不甚敏感。因此，在异质产品市场上，企业有较大的自由度决定其价格。

（　　）7. 基础价格是单位产品在计入折扣、运费等之后的生产地或经销地价格。

（　　）8. 销售中的折价无一例外地遵循单位价格随订购数量的上升而下降这一规律。

（　　）9. 顾客对产品的降价既可能理解为这种产品有某些缺点，也可能认为这种产品很有价值。

（　　）10. 采用运费免收定价会使产品成本增加，不但给企业市场渗透带来困难，甚至难以在激烈的市场竞争中站住脚。

任务工单

一、组织实施

1. 进行学员分组，选好小组负责人。

2. 根据本项目学习的相关内容，查阅相关资料，各组分别撰写某一汽车电子产品的定价策略。

二、相互展示

各组派代表讲解本组策划的定价策略。

三、总结评价

评价项目	学生总结	教师总结
专业知识		
个人表现		
团队合作		
表现突出		
改进意见		

任务3　汽车电子产品分销渠道策略

知识拓展

目前中国汽车分销的经营实质是品牌租赁经营，经销商向厂家支付租金、缴纳保证金、投入建店费等，获取厂家的特许经营权，这种授权经销模式从本质上确立了厂家主导、经销商从属的市场格局。这一设置有着天然的道理：厂家为了品牌能够持续发展，往往经营规范，对市场、消费者负责，更易管理；而广大的经销商则是小、散、乱，一旦失去约束，则会对市场造成很大危害，影响我国汽车产业的健康发展。但是，通过研究发现，这样的产业政策其利与弊都十分明显，好处无冗赘言，弊端也越来越显现。由于政策约束，所有想进行汽车分销业务的经营者都只能在品牌授权这一模式下进行有限制的竞争，不论经销商的能力有多强，都只能在厂家划定的框架内展开工作，表面上看来，这样的竞争格局显得有序而良性，但是由于缺乏来自外部不同经营模式的竞争，我国汽车分销产业的健康程度值得探究。

（一）厂家与经销商发展不均衡

在我国汽车产业飞速发展的前期，品牌特许经营模式为我国汽车产业的发展做出了巨大的贡献，在市场和消费者都不够成熟的时候，这种模式保证了市场的有序竞争，保障了消费者的利益。但在厂家强力主导与管控的模式下，除个别能力突出的经销商集团外，独立的经销商并没有得到很大发展，不少经销商只有销量的增加，却没有实力的增长，未来这部分经销商的前景堪忧。

（二）厂家与经销商的矛盾越来越显现

虽然同处一个产业链条，相互发展息息相关，但是厂家与经销商是各自独立的机构，这就决定了厂家对经销商的管控是绝对理性的，为了自身的发展，较少顾及经销商的实际情况，由此双方关系积累了不少矛盾。在车市飞速发展的时候，厂家与经销商都获利颇丰，这种矛盾没有显现的时机，但在面临调整和销量下滑的情况下，矛盾必将以一种双方都不愿面对的方式显现出来。现在我国的汽车市场出现了增长明显放缓的迹象，由于厂家每年年初制订的增长计划比较刚性，有时与当年的市场状况明显不符，因此，厂家只有通过不断地向经销商施压、增加经销商的库存来完成销量。据统计，大部分经销商的库存不断攀升，有的经销商库存周期已达60天，由于经销商向厂家采取的是现金提车，庞大的库存量给经销商造成了巨大的资金压力，在普遍依靠银行资金进行运转的情况下，资金实力较弱的经销商已然面临生存危机。

（三）整个汽车分销产业资金和资源浪费明显

在我国汽车产业高速发展的时期，看得见的利润驱使大量资本进入汽车分销产业淘金，一个4S店建设动辄投入几千万元，我国汽车4S店的豪华程度堪称冠绝全球。但是这些新进入者往往只具备资金优势，并没有为行业发展注入新的活力。除资金投入巨大外，资源浪费现象同样严重。一个4S店往往就是一家企业，全国目前约有3万家汽车经销商，如此庞大的经销商团体显得过于臃肿，占用了大量社会资源，实际上是一种低效经济现象，与我国目前科学可持续发展的经济大环境并不相符。

未来，影响我国厂家与经销商关系变革与发展的最重要因素是宏观政策，其中最关键的政策文件《汽车品牌销售管理实施办法》已经到了必须修改的时刻，但新《办法》迟迟不能出台，反映出各方力量博弈的剧烈程度。鉴于我国的经济政策制定往往参照发达国家经验，结合我国实情做出，因此，探究发达国家的汽车分销产业发展之路将为判断我国汽车分销产业的发展方向提供依据。

（1）经过一百多年的发展，目前美国的汽车分销体制是以厂家为主导的专营代理制，由于美国《特许代理商法》的限制与保护，加上美国工会的强大力量，经销商在汽车分销行业中的话语权很大，经销商选择品牌经营的自由度较大，美国前十大经销商集团的销量占整个美国汽车市场销量的10%左右，汽车厂家对渠道的控制力较弱。

（2）欧盟的汽车分销行业发展以1995年、2002年、2010年为时间点，经历了三个阶段，大的趋势是向加大汽车厂家的主导力量发展，从更多地照顾经销商的利益向更多地照顾厂家的利益倾斜。2009年新修改的《欧盟汽车分销政策》有两大改变：其一，大多数经销商只允许销售一个品牌或者一个厂家的多个品牌；其二，厂家也有权要求经销商提供售后服务，以往厂家不能提出这种要求，政策的变化源于提升欧盟汽车产业竞争力的需求。

（3）一直以来，在日本的汽车分销体系中，厂家是绝对的主导力量，相当一部分的分销店由厂家出资设立，通常代理商一般只进行一个品牌的销售，厂家对渠道的控制力度很强，代理商呈现明显的排他性。

上述三个国家和地区的汽车分销产业有一个明显的共同点：厂商主导化，分销渠道围绕生产厂商建立。生产厂商通过各种手段对分销渠道进行严格的控制，一方面以保证生产厂商的营销策略能得到及时有效的执行；另一方面，厂商直接接触最终顾客，从而为顾客提供优质满意的各项服务。

理论习题

一、选择题

1. 分销渠道不包括（　　　）。

A. 生产者和用户　　　B. 代理中间商　　　C. 储运商　　　D. 商人中间商

2. 消费品中的便利品一般采取（　　　）

A. 选择分销　　　B. 独家分销　　　C. 广泛分销　　　D. 选择和独家分销相结合

3. 当消费者从以下（　　　）购买商品时，是通过直接渠道。

A. 便利店　　　B. 超市　　　C. 面包店　　　D. 百货商场

4. 商人中间商包括（　　　）

A. 批发商　　　B. 代理商　　　C. 经纪人　　　D. 采购商

5. 属于零级渠道的销售方式有（　　　）

A. 上门推销　　　B. 商品展销会　　　C. 连锁经营　　　D. 代理经营

6. 适用于长渠道的商品类型是（　　　）

A. 名牌服装　　　B. 汽车　　　C. 日用品　　　D. 电脑

7. 一般来说，批发商最主要的类型是（　　　）

A. 经纪人　　　B. 商人批发商　　　C. 代理商　　　D. 制造商

8. 零售商的类型有（　　　）

A. 折扣商店　　　B. 拍卖行　　　C. 储运公司　　　D. 厂家商品销售部

9. 在消费品市场分销渠道模式中，一级渠道包括了（　　　）

A. 零售商　　　　　　　B. 批发商　　　　　　C. 代理商　　　D. 经纪人（　　　）

10. 生产者在某一地区仅选择一家中间商推销本企业的产品，并且要求中间商不再经营与本企业产品竞争的其他企业产品，这是（　　　）

A. 选择分销　　　　　　B. 独家分销　　　　　C. 密集分销　　　D. 直销

二、简答

1. 汽车电子产品的分销渠道策略有哪些？

2. 厂家与经销商为什么会产生矛盾？

3. 美国、欧盟、日本的分销产品有什么特点？

任务工单

一、组织实施

1. 进行学员分组，选好小组负责人。

2. 根据本项目学习的相关内容，查阅相关资料，各组分别撰写某一汽车电子产品的分销渠道策略。

二、相互展示

各组派代表讲解本组策划的分销渠道策略。

三、总结评价

评价项目	学生总结	教师总结
专业知识		
个人表现		
团队合作		
表现突出		
改进意见		

任务4　汽车电子产品促销策略

知识拓展

电影已经成为汽车企业最重要的植入式营销方式，很多电影因为一部车而出名，更多的车型因为一部电影而被人们记住。

通用汽车就是电影营销的代表，在电影《黑客帝国Ⅱ》中，超级影星基诺·李维斯驾驶通用旗下的凯迪拉克 CTS 轿车在片中上演了"好莱坞历史上最激动人心的飙车场面"，影片播出后，很多影迷成为凯迪拉克的车迷。

动画片《汽车总动员》更是席卷了包括小孩在内的各个年龄段粉丝，《汽车总动员》赋予了汽车人性化的魅力，在影片中，基本上所有的正面"人物"都是通用的车型，可爱的闪电小子麦昆的角色塑造告诉观众，雪佛兰品牌就是一个血气方刚、初生牛犊不怕虎的年轻汽车品牌。

还有007系列中无所不能的阿斯顿马丁，也带给人们很多惊喜，很多人也因为007电影才了解并认识这一跑车品牌；虽然阿斯顿马丁车型量产较少而且价格相当昂贵，但阿斯顿马丁的知名度随着007系列电影的热映，成为无数车迷的最爱。

之后的《变形金刚》更是将通用的电影营销推向了高潮，电影的经典和火爆程度已不需再叙，通用汽车原董事长兼首席执行官瓦格纳曾放话，《变形金刚》是汽车产品和电影工业的一次经典。

理论习题

一、选择题

1. 促销工作的核心是（　　）。

A. 出售商品　　　　　　　　　　B. 沟通信息

C. 建立良好的关系　　　　　　　D. 寻找顾客

2. 促销的目的是引发刺激消费者产生（　　）。

A. 购买行为　　　　　　　　　　B. 购买兴趣

C. 购买决定　　　　　　　　　　D. 购买倾向

3. 下列各因素中，不属于人员推销基本要素的是（　　）。

A. 推销员　　　　　　　　　　　B. 推销品

C. 推销条件　　　　　　　　　　D. 推销对象

4. 对于单位价值高、性能复杂、需要做示范的产品，通常采用（　　）策略。

A. 广告　　　　　　　　　　　　B. 公共关系

C. 推式　　　　　　　　　　　　D. 拉式

5. 公共关系是一项（　　）的促销方式。

A. 一次性　　　　B. 偶然　　　　C. 短期　　　　D. 长期

6. 营业推广是一种的（　　）促销方式。

A. 常规性　　　　B. 辅助性　　　　C. 经常性　　　　D. 连续性

7. 人员推销的缺点主要表现为（　　）。

A. 成本低，顾客量大　　　　　　B. 成本高，顾客量大

C. 成本低，顾客有限　　　　　　D. 成本高，顾客有限

8. 企业广告又称（　　）。

A. 商品广告　　B. 商誉广告　　C. 广告主广告　　D. 媒介广告

9. 在产品生命周期的投入期，消费品的促销目标主要是宣传介绍产品，刺激购买欲望的产生，因而主要应采用（　　）促销方式。

A. 广告　　　　B. 人员推销　　　　C. 价格折扣　　　　D. 营业推广

10. 人员推销活动的主体是（　　）。

A. 推销市场　　B. 推销品　　C. 推销人员　　D. 推销条件

11. 一般日常生活用品，适合于选择（　　　）媒介做广告。

A. 人员　　　　　　　B. 专业杂志　　　　　C. 电视　　　　　　D. 公共关系

二、判断题

（　　　）1. 人员促销也称直接促销，它主要适合于消费者数量多、在比较分散的情况下进行促销。

（　　　）2. 企业在其促销活动中，在方式的选用上只能在人员促销和非人员促销中选择其中一种加以应用。

（　　　）3. 促销组合是促销策略的前提，在促销组合的基础上，才能制定相应的促销策略。因此，促销策略也称促销组合策略。

（　　　）4. 人员推销的双重目的是相互联系、相辅相成。

（　　　）5. 由于人员推销是一个推进商品交换的过程，所以买卖双方建立友谊、密切关系是公共关系而不是推销活动要考虑的内容。

（　　　）6. 促销的目的是与顾客建立良好的关系。

（　　　）7. 拉式策略一般适合于单位价值较高、性能复杂、需要做示范的产品。

（　　　）8. 对单位价值较低、流通环节较多、流通渠道较长、市场需求较大的产品常采用拉式策略。

（　　　）9. 因为促销是有自身统一规律性的，所以不同企业的促销组合和促销策略也应该是相同的。

（　　　）10. 人员推销的缺点在于支出较大、成本较高，同时对推销人员的要求较高，培养较困难。

任务工单

一、组织实施

1. 进行学员分组，选好小组负责人。

2. 根据本项目学习的相关内容，查阅相关资料，各组分别撰写某一汽车电子产品的促销策略。

二、相互展示

各组派代表讲解本组策划的促销策略。

三、总结评价

评价项目	学生总结	教师总结
专业知识		
个人表现		
团队合作		
表现突出		
改进意见		

情境 ④

汽车电子产品销售

任务1　寻找潜在客户

知识拓展

接近客户的 8 大黄金招

如何接近客户，给客户留下良好的首次印象，继而一鼓作气拿下客户呢？纵观五花八门的推销活动，可归纳出 8 种接近顾客的方法。

现代营销理论认为，推销产品首先是推销自己。如果顾客对销售人员不信任，他就不可能相信你的产品，更谈不上购买你的产品。在通常的印象中，能说会道总是推销的最有力武器。多数公司热衷于招聘口若悬河的销售人员。事实上，口才与销售成功与否并不存在正相关的关系。好的销售人员懂得什么时候该说、什么时候该闭嘴。国内外许多研究报告中提出，人们对销售人员的评价和看法，总是先入为主，有"首次印象效应"在起作用。

一、问题接近法

这个方法主要是通过销售人员直接面对顾客提出有关问题，通过提问的形式激发顾客的注意力和兴趣点，进而顺利过渡到正式洽谈。

有一位推销书籍的小姐，平时碰到顾客和读者总是从容不迫地、平心静气地提出两个问题："如果我们送给您一套关于经济管理的丛书，您打开之后发现十分有趣，您会读一读吗？""如果读后觉得很有收获，您会乐意买下吗？"这位小姐的开场白简单明了，也使一般的顾客找不出说"不"的理由，从而达到接近顾客的目的。

二、介绍接近法

销售人员与顾客接近采用的形式有自我介绍、托人介绍和产品介绍三种。自我介绍法是指销售人员自我口头表述，然后用名片、身份证、工作证来辅佐达到与顾客相识的目的。产品介绍法也是销售人员与顾客第一次见面时经常采用的方法，这种方法是销售人员直接把产品、样本、模型摆在顾客面前，使对方对其产品产生足够的兴趣，最终接受购买的建议。有时，销售人员采用托人介绍的方法接近顾客，这种方法是销售人员利用与顾客熟悉的第三人，通过电话、信函或当面介绍的方式接近顾客。这种方式往往使顾客碍于情面不得不接见销售人员。

三、求教接近法

销售人员利用顾客好为人师的心理来接近顾客，往往能达到较好的效果。在一般情况下，顾客是不会拒绝虚心讨教的销售人员的。

四、好奇接近法

这种方法主要是利用顾客的好奇心理来接近对方。好奇心是人们普遍存在的一种行为动机，顾客的许多购买决策有时也多受好奇心的驱使。

一位英国皮鞋厂的推销员曾几次拜访伦敦一家皮鞋店，并提出要拜见鞋店老板，但都遭到了对方的拒绝。后来他又来到这家鞋店，口袋里揣着了一份报纸，报纸上刊登了一则关于变更鞋业税收管理办法的消息，他认为店家可以利用这一消息节省许多费用。于是，他大声对鞋店的一位售货员说："请转告您的老板，就说我有路子让他发财，不但可以大大减少订货费用，而且可以本利双收赚大钱。"销售人员向老板提赚钱发财的建议，那家老板会不心动呢？

五、利益接近法

销售人员着重把商品给顾客带来的利益放在第一位，首先把好处告诉顾客，把顾客购买商品能获得什么利益，一五一十地道出来。从而使顾客引发兴趣，增强购买信心。

一位文具销售员说："本厂出品的各类账册、簿记比其他厂家生产的同类产品便宜三成，量大还可优惠。"这种利益接近法迎合了大多数顾客的求利心态，销售人员抓住这一要害问题予以点明，突出了销售重点和产品优势，有助于很快达到接近顾客的目的。

六、演示接近法

"我可以使用一下您的打字机吗？"一人陌生人推开门，探着头问。在得到主人同意之后，他径直走到打字机前坐了下来，在几张纸中间，他分别夹了8张复写纸，并把这些放进了打字机。"您用普通的复写纸能复写得这么清楚吗？"他站起来，顺手把这些纸分发给办公室的每一位，又把打在纸上的字句大声读了一遍。毋庸置疑，来人是上门推销复写纸的推销员，疑惑之余，主人很快被复写纸吸引住了。

这是出现在上海浦东开发区某家誊印社的一个场景。

这是一种比较传统的推销接近方法。在利用表演方法接近顾客的时候，为了更好地达成交易，推销员还要分析顾客的兴趣爱好、业务活动，扮演各种角色，想方设法接近顾客。

七、送礼接近法

销售人员利用赠送礼品的方法来接近顾客，以引起顾客的注意和兴趣，效果也非常明显。在销售过程中，销售人员向顾客赠送适当的礼品，是为了表示祝贺、慰问、感谢的心意，并不是为了满足某人的欲望。在选择所送礼品之前，销售人员要了解顾客，投其所好。值得指出的是，销售人员赠送礼品不能违背国家法律，不能变相贿赂。尤其不要送高价值的礼品，以免被人指控为行贿。

八、赞美接近法

卡耐基在《人性的弱点》一书中指出："每个人的天性都是喜欢别人的赞美的。"现实的确如此。赞美接近法是销售人员利用人们希望赞美自己的愿望来达到接近顾客的目的。在这一点上，女性更是如此。

在优美的旋律下，一位漂亮的女士让你颇想与她共舞一曲，可惜"她"的身边已经有个"他"。如何实现这个心愿而又不得罪那位护花使者呢？你不妨试试对那位绅士说："先生，您的舞伴真漂亮，如果您不介意，可以请她跳支舞吗？"

当然，赞美对方并不是美言相送、随便夸上两句就能奏效的，如果方法不当，就会起反作用。在赞美对方时要恰如其分，切忌虚情假意，无端夸大。不论如何，作为一个销售人员或者是销售经理，时时要记住，赞美别人是对自己最有利的方法。对下属的表扬比批评更能激发下属提高工作质量。如果你不是想炒掉谁的话，表扬是最好的提高工作效率的办法。

理论习题

一、单项选择题

1. 在以下选项中，属于销售顾问在销售过程中所起作用的是（   ）。
A. 向最终用户传递产品价值
B. 让顾客相信，我们提供了最优惠的价格
C. 与顾客的关系是简单的利益交换
D. 以利润为先，只要达成销售和利润目标，可以放弃客户满意

2. 以下关于销售顾问职责描述不正确的是（   ）。
A. 达到月收入和销售指标
B. 在 24 小时内对所有有望顾客进行跟进回访
C. 展示六方位绕车讲解，并对经销商所售车型的竞品进行比较专业的知识讲解
D. 运用"潜在顾客开发计划"检查、制定并执行每日潜在顾客开发行动计划

3. 以下关于潜在顾客开发的描述不正确的是（   ）。
A. 计划并完成足够的顾客中开发以帮助销售顾问达到销售目标
B. "潜在客户开发计划"是潜在客户开发的重要工具
C. 销售顾问需将潜在客户资源进行排序，有针对性地联系
D. 潜在客户开发是寻找新的客户，对保有客户（现在客户）的维护与潜在客户开发的关系不大

4. 以下关于潜在客户开发流程的描述不正确的是（   ）。
A. 销售顾问每天需检查"潜在客户开发计划"
B. 销售顾问将潜在客户按购车意向排序
C. 通过电话联系潜在客户
D. 销售顾问需在 24 小时内完成潜在客户记录卡

5. "潜在客户开发计划"表单中不包括的信息是（   ）。
A. 今日电话回访   B. 第二天电话回访
C. 保有顾客今日电话回访   D. 保有顾客第二天电话回访

6. 以下关于潜在客户开发工作描述不正确的是（   ）。

A. 确定周客户开发数量，每天的开发数量可自行调节

B. 检查潜在客户开发工作计划

C. 与潜在客户进行联系

D. 在生活中搜寻新的潜在客户资源

二、多选题

1. 潜在客户开发有（   ）方法可用。

A. 网络营销　　　　　　B. 建立和使用个人数据

C. 事件与促销　　　　　D. 建立持久的顾客关系

2. 以下对销售的理解不正确的是（   ）。

A. 销售是以交换为目的的沟通

B. 销售就是把产品推销给顾客

C. 只要货源充足，就会有源源不断的顾客

D. 只要我们的产品够好，顾客就一定会接受

3. 销售顾问在销售过程中的作用有（   ）。

A. 向最终用户传递产品价值

B. 为产品创造与众不同的价值

C. 与顾客建立起有价值的关系，提供优质的客户体验

D. 让客户满意，为企业赢得利润

三、简答题

1. 如何接近潜在客户？

2. 如何进行客户管理？

任务工单

一、组织实施

1. 进行学员分组，选好小组负责人。

2. 根据本项目学习的相关内容，查阅相关资料，各组分别写出几种寻找潜在客户的方法，并填写下表。

序号	寻找潜在客户的方法	优缺点

二、相互展示

各组派代表讲解开发潜在客户的方法。

三、总结评价

教师引导学生讨论各种方法的优缺点。最后教师点评各组的准备情况及表现，并对开发潜在客户的各种方法进行归纳、总结。

评价项目	学生总结	教师总结
专业知识		
个人表现		
团队合作		
表现突出		
改进意见		

任务2　汽车电子产品销售

知识拓展

一、客户异议的种类

异议可分为四种：第一种是误解。客户从其他地方了解的是一种情况，但事实却不是那么回事，误解就产生了；第二种是怀疑。销售员介绍完精品以后，客户会说："这可能吗？你这个钥匙就是被别人拿走也没问题？"这通常是销售人员夸大以后客户所产生的疑问；第三种是不关心。销售员所做的一切，客户根本就漠视，例如销售员问："先生贵姓啊？"客户不理；"我跟您介绍……"客户不理；"留个名片吧"，还是不理，像这种情况很是棘手；第四种就是举欠缺。例如，客户表示："你介绍的产品质量确实不错，但是价格太贵了……"前面三种都不算真正的异议，只有"举欠缺"才是真正的异议，就是客户指出产品的某一样欠缺出来，需要销售员解决。

真实的异议就是在销售人员介绍产品时，客户表达了目前对此产品没有需要，或者客户曾经使用过此类产品，对使用的效果并不满意或对4S店的产品抱有偏见。

示范案例：

客户："你这个产品质量怎么样啊？听说这个品牌的产品容易出故障呀？"

客户："你们的售后服务怎么样？听说有人买了你们的产品一回去就不管了，出了问题也不知道找谁。"

43

二、客户异议的类型

客户的问题总会有很多，根据不同的分类方法，客户异议可以分为不同的种类。从客户异议产生的原因来看，可分为借口、真实的意见、偏见或成见三种类型；从客户异议指向的客体来看，可将客户异议分为产品异议、价格异议、财力异议、权利异议、购买时间异议、货源异议和需求异议几种类型；根据客户异议是否能被转化，可将它分为可转化异议和不可转化异议；根据客户异议的表达方式不同，可将客户异议分为口头异议、行为异议和表情异议等。根据客户异议的内容与实际关心的内容之间的关系，客户异议种类不外乎三种，即真实的、假的和隐藏的异议。经典的客户异议类型基本上可以从真实的、假的和隐藏的这三种去理解。

隐藏的异议是要靠销售员去猜的，在客户心里面，他说 A，其实想着 B。就像一个男孩子对一个女孩子说："你今天晚上有没有空？没有空，我就和某某看电影去了。"其实男孩是告诉女孩，甚至是要挟女孩：如果再这样下去的话，我就放弃了，去追求另外一个人。这就是隐藏的异议。顾客不会和销售员直说，却是故左而言他。真实的和假的异议很容易理解，上面所说的举欠缺，就是真实的异议，其他的基本上都是假的异议。

三、处理异议的原则

销售员在处理客户异议时，也要遵循两个原则：一是要事前做好准备；二是态度要诚恳。

（一）事前做好准备

就是销售员要事先准备好一些对应策略。首先，要收集客户异议，并制订出标准答案；其次，销售人员要记住答案并熟练运用。

（二）态度诚恳

就是如果顾客提出的都是真实的异议，那销售员都要去帮他解决。因为只有客户觉得自己被尊重，他所提出的问题被重视，而且相信销售员会全力解决问题的时候，才愿意与销售员进行交流。当客户产生了异议时，一般而言，客户都会认为自己的理由是充分的。销售员应该站在客户的立场上去对待客户的异议，要勇于承担责任。

四、处理异议的五种方法

五种方法分别是：勿视法、补偿法、太极法、询问法以及转化法。

（一）勿视法

所谓勿视法，顾名思义，就是当客户提出一些反对意见，并不是真的想要获得解决或讨论时，这些意见和眼前的交易没有直接的关系，销售员只要面带笑容同意他就好了。因为顾客只是提出这些反对意见，并不需要去解决问题，销售人员只要顺着他们的意见说就行了，不要解释太多。

（二）补偿法

所谓补偿法，是给客户一些补偿，让他取得心理上的平衡，让客户感到产品的价格与售价是一致的。因为产品的优点对客户而言是重要的，产品没有的优点对客户而言是较不重要的。如介绍一种真皮给顾客，皮色和皮质都不错，虽然这种皮不是最好的。销售员可以表示：这皮确实不是最好的，但是如果选最好的皮的话，价格最少涨五成。在这种情况下，顾客只有两种选择：要么接受，要么多付钱，心里就平衡了，这就叫补偿法。

（三）太极法

这是用在销售上的基本做法，当客户提出某些不购买的异议时，销售人员能立刻回复说："这正是我认为你要购买的理由！"例如，顾客表示用这款倒车雷达的人很少，那么销售员就可以说："先生，我知道您是一个很有个性的人，用这款倒车雷达的人少，才显得您更有个性。如果大家都有了，那还有什么特别呢？所以您就应买这款倒车雷达。"这样，销售人员能立即将客户的反对意见，直接转换成为什么他必须购买的理由。

示范案例：

客户："你这台防盗器的功能太少了，为什么在设计的时候不多做点功能？"

销售人员："因为您选择的这台防盗器是专为原厂配套的产品，专业的产品都没有过多花哨的功能，它强调的是性能稳定。您看，一些专业的音响功能都非常简单，只有低价的音响才会搞得花里花哨的。"

（四）询问法

就是利用询问把握住客户真正的异议点，找到化解客户反对意见的答案。如顾客说："你这 DVD 导航卖出去，就不理顾客的异议了。"销售员应马上问这是谁说的，了解这到底是怎么一回事。顾客如果说这产品不太好，那销售员就应问："先生，您以前有没有用过同样的产品？"对方如果回答"没用过"，那销售员就好介绍了，关键是要先弄清楚顾客如此说的真正原因。如果不知道原因，就和顾客理论："不会，我这东西很好，我这东西是天下无敌的……"那就麻烦了，顾客说不定会和销售人员争吵起来。

（五）转化法

也可以说是"是的……如果"法，所谓"是的"，就是同意客户部分的意见，"如果"就是告诉顾客另外一种状况，可能会比较好。为什么不是"是的……但是"法？"是的……如果"和"是的……但是"这两种方法的不同在于："是的……但是"把别人否定了，"是的……如果"却表示对对方异议的肯定和尊重。销售员切记多用"是的……如果"，少用"是的……但是"。

示范案例：

顾客表示："这款 DVD 导航是不错，但价格太高了。"销售员则回答道："是的，我的顾客大多数有您这样的看法，如果您采取分期付款的方式，每个月只需付 300 元钱，对您来说一点都不费力，是吧？"

因此，"是的……如果"法是一种解决客户异议的很好的方法。先肯定顾客的异议，再告诉顾客还另有解决的方案。这是最常用的解决顾客疑虑的方法，也是销售技巧里面经常用到的方法。

理论习题

一、单选题

1. 服务管理脱胎于 20 世纪中叶以（　　）为主的管理科学。

A. 服务业　　　　　B. 制造业　　　　　C. 农业　　　　　D. 手工业

2. （　　）首先为服务管理理论思想的产生奠定了基础。

A. 服务业的蓬勃兴起　　　　　　　B. 科学技术的迅速发展

C. 信息技术和新技术层出不穷　　　D. 企业间竞争的内涵的深刻转变

3. 1960 年，美国市场营销协会（AMA）最先给服务下的定义为（　　）。

A. 用于出售或者是与产品连带出售的活动、利益或满足感

B. 直接提供满足（交通、租房）或者与有形商品或其他服务一起提供满足的不可感知

活动

C. 可被独立识别的不可感知活动，为消费者或工业用户提供满足感，但并非一定要与某个产品或服务连在一起出售

D. 服务是指或多或少具有无形特征的一种或一系列活动，通常（但并非一定）发生在顾客与服务的提供者及其有形的资源、商品或系统相互作用的过程中，以便解决消费者的有关问题。

二、多选题

1. G·利恩·肖斯塔克（G. Lynn Shostack）将服务分为（　　）。

A. 纯粹的实体产品　　　　　　　　B. 附带服务的实体物品

C. 伴有产品的服务　　　　　　　　D. 纯粹的服务

2. 科特勒提出服务具有的特征是（　　）。

A. 无形性　　　　B. 不可分性　　　　C. 易变性　　　D. 时间性

3. 服务的基本特征有（　　）。

A. 无形性　　　　　　　　　　　　B. 差异性

C. 生产与消费不可分离性　　　　　D. 不可储存性

4. 服务经济的迅速发展是社会多方面因素综合作用的结果，具体而言，可以归纳包括（　　）。

A. 服务行业从市场运作向政府管制转化

B. 社会生产和生活的需要

C. 当代科学技术的有效开发和充分利用

D. 新型服务行业的兴起

三、测试题，请在三分钟内迅速完成。

1. 假如您的客户询问您有关产品的问题，您不知道如何回答，您将（　　）。

A. 以您认为对的答案，用好像了解的样子来回答

B. 承认您缺乏这方面的知识，然后去找正确答案

C. 答应将问题转呈给业务经理

D. 给他一个听来很好的答案

2. 当客户正在谈论，而且很明显，他所说的是错误的，您应该（　　）。

A. 打断他的话，并予以纠正　　　　B. 聆听然后改正话题

C. 聆听并找出错误之处　　　　　　D. 利用反问以使他自己发觉错误

3. 假如您觉得有点泄气时，您应该（　　）。

A. 请一天假不去想公事　　　　　　B. 强迫自己更卖力地去做

C. 尽量减少拜访　　　　　　　　　D. 请示业务经理和您一道去

4. 当您拜访经常吃闭门羹的客户时，您应（　　）。

A. 不必经常去拜访　　　　　　　　B. 根本不去拜访他

C. 经常去拜访并试图去改善　　　　D. 请示业务经理换人试试

5. 您碰到对方说"您的价格太贵了"，您应该（　　）。

A. 同意他的说法，然后改变话题

B. 先感谢他的看法，然后指出一分钱一分货

C. 不管客户的说法

D. 运用您强有力的辩解

6. 当您回答客户的相反意见之后，您应该（　　　）。

A. 保持沉默并等待客户开口 　　　　B. 变换主题，并继续销售

C. 继续举证，以支持您的观点 　　　　D. 试行订约

7. 当您进入客户的办公室时，正好他在阅读，他告诉您一边阅读，一边听您的话，那么您应该（　　　）。

A. 开始您的销售说明 　　　　　　　B. 向他说您可以等他阅读完了再开始

C. 请求合适的时间再访 　　　　　　D. 请求对方全神聆听

8. 您正用电话去约一位客户以安排拜访时间，总机小姐把您的电话转给他的秘书小姐，秘书问您有什么事，您应该（　　　）。

A. 告诉她您希望和他商谈

B. 告诉她这是私事

C. 向她解释您的拜访将带给他莫大的好处

D. 告诉她您希望同他谈论您的商品

9. 面对一个激进型的客户，您应该（　　　）。

A. 客气的 　　　　　　　　　　　B. 过分的客气

C. 证明他错了 　　　　　　　　　　D. 拍他马屁

10. 对付一位悲观的客户，您应该（　　　）。

A. 说些乐观的事 　　　　　　　　　B. 对他的悲观思想一笑了之

C. 向他解答他的悲观外表是错误的 　　D. 引述事实并指出您的论点是完美的

11. 在展示印刷的视觉辅助工具时，您应该（　　　）。

A. 在他阅读时，解释销售重点

B. 先销售视觉辅助工具，然后再按重点念给他听

C. 把辅助工具留下来，以待待查之后让他自己阅读

D. 希望他把这些印刷物张贴起来

12. 客户告诉您，他正在考虑竞争者的产品，他征求您对竞争者的产品意见，您应该（　　　）。

A. 指出竞争者产品的不足

B. 称赞竞争者产品的特征

C. 表示知道他人的产品，然后继续销售您自己的产品

D. 开个玩笑，以引开他的注意

13. 当客户有购买的征兆，如"什么时候可以送货"，您应该（　　　）。

A. 说明送货时间，然后继续介绍您的产品特点

B. 告诉他送货时间，并请求签订单

C. 告诉他送货时间，并试着缔结条约

D. 告诉他送货时间，并等候客户的下一个步骤

14. 当客户有怨言时，您应该（　　　）。

A. 打断他的话，并指责其错误之处

B. 注意聆听，虽然您认为自己公司错了，但有责任予以否认

C. 同意他的说法，并将错误归咎于您的业务经理

D. 注意聆听，判断怨言是否正确，适时答应立即纠正

15. 假如客户要求打折，您应该（　　）。

A. 答应回去后向业务经理要求

B. 告诉他没有任何折扣了

C. 解释贵公司的折扣情况，然后热心地推介产品的特点

D. 不予理会

16. 当零售店向您说"这种产品销售不好"时，您应该（　　）。

A. 告诉他其他零售店销售成功的实例

B. 告诉他产品没有按照应该陈列的方法陈列

C. 很技巧地建议他采用商品计划的方法

D. 向他询问销路不好的原因，必要时将货取回

17. 在获得订单后，您应该（　　）。

A. 高兴地多谢他后才离开　　　　　　B. 略为交谈他的嗜好

C. 谢谢他，并恭喜他决定，扼要地再强调产品的特征

D、请他到附近去喝一杯

18. 在开始做销售说明时，您应该（　　）。

A. 试图去发觉对方的嗜好，并交换意见　　B. 谈谈气候

C. 谈论今早的新闻

D. 尽快地谈些您拜访他的理由，并说明他可获得的好处

19. 在下列情况下，（　　）是销售员充分利用时间的做法。

A. 将客户资料更新　　　　　　　　　B. 当他和客户面对面的时候

C. 在销售会议上学习更好的销售方法　　D. 和销售同事谈论时

20. 当您的客户被第三者打岔时，您应该（　　）。

A. 继续销售，不予以理会　　　　　　B. 停止销售，并等候有利时间

C. 建议他在其他时间再来拜访　　　　D. 请客户去喝一杯

评分标准：

1. A2 B5 C3 D1	2. A1 B3 C5 D2	3. A1 B5 C1 D3
4. A1 B1 C5 D3	5. A1 B5 C3 D2	6. A2 B1 C2 D5
7. A1 B5 C3 D2	8. A1 B1 C5 D2	9. A5 B1 C1 D1
10. A3 B2 C1 D5	11. A1 B5 C1 D1	12. A1 B3 C5 D1
13. A1 B3 C5 D1	14. A1 B2 C1 D5	15. A2 B3 C5 D1
16. A1 B1 C5 D2	17. A3 B1 C5 D1	18. A3 B1 C1 D5
19. A3 B5 C2 D1	20. A1 B2 C5 D3	

根据选项记录相应的分数，算出总分。以下是对各分数段的说明。（该说明仅供参考）

100 分，您是专业的销售员。

90~99 分，您是很优秀的销售员。

80~89 分，您将成为良好的销售员。

70~79 分，您是一般的销售员。

60~69 分，您是待训练的销售员。

59 分以下，您可能不是非常适合销售这个职位，需要重新考虑选择职业。

任务工单

一、组织实施

1. 进行学员分组，保持各组人员不变，继续分组实施。

2. 根据本项目学习的相关内容，并查阅相关资料，了解某一汽车电子产品的特点，考虑客户会提出哪些异议，并编写有效的对应话术并填写下表。

序号	客户异议	应对话术

二、相互展示

各组分别展示本组汽车电子产品，并以组为单位表演对顾客异议的处理方法及形式。

三、总结评价

教师分别对各组表演进行点评，并对各种处理异议的方法进行归纳、总结。鼓励学生继续思考处理异议的方式和方法。

评价项目	学生总结	教师总结
专业知识		
个人表现		
团队合作		
表现突出		
改进意见		

情境 5

汽车电子产品其他营销

任务1 汽车电子产品网络营销

知识拓展

DELL 电脑成功的网上直销战略

DELL 公司（http://www.dell.com）现在是美国第一大电脑供应商。然而，就在几年前，它还处于亏损状态，经历着生与死的炼狱。经过了短短几年的快速发展以后，DELL 公司变了，一跃成为全球第二大电脑供应商，并在 1999 年第二季度结束后，又替代了 Compaq 公司（http://www.compaq.com）在美国 PC 供应商销售第一的位置，并觊觎全球 PC 销量第一的宝座。

是什么魔力使 DELL 公司在较短的时间内力挽狂澜、摆脱困境、走向成功的呢？原来，DELL 公司一直看好 Internet 强势发展的商业价值，并在业界同行尚未意识到这点以前，率先开始研究利用 Internet 从事电子商务活动，开展以网络营销为主要手段的产品直销业务。早在 1996 年 7 月，DELL 公司就全面采用了网上订货系统，通过设在 Internet 上的站点，DELL 公司的客户自己可以直接在网上配置和订购计算机系统。经过半年运行，DELL 电子商务系统使 DELL 公司每天销售价值 100 万美元的计算机产品，并在几个月后，这个数字又翻了一番。DELL 公司凭借着技术创新、管理创新和服务创新的优势，实现了根据客户订单安排组织生产，并在网上进行直销的经营模式，使传统流通渠道中的中间商——代理商和零售商获取高额差价的空间不复存在；同时，DELL 公司通过对业务流程的重整，使业务处理更加通畅合理，企业库存成本大幅降低。资料显示，DELL 公司计算机销售价格比传统竞争对手销售的计算机价格平均低 10% ~ 15%，具有明显的价格竞争优势。

DELL 公司的商务网站，不仅是客户订货的窗口，也是为客户提供信息服务的主要渠道。DELL 公司提供从技术支持、订购定制信息到软件下载等各种信息服务。网站每周要回答客户提出的近 12 万个技术问题。DELL 公司的统计资料表明，有 90% 的销售收入来自企业客户，10% 来自普通客户。DELL 公司在线销售收入的 90% 来自中小企业和普通个人用户，而 DELL 公司的大客户主要是利用站点查询产品信息、订单情况和技术帮助内容，并不直接从网上订购设备。为了吸引大客户在网上进行产品采购和网上服务，DELL 公司专门设置"客户首页"，提供了针对大客户的个性化服务内容，大客户只需要通过"客户首页"就可以直接进行折扣采购。这样，客户可以通过网上直接采购降低采购费用。如 DELL 公司的大客户 MCI 公司，就是通过与 DELL 公司的合作在网上进行统一采购，使其采购成本降低了 15% 左右，采购周期由原来的 4~6 周缩短为 24 小时以内，直接降低了企业的生产成本。DELL 公司为我国大陆中小型企业提供了专门的定制服务窗口界面，客户只需要点击其中的图表，就可以订购想要的产品，并可在网站上直接获得技术支持与服务。为了方便客户在网上购买，DELL 公司将客户划分为大型企业（1 500 人以上）、中型客户（500~1 499 人）和小型企业（499 人以下），以及一般的消费者。从该服务主页上，客户可以根据自己的需要，选择 DELL 公司提供的各种台式计算机、笔记本电脑、工作站和服务器，这些产品都是 DELL 公司专门针对小企业需求设计和定做的。客户在上网购买时，可以浏览网页中的产品详细介绍和提供的有关技术资料，足不出户，就可以对电脑的性能进行深入细致的了解。

DELL 公司作为一家国际性公司，为了更好地满足不同市场的需要，在网上直销时，专门针对不同区域市场推行特定的网上直销方式，如专门针对我国国内市场客户提供的直销服务，在网站设计上采用中文，而且考虑到中国人的习惯，允许通过电话联系订货。可见 Internet 作为新的信息沟通渠道和媒体，它改变了传统营销的手段和方式，实施网络营销具有明显的价格竞争优势，对推动企业电子商务应用开创了划时代的、革命性的新纪元。

理论习题

一、单项选择题

1. 网络服务营销的本质是（　　）。

A. 提高服务质量　　　　　　　　　　B. 让顾客满意

C. 提高服务企业竞争力　　　　　　　D. 提高服务效率

2. 服务的最大局限在于（　　）。

A. 无形性　　　B. 不可分离性　　　C. 差异性　　　　D. 不可储存性

3. 服务的最大特点是（　　）。

A. 无形性　　　　　　　　　　　　　B. 生产和消费的同时性

C. 差异性　　　　　　　　　　　　　D. 不可储存性

4. 互联网最突出的特点是（　　）。

A. 准　　　　B. 稳　　　　　　　C. 快　　　　　D. 精确

5. 美国的联邦快递通过其高效的邮件快递系统，将邮件在递送中的中间环节信息都输送到计算机的数据库，客户可以直接通过互联网从网上查找邮件的最新动态。按照网络服务的分类，这时联邦快递公司提供的服务属于（　　　　）。

A. 网络售前服务　　　　　　　　　B. 网络售中服务
C. 网络售后服务　　　　　　　　　D. 网络营销服务

6. 消费者时代中最具魅力的营销工具为（　　　　）。

A. 互联网　　　　B. 多媒体　　　　C. 电视　　　　D. 报纸杂志

7. 在所有在线顾客服务手段中，在网络营销服务商网站上出现的比例往往最高的是（　　　　）。

A. 网络虚拟社区　　　　　　　　　B. 即时通信工具
C. 在线表单　　　　　　　　　　　D. 电子邮件

8. 虚拟网络社区的主要形式是（　　　　）。

A. 电子论坛　　　B. 聊天室　　　　C. 讨论组　　　D. 即时通信工具

9. 虚拟网络社区的基本出发点是（　　　　）。

A. 利益共享　　　B. 开放性　　　　C. 潜在会员　　　D. 会员忠诚

10. Microsoft 公司的网站中有非常详尽的知识库，对于客户提出的一般性问题，在网站中几乎都有解答。同时还提供了一套有效的检索系统，让人们在数量巨大的文档中快捷地查找到所需要的东西。微软公司所采用的这种在线服务工具是（　　　　）

A. FAQ　　　　　B. 网络虚拟社区　　C. 电子邮件　　　D. 在线表单

二、多选题

1. 互联网对营销策略的冲击，主要体现在（　　　　）。

A. 定价策略　　　B. 品牌策略　　　　C. 广告策略　　　D. 渠道策略

2. 网络服务的新规则有（　　　　）。

A. 实时沟通　　　B. 整体协作　　　　C. 个性服务　　　D. 简单方便和安全可靠

3. 网络售后服务的特点有（　　　　）。

A. 便捷性　　　　B. 灵活性　　　　　C. 低廉性　　　　D. 直接性

4. 网络社区的主要形式有（　　　　）。

A. 电子论坛　　　B. 聊天室　　　　　C. 讨论组　　　　D. 即时通信工具

5. 网络营销服务商在线顾客服务工具通常包括（　　　　）。

A. 网上产品信息和相关知识发布　　　B. 网络虚拟社区
C. 电子邮件　　　　　　　　　　　　D. 在线表单和 FAQ

任务工单

一、组织实施

1. 进行学员分组，选好小组负责人。

2. 根据本项目学习的相关内容，查阅相关资料，各组分别撰写某一汽车电子产品的网络营销方案。

二、相互展示

各组派代表讲解本组策划的网络营销方案。

三、总结评价

评价项目	学生总结	教师总结
专业知识		
个人表现		
团队合作		
表现突出		
改进意见		

任务2 汽车电子产品定制营销与关系营销

知识拓展

联想的关系营销

我国国有民营企业——联想集团公司自1984年以20万元人民币起家，到1997年时，其营业额为125亿人民币，联想品牌价值为41.06亿人民币，其迅猛发展的势头令世人瞩目。联想成功的王牌之一是坚实的关系网——由一批忠诚的顾客与合作者构成。这张关系网不仅给联想带来丰厚的利润，更是联想构建国际企业大厦的基石。那么，联想这张关系网是如何结成的？

那是因为其成功地推行了关系营销的策略。

一、关系营销观念的引进

所谓关系营销，是指买卖双方之间创造更亲密的工作关系和相互依赖的艺术。它在以市场为导向的基础上，通过满足顾客全方位的需求，与顾客和其他的合作者建立、保持和发展长期互惠关系，赢得忠诚的顾客和合作伙伴，取得稳定的竞争优势。用美国学者理查德·古德曼的话说，关系营销"不是创造购买"，而是"建立各种关系"。具体来说，这有三方面的含义：建立关系是指企业向顾客作出各种许诺；保持关系的前提是企业履行诺言；发展关系是指企业履行以前的诺言之后，向顾客作出一系列新的许诺。

传统的营销是创造购买，是产品、价格、销售渠道和促销等营销因素的简单组合。而在当前激烈竞争的市场环境下，"建立各种关系"比"创造购买"更重要，因为企业追求的是长期盈利，要保持长期盈利能力，就要与顾客保持长期的关系，因此，买卖双方的关系不应该是交战双方的关系，而应是长期合作的关系。此外，企业还应与供应商、分销商以及其他的合作者保持长期密切的关系。

联想在营销工作中引进了关系营销这个新策略，改变原来的思维方法，从简单营销因素组合思维法转变为真正营销导向的思维法，深入分析当前的营销环境，明确本企业的优势和劣势，采取相应的策略，与目标市场的顾客和其他的合作者建立、保持并发展相互之间的关系。

根据马斯洛的需求层次理论，顾客的需求是不断发展的，随着较低层次的需求得到满足，就会追求更高层次的需求。关系营销有三个层次，企业选择的关系营销层次越高，其获得潜在收益和提高竞争力的可能性就越大。联想紧跟顾客（客户）需求的变化，不断提升关系层次。

（一）财务层次

这是最低的一层，往往通过价格的优惠或免费奖品等来刺激顾客购买更多的产品和服务。1996年，联想针对国际品牌机的价格太高而国内普通消费者的消费能力较低的现状，率先将联想品牌机大幅度地调低了价格，吸引了一大批顾客。但这些举措竞争者很容易模仿，往往很难保持公司产品的差别优势，也无法赢得忠诚的顾客。

（二）社交层次

这类关系营销并不忽视价格的重要性，但更重视企业与顾客（或合作者等）之间的社交联系，要求企业强调定制化的服务，尽力将顾客转化为常客。在这个层次，联想不仅重视传统的营销工作，更重视社交营销工作，以提高关系质量。如主动与顾客保持联系，了解顾客的需求和愿望，想方设法满足顾客的需求。这样的社交联系，竞争者不容易模仿，顾客与企业容易保持合作的关系，这样，企业可以及时发现服务差错，了解竞争对手的动向，防止顾客"跳槽"。

（三）结构层次

这是最高的层次，可通过结构性联系，与顾客（或合作者等）增强联系。结构性联系是指企业增加技术投资，利用高科技成果，及时收集顾客的需求信息，精心设计服务体系，按顾客的特殊需求，为顾客提供个性化服务，使顾客得到更多消费利益和更大的使用价值，从而与企业保持亲密的关系。与顾客建立起结构性关系有两个好处：一是大大提高了顾客的满意度；二是设置高的转换壁垒。当顾客改变供应商时，将造成资金成本的提高、优质售后服务的丧失、老主顾折扣的丧失等，于是，顾客不愿意更换供应商。

联想的关系营销策略重点放在这个层次上，公司除了根据行业用户的特点，提供全系列的产品满足顾客不同的需求外，还建立起"大客户市场部—地方专员—行业代理"这样的三级销售服务结构。最上层是大客户市场部，这个部门根据全国不同行业的特点，分别组织了由精通相应行业领域的技术、市场、服务等专门人员组成的小分队，负责为不同行业的用户提供全面的、完善的集软硬件服务于一体的一揽子解决方案。同时发展了一批专门的行业代理队伍，努力和各行业建立深层次的合作关系，为用户提供"专家式"的服务。这样，"量身定做"的服务不仅使顾客满意，也加大了他们对联想的依赖性，从而使双方的关系更加密切了。

二、联想关系营销的策略

（一）联想与顾客的关系：心连心

为了提高顾客的满意度，联想推行"五心服务"的承诺："买得放心，用得开心，咨询后舒心，服务到家省心，联想与用户心连心"，大大拉近了顾客与公司的关系。

1. 满足营销顾客在各个阶段的需求

不少企业对关系营销缺乏重视，只重视顾客购前和购买阶段的营销工作，却忽视了售后阶段的营销工作。他们不断地花大量的人力、物力和财力去吸引新顾客，却不想方设法去提高服务质量，满足顾客的需要。导致老顾客不断跳槽，因为竞争对手能提供更优质的服务。

企业里出现了严重的恶性循环，不断吸引新顾客，不断失去老顾客。尽管企业花费了大量的销售费用，但效果甚微。

而联想却非常注意在各个环节都与顾客保持联系，最大限度地满足顾客的需要。在购前阶段，联想不仅采取广告、营业推广和公关等传统的营销手段，而且通过新产品发布会、展示会、巡展等形式来介绍公司的产品，提供咨询服务。在顾客购买阶段，联想不仅提供各种优质的售中服务（接受订单、确认订单、处理凭证、提供信息、安排送货、组装配件等），而且帮助零售商店营业人员掌握必要的产品知识，使他们能更好地为顾客提供售中服务。另外，还推出家用电脑送货上门服务，帮助用户安装、调试、培训等。在售后阶段，联想设立投诉信箱，认真处理消费者的投诉，虚心征求消费者的意见，并采取一系列补救性措施，努力消除消费者的不满情绪。联想还加强咨询、培训、用户协会及"1＋1"俱乐部刊物等工作，经常举办各种活动，如"电脑乐园""温馨周末"等，向消费者传授计算机知识、提供信息、解答疑问。这样，联想有了一批忠诚的顾客。此外，忠诚的顾客的口头宣传也可起到很好的蚁群效应，增强企业的广告影响，也大大降低了企业的广告费用。

2. 建立健全的服务网络，提供优质的服务

联想把帮助顾客使用好购买的电脑看作是自己神圣的职责，在"龙腾计划"中提出了全面服务的策略：一切为了用户，为了用户的一切，为了一切的用户。联想在全国 104 家城市设有 140 多家联想电脑服务站，保证遍布全国的联想电脑用户都能接受到完善、周到、快捷的服务。为提高服务人员的服务质量，联想制定了持证上岗制度，公司的维修人员上岗都必须经过考试，拿到上岗证方可上岗，这对提高维修水平起到很好的保障作用。

（二）联想与代理商的伙伴关系

1993 年以前，联想的销售模式为直销。1994 年，联想开始建立安全的代理体制。联想的代理队伍日益壮大，到 1996 年，代理商和经销商就达到 500 多家。在个人电脑市场上，由于竞争激烈，商家的利润越来越薄，经销商们很容易唯利是图，"跳槽"现象时有发生。然而，联想的队伍不但稳定，而且越来越多的经销商加入了联想的代理队伍。那么，联想靠的是什么发展与代理商的合作关系呢？

1. 信誉保证

联想对代理伙伴承诺了许多优惠的条件：向代理商提供质量可靠、技术领先、品种齐全的产品；建立合理的价格体系和强有力的市场监督体制；通过强大的市场宣传攻势来营造更好的电脑销售氛围；向代理商提供良好的售后服务保障等。联想以实实在在的行动实现自己的承诺，取得很好的口碑。

2. 保障代理商的利益

许多电脑厂商迫于竞争的压力，逐渐压缩流通环节的利润，而联想却在考虑如何保障代理商的利益；通过加强内部管理和运筹能力来降低成本，向市场提供极具竞争力的价格；通过对市场进行强有力的控制和监督，防止代理商违规操作，进行恶性的削价竞争，只要代理商坚决地执行联想制定的价格，就可以获得较好的利润。

3. 与代理商共同发展

将代理商纳入联想的销售、服务体系，也纳入分配、培训体系，大家荣辱与共，一同成长。

（三）联想与合作伙伴结盟关系

1988 年是联想公司进军海外市场的第一步，并不是贸然在海外设立子公司，而是在我

国香港寻找合作伙伴——香港导远公司和中国技术转让公司。因为联想公司深知自己虽然以中国科学院为后盾，有雄厚的技术开发能力，但缺乏海外营销的经验和渠道，所以必须与合作伙伴结盟，以扬"技术"之长、避"国际营销"之短。事实证明，联想走出的关系营销的这一步是十分正确的。三方合资经营的香港电脑公司取得了极大的成功，在开办当年，公司营业额达到 1.2 亿港元，不仅收回全部投资，还拿出 100 万港元购买了香港一家有生产能力的 Quantum 公司，为香港联想自行研制开发产品建立了一个基地。

现在，联想在研究开发上采用"内联外合"的策略。

"内联"是指联想加强国内厂商的联合，真正做到资源共享，优势互补。如联想与全国最大的财务管理软件厂商——用友公司实行战略性合作，以应用为本，软硬一体，共同开发与销售。与实达公司、湖南新监科技有限公司签订了合作协议，这两家公司在他们的家用电脑中全面安装联想开发的"幸福之家"软件。

"外合"是指进一步加强与国际著名厂商的合作，包括技术、产品还有销售的合作。如联想与英特尔（Intel）、微软（Microsoft）的战略合作伙伴关系，有力地加强了联想电脑在技术上的领先地位。同时联想也努力和国际厂商展开更深层次的合作，比如，联合开发、联合定义未来产品等。如 1998 年年初，联想与液晶显示的领先厂商——日立公司合作开发出了有别于传统台式电脑的新一代电脑———联想"问天"系列。

联想在与盟友的合作中，不仅在贸易、资金积累和技术应用方面取得非常显著的业绩，更重要的是联想从这些国际高科技企业中学到了成熟的管理经验、市场推广经验、经营理念以及严谨、科学的生产动作体系。

理论习题

一、单选题

1. 关系营销是从（　　）概念衍生、发展而来的。

A. 直复营销　　　B. 国内营销　　　C. 大市场营销　　　D. 体验营销

2. 1984 年，科特勒提出了大市场营销概念，目的在于解决（　　）问题。

A. 国际市场的进入壁垒　　　　　　B. 市场占有率低

C. 各国文化差异很大　　　　　　　D. 各国政治环境的差异

3. 关系营销自 20 世纪 80 年代后期以来得到了迅速的发展，（　　）率先提出和讨论了如何维系和改善与现有顾客之间的关系问题。

A. 科特勒　　　　B. 贝利　　　　C. 杰克逊　　　　D. 格罗鲁斯

4. 关系营销的核心是（　　）。

A. 处理好公司内部员工的关系　　　B. 建立和发展与公众的良好关系

C. 处理好与政府的关系　　　　　　D. 进行危机公关

5. 关系的两种基本状态为（　　）。

A. 敌对和友好　　B. 敌对和合作　　C. 敌人和朋友　　D. 对立和合作

6. 二级关系营销强调（　　）。

A. 用价格刺激来鼓励顾客与公司进行更多的交易

B. 用个性化服务把顾客变成关系顾客

C. 通过结构性联系来巩固关系

D. 处理公共关系

7. 公共关系的特点有（　　　）。

A. 可信度　　　　B. 解除防备　　　　C. 戏剧化　　　　D. 公关宣传

8. 公共关系的工具有（　　　）。

A. 宣传报道　　　B. 事件赞助　　　　C. 公益赞助　　　D. 互联网传播

9. 公关工作的重点决策有（　　　）。

A. 建立公共关系目标　　　　　　　　B. 选择公共关系的信息与工具

C. 评估公共关系效果　　　　　　　　D. 反馈

二、多选题

1. 关系营销是对其他科学理论的广泛借鉴。这种借鉴主要来自（　　　）。

A. 系统论　　　　B. 协同理论　　　　C. 交换理论　　　D. 外交理论

2. 顾客购买的总价值包括（　　　）。

A. 产品价值　　　B. 服务价值　　　　C. 人员价值　　　D. 形象价值

3. 顾客信任的层次包括（　　　）。

A. 认知信任　　　B. 情感信任　　　　C. 心理信任　　　D. 行为信任

4. 提高顾客满意度的策略有（　　　）。

A. 塑造"以客户为中心"的经营理念　B. 开发令顾客满意的产品

C. 提供令顾客满意的服务　　　　　　D. 科学地倾听顾客的意见

5. 一对一营销的要求有（　　　）。

A. 顾客必须有接近服务的渠道　　　　B. 交流应该是双向的

C. 组织化和信息化合作手段　　　　　D. 管理系统

任务工单

一、组织实施

1. 进行学员分组，选好小组负责人。

2. 根据本项目学习的相关内容，查阅相关资料，各组分别撰写某一汽车电子产品的定制营销方案。

二、相互展示

各组派代表讲解本组策划的定制营销方案。

三、总结评价

评价项目	学习总结	教师总结
专业知识		
个人表现		
团队合作		
表现突出		
改进意见		

表2-2-2　主要汽车半导体方案提供商和2003年市场份额

提供商	市场份额/%
Intel www.intel.com	2.20
Delphi www.delphi.com	2.10
Fujistu www.fujistu.com	2.00
Vishay Siliconix www.vishay.com	1.30
Maxim/Dallas www.maxim-ic.com	26.70
微芯科技 www.microchip.com	
Fairchild Semiconductor www.fairchidsemi.com	
国际整流器公司 www.irf.com	
美国国家半导体公司 www.nsc.com	
Atmel www.atmel.com	
Frontier Silicon www.frontier-silicon.com	
	数据来源：Freescale

由于汽车专用功率器件占据汽车电源成本的大头，业界将被迫不断开发电源器件的新制造工艺，以进一步降低成本，SiC 和 GaN 器件具有较高的转换效率，对电源冷却系统要求低，因而可能成为增强汽车电源器件性能的有发展潜力的技术，预计，5~10 年后，SiC 和 GaN 器件有望在汽车电源中获得广泛应用，因而是值得关注的重要发展方向。由于汽车电子化进程刚刚开始，汽车半导体功率器件对芯片制造的线宽要求不像集成电路那么高，因此，该领域有望成为中国集成电路设计公司和电源模块设计公司挺进汽车电子市场的最佳切入点，国际顶级半导体器件供应商的进入有望加速这个进程。

小结

中国汽车市场的快速发展促进了中国电子信息产业向汽车电子领域的渗透和发展，通过本文的分析可以看到：GPS、车身电子、ABS 和安全气囊以及胎压监测等领域是中国汽车电子行业利用国外方案进行开发的主要发展方向，娱乐、舒适、安全和环保是中国汽车电子发展的推动力。随着汽车电子对电力需求的增加，中国功率器件市场有望大幅度增长，中国本地电源模块制造业以及器件设计和制造业有望赢得难得的发展机遇。

🌐 思考与讨论题

1. 该实例从哪些方面进行预测分析？
2. 我们在进行市场预测前要做哪些准备工作？

任务3　汽车电子产品市场分析

2.3.1　汽车电子产品市场环境分析

一、市场营销环境的概念

市场营销环境是指与企业营销活动有潜在关系的所有外部力量和相关因素的集合，它是影响企业生存和发展的各种外部条件。

企业市场营销环境的内容既广泛又复杂，不同的因素对营销活动各个方面的影响和制约也不尽相同，同样的环境因素，对不同的企业所产生的影响和形成的制约也会大小不一。

一般来说，市场营销环境主要包括两方面的构成要素：一是微观环境要素，即指与企业联系紧密，直接影响其营销能力的各种参与者，这些参与者包括企业的供应商、营销中间商、顾客、竞争者以及社会公众和影响营销管理决策的企业内部各个部门；二是宏观环境要素，即影响企业微观环境的巨大社会力量，包括人口、经济、政治、法律、科学技术、社会文化及自然地理等多方面的因素。微观环境直接影响和制约企业的市场营销活动，而宏观环境主要以微观营销环境为媒介间接影响和制约企业的市场营销活动，前者可称为直接营销环境，后者可称为间接营销环境，两者之间并非并列关系，而是主从关系，即直接营销环境受制于间接营销环境。

二、市场营销环境的特点

市场营销环境是一个多因素、多层次而且不断变化的综合体，其特点主要表现在以下几个方面：

（一）客观性

企业总是在特定的社会经济和其他外界环境条件下生存、发展的，不管你承认不承认，企业只要从事市场营销活动，就不可能不面对这样或那样的环境条件，也不可能不受到各种各样环境因素的影响和制约，包括微观的、宏观的。一般来说，企业是无法摆脱营销环境影响的，它们只能积极主动地适应营销环境的变化和要求，因此，企业决策者必须清醒地认识到这一点，要及早做好充分的思想准备，随时应付企业将面临的各种挑战。

（二）差异性

市场营销环境的差异性不仅表现在不同的企业受不同环境的影响，而且同样一种环境因素的变化对不同企业的影响也不相同。例如，不同的国家、民族、地区之间在人口、经济、社会文化、政治、法律、自然地理等各方面存在着广泛的差异性，这些差异性对企业营销活动的影响显然是很不相同的；再如，我国汽车企业处于相同的国内经济环境、政治法律环境、技术环境、竞争环境等，但这些环境对不同企业影响的程度是存在差异的，由于外界环境因素的差异性，汽车企业必须采取不同的营销策略才能应付和适应各种情况。

（三）相关性

市场营销环境是一个系统，在这个系统中，各个影响因素是相互依存、相互作用和相互制约的，这是由于社会经济现象的出现，往往不是由某一单一的因素所能决定的，而是受到一系列相关因素影响的结果。例如，企业开发新产品时，不仅要受到经济因素的影响和制约，更要受到社会文化因素的影响和制约；再如，价格不但受市场供求关系的影响，而且受到科技进步及财政政策的影响。因此，要充分注意各种因素之间的相互作用。

（四）动态性

营销环境是企业营销活动的基础和条件，这并不意味着营销环境是一成不变的、静止的，恰恰相反，营销环境总是处在一个不断变化的过程中，今天的环境与多年前的环境相比，已经有了很大的变化，例如国家产业政策，过去重点放在重工业上，现在已明显向农业、轻工业、服务业倾斜，这种产业结构的变化对企业的营销活动带来了决定性的影响；再如，我国消费者的消费倾向已从追求物质的数量化为主流正在向追求物质的质量及个性化转变，也就是说，消费者的消费心理正趋于成熟，这无疑会对企业的营销行为产生最直接的影响。

（五）不可控性

影响市场营销环境的因素是多方面的，也是复杂的，并表现出企业对其不可控性。例如，一个国家的政治法律制度、人口增长以及一些社会文化习俗等，企业不可能随意改变，而且，这种不可控性对不同企业表现不一，有的因素对某些企业来说是可控的，而对另一些企业则可能是不可控的；有些因素在今天是可控的，而到了明天则可能变为不可控因素；另外，各个环境因素之间也经常存在着矛盾关系，例如，消费者对家用电器的兴趣与热情就可能与客观存在的电力供应的紧张状态相矛盾，那么这种情况就使企业不得不做进一步的权衡，在利用可以利用的资源前提下去开发新产品，而且企业的行为还必须与政府及各管理部门的要求相符合。

三、微观的环境

如前所述，企业的微观营销环境主要由企业的供应商、营销中介人、顾客、竞争对手、社会公众以及企业内部参与营销决策的各部门组成。

（一）企业内部

作为市场中相对独立的经营实体，企业的全部活动可以分为6个方面：技术活动（生产、制造、加工）、商业活动（购买、销售、交换）、财务活动（筹集和最适当地使用资本）、安全活动（保护财产和人员）、会计活动（财产清点、资产负债表、成本、统计等）、管理活动（计划、组织、指挥、协调和控制）。营销活动只是其中的一个环节或一个部分所以，企业的营销决策与执行必不可少地需要其他职能部门的协调与配合，也必不可少地要受到企业内部氛围的影响。

企业的内部环境就是由高层管理、财务、研究与开发、采购、生产、会计等相互关联的部门构成的，这对企业的营销活动有着十分重要的影响。

（1）营销计划目标必须服从企业的整体战略目标。

（2）营销决策与执行必须有各部门的密切合作。

许多企业都意识到：不能把市场营销只看作营销部门的事，企业不仅要协调好营销部门与其他职能部门的关系，更需要将营销文化深入每一个员工的心中，全体动员起来，随时有效地对顾客需要的各种变化做出反应，这种整合营销、全员营销的理念为营销活动的开展创造了极佳的内部环境。

（二）供应商

供应商是影响企业营销微观环境的重要因素之一。供应商是指向企业及其竞争者提供生产经营活动所需资源的企业或个人。供应商所提供的资源主要包括原材料、设备、劳务、资金等。如果没有这些资源作为保障，企业就根本无法正常运转，也就无所谓提供需要的产品。供应商对企业营销活动的影响主要表现在以下几个方面：

（1）供货的稳定性与及时性。

（2）供货的价格变动。

（3）供货的质量水平。

针对上述影响，企业在寻找和选择供应商时，应特别注意以下两点：

① 企业必须充分考虑供应商的资信状况，要选择那些能够提供品质优良、价格合理的资源，交货及时，有良好信用，在质量和效率方面都信得过的供应商，并且要与主要供应商建立长期稳定的合作关系，保证企业生产资源供应的稳定性。

② 企业必须使自己的供应商多样化。当企业过分依赖一家或少数几家供货人时，受到供应变化的影响和打击的可能性就大。

为了减少对企业的影响和制约，企业就要尽可能多地联系供货人，向多个供应商采购，尽量注意避免过于依靠单一的供应商，以免在与供应商的关系发生变化时陷入困境。

（三）营销中介人

营销中介人是指协助汽车企业促销、销售和配销其产品给最终购买者的企业或个人，包括中间商、实体分配机构、营销服务机构和财务中间机构等，这些都是市场营销不可缺少的环节，大多数企业的营销活动，都必须通过它们的协助才能顺利进行。例如生产集中与消费分散的矛盾，就必须通过中间商的分销来解决；资金周转不灵，则须求助于银行或信托机构等，正因为有了营销中介所提供的服务，才使得企业的产品能够顺利地到达目标顾客手中。随着市场经济的发展，社会分工越来越细，那么，这些中介机构的影响和作用也就会越来越大。因此，企业在汽车市场营销过程中，必须重视中介组织对汽车企业营销活动的影响，并要处理好同它们的合作关系。

（四）顾客

企业的一切营销活动都是以满足顾客的需要为中心的，因此，顾客是企业最重要的环境因素。顾客是企业服务的对象，顾客是企业的目标。顾客市场可以从不同角度，以不同的标准进行划分，按照购买动机和类别划分，顾客市场可以分为以下几种：

1. 消费者市场

即为满足个人或家庭需要而购买商品和服务的市场。

2. 生产者市场

即为赚取利润或达到其他目的而购买商品和服务来生产其他产品和服务的市场。

3. 中间商市场

这是指通过转售和服务以期获得利润的市场。

4. 非营利性组织市场

这是指为提供公共服务或将商品与服务转给需要的人或购买商品和服务的政府和非营利性机构。

5. 国际市场

指国外买主，包括国外的消费者、生产者、中间商和政府等。

上述每一种市场都有其独特的顾客及不同的需求，而这些市场上顾客的不同变化着的需求，必定要求企业以不同的服务方式提供不同的产品（包括劳务），从而制约着企业营销决策的制定和服务能力的形成。因此，企业要认真研究为之服务的不同顾客群，主要研究其类别、需求特点、购买动机及购买行为等，使企业的营销活动能针对顾客的需要，符合顾客的愿望。

（五）竞争者

竞争是商品经济的基本特性，只要存在着商品生产和商品交换，就必然存在着竞争。企业在目标市场进行营销活动的过程中，不可避免地会遇到竞争者或竞争对手的挑战，因为只有一个企业垄断整个目标市场的情况是很少出现的，即使一个企业已经垄断了整个目标市场，竞争对手仍然有可能参与进来，因为只要存在着需求向替代品转换的可能性，潜在的竞争对手就会出现。

从消费需求的角度划分，企业的竞争者可以划分为愿望竞争者、属类竞争者、形式竞争者和品牌竞争者。

1. 愿望竞争者

这是指提供不同产品以满足不同需求的竞争者。假如你是电视机制造商，那么生产冰箱、洗衣机、地毯等不同产品的厂家就是愿望竞争者。因为如何促使消费者更多地购买电视机而不是其他产品，就是一种竞争关系。

2. 属类竞争者

这是指提供能够满足同一需求的不同产品的竞争者。例如，自行车、摩托车、小轿车等都可以作为家庭交通工具，这3种产品的生产经营者之间必定存在着一种竞争关系，这种竞争关系是一种平行的竞争关系。

3. 形式竞争者

即产品形式竞争者，它是指生产同种产品但提供不同规格、型号、款式满足相同需求的竞争者。例如汽车有手动挡、自动挡，还有三厢车、两厢车等不同形式，这些就是产品形式竞争者。

4. 品牌竞争者

这是指产品相同，规格、型号等也相同，但厂牌不同的竞争者。如汽车有"奥迪""奔驰""宝马""大众"等不同品牌，这些企业之间相互必定存在着一种品牌竞争的关系。

上述不同的竞争对手，与企业形成了不同的竞争关系，而这些不同的且不断变化着的竞争关系，是企业开展营销活动必须考虑的一份重要的制约力量。因为竞争者的营销战略以及营销活动的变化，会直接影响到企业的营销。例如，最为明显的是竞争对手的价格、广告宣传、促销手段的变化，新产品的开发，售前、售后服务的加强等，都将直接对企业造成威胁，因此，企业必须密切注意竞争者的任何细微变化，并做出相应的对策。

（六）社会公众

社会公众是指对企业实现其市场营销目标构成实际或潜在影响的任何团体。它可以是企业附近的居民和社区组织，也可以是各种民间组织，如消费者权益保护组织、环境保护组织和少数民族组织等，还可以是一般大众。

社会公众可能并不直接与企业发生交易关系，但他们对企业的营销决策及其效果有着十分重要的影响。

1. 社会公众通过对消费者施加压力来影响企业的营销活动

公众群体的舆论导向可以是消费者购买决策的重要参考。比如，社会公众对生活环境和生活质量的普遍关注，导致越来越多的消费者开始热衷于"绿色消费"，从而迫使一些企业在某种程度上导入"绿色营销"的理念，在生产、运输、销售等方面注意节能、保护环境的问题。

2. 社会公众通过对立法机关和行政执法机关施加压力来影响企业的营销活动

社会公众普遍关注的问题必然会引起政府机关的高度重视。如果企业的营销活动危及了公众的利益或伦理道德，他们可以通过对政府施加压力来限制甚至禁止企业的行为。比如，人们对生态环境的高度关注，导致许多旨在保护环境的法律、机关和团体不断涌现，从而约束、引导企业走上可持续发展的道路。

企业需要注意公众的舆论导向，树立和维护企业良好的公众形象，从而为企业的营销活动营造宽松的社会空间。

四、宏观的环境

企业宏观的营销环境由政治与法律环境、人口环境、技术环境、社会文化环境、经济环境、自然环境构成。

（一）人口环境

人口是构成市场的第一要素，因为市场是由那些想购买商品同时又具有购买力的人构成的。因此，人口的多少直接决定市场的潜在容量，人口越多，市场规模就越大。人口的年龄结构、地理分布、婚姻状况、出生率、死亡率、人口密度、人口流动性及其文化教育等，都是企业关注的因素，企业必须重视对人口环境的研究，密切注意人口特性及其发展动向，不失时机地抓住市场机会，当出现威胁时，应及时、果断地调整营销策略，以适应人口环境的变化。

（二）经济环境

经济环境指企业营销活动所面临的外部经济条件，其运行状况及发展趋势会直接或间接地对企业营销活动产生影响。

1. 直接影响营销活动的经济环境因素

（1）消费者收入水平的变化。

（2）消费者支出模式和消费结构的变化。

（3）消费者储蓄和信贷情况的变化。

2. 间接影响营销活动的经济环境因素

除了上述因素直接影响企业的市场营销活动外，还有一些经济环境因素也对企业的营销活动产生间接的影响。如经济发展水平、经济体制、地区与行业发展状况、城市化程度等。

（三）科技环境

现代科学技术是社会生产力中最活跃和具有决定性的因素，它作为重要的营销环境因素，不仅直接影响企业内部的生产和经营，而且同时与其他环境因素相互依赖、相互作用，影响企业的营销活动。

（1）科学技术的发展直接影响企业的经济活动。

（2）科学技术的发展和应用影响企业的营销决策。

（3）科学技术的发明和应用，可以造就一些新的行业、新的市场，同时又使一些旧的行业与市场走向衰落。

（4）科学技术的发展，使产品更新换代速度加快，产品的市场寿命缩短。

（5）科学技术的进步，将使人们的生活方式、消费模式和消费需求结构发生深刻的变化。

（6）科学技术的发展为提高营销效率提供了更新、更好的物质条件。

总之，科学技术的进步和发展，必将给社会经济、政治、军事以及生活等各个方面带来深刻的变化，这些变化也必将深刻地影响企业的营销活动，给企业造成有利或不利的影响，甚至关系到企业的生存和发展。因此，企业应该特别重视科学技术这一重要的环境因素，使企业能够抓住机会，避免风险，求得生存和发展。

（四）政治与法律环境

政治与法律环境是影响企业营销活动的重要宏观环境因素。政治因素像一只有形的手，调节着企业营销活动的方向，法律则为企业规定商贸活动的行为准则。政治与法律相互联系，共同对企业的市场营销活动产生影响。

1．方针政策

各个国家在不同时期，根据不同需要会颁布一些经济政策，制定经济发展方针，这些方针、政策不仅会影响本国企业的营销活动，而且会影响外国企业在本国市场的营销活动。国家也可以通过方针、政策对企业的营销活动施以间接影响。

目前，国际上各国政府采取的对企业的营销活动有重要影响的政策和干预措施主要有以下几种：

（1）进口限制。

（2）税收政策。

（3）价格管制。

（4）外汇管制。

（5）国有化政策。

2．国际关系

这是国家之间的政治、经济、文化、军事等关系。这必然会影响企业的营销活动，这种国际关系主要包括两个方面的内容：

（1）企业所在国与营销对象国之间的关系。

例如，中国在国外经营的企业要受到市场国对于中国外交政策的影响，如果该国与我国的关系良好，则对我国企业在该国经营有利；反之，如果该国对我国政府持敌对态度，那么，中国的企业就会受到不利的对待，甚至受攻击或抵制。

（2）国际企业的营销对象国与其他国家之间的关系。

国际企业对于市场国来说是外来者，但其营销活动要受到市场国与其他国家关系的影响。例如，中国与伊拉克很早就有贸易往来，后者曾经是我国钟表和精密仪器的较大客户，海湾战争爆发后，联合国对伊拉克的经济制裁，使我国企业有很多贸易往来不能进行。

3．法律环境因素

对企业来说，法律是评判企业营销活动的准则，只有依法进行的各种营销活动，才能受到国家法律的保护。因此，企业开展市场营销活动，必须了解并遵守国家或政府颁布的有关经营、贸易、投资等方面的法律、法规。如果从事国际营销活动，企业就既要遵守本国的法律制度，还要了解和遵守市场国的法律制度和有关的国际法规、国际惯例和准则，这方面因素对国际企业的营销活动有深刻的影响。例如，美国曾以安全为由，限制欧洲制造商在美国销售汽车，以致欧洲汽车制造商不得不专门改造其产品，以符合美国法律的要求；英国也曾以法国牛奶计量单位采用的是公制而非英制为由，将法国牛奶逐出本国市场；而德国以噪声标准为由，将英国的割草机逐出德国市场。

从当前企业营销活动法制环境的情况来看，有两个明显的特点需注意：

（1）管制企业的立法增多，法律体系越来越完善。

（2）政府机构执法更严。

（五）自然环境

一个国家、一个地区的自然地理环境包括该地的自然资源、地形地貌和气候条件，这些因素都会不同程度地影响企业的营销活动，有时这种影响对企业的生存和发展起着决定性的作用，企业要减少由自然地理环境带来的威胁，最大限度地利用环境变化可能带来的市场营销机会，就应不断地分析和认识自然地理环境变化的趋势，根据不同的环境情况来设计、生产和销售产品。

1．物质自然环境

物质自然环境是指自然界提供给人类各种形式的物质财富，如矿产资源、森林资源、土地资源、水力资源等。这些资源可分为3类：一是"无限"资源，如空气、水等；二是有限但可以更新的资源，如森林、粮食等；三是有限但又不可再生的资源，如石油、锡、煤、锌等。如果该地对本企业产品的需求大，但缺乏必要的生产资源，那么，企业就适宜向该地销售产品，但是，如果该地有丰富的生产资源，企业就可以在该地投资建厂，当地生产，当地销售，可见，一个地区的自然资源状况往往是吸引外地企业前来投资建厂的重要因素。此外，自然环境对企业营销的影响还表现在两个方面：

（1）自然资源短缺的影响随着工业的发展越来越明显。

（2）环境的污染与防治环境污染已经成为举世瞩目的课题。

2．地理环境

一个国家或地区的地形、地貌和气候，是企业开展市场营销活动所必须考虑的地理环境因素，这些地理特征对市场营销有一系列影响，例如，气候（温度、湿度等）、地形、地貌（山地、丘陵等）的特点，都会影响产品和设备的性能和使用，在沿海地区运转良好的设备，到了内陆沙漠地区，就有可能发生性能的急剧变化。

如果从经营成本上考虑，平原地区道路平坦，运输费用比较低，而山区丘陵地带道路崎岖，运费自然就高。可见，气候、地形、地貌不仅直接影响企业的经营、运输、通信、分销等活动，而且会影响到一个地区的经济、文化和人口分布状况，因此，企业开展营销活动，必须考虑当地的气候、地形、地貌，使其营销策略适应当地的地理环境。

（六）社会文化环境

社会文化是指一个社会的民族特征、价值观念、生活方式、风俗习惯、伦理道德、教育水平、语言文字、社会结构等的总和。它主要由两部分组成：一是全体社会成员所共有的基本核心文化；二是随时间变化和外界因素影响而容易改变的社会次文化或亚文化。人类在某种社会中生活，必然会形成某种特定的文化。不同国家、不同地区的人民，不同的社会与文化，代表着不同的生活模式，对同一产品可能持有不同的态度，直接或间接地影响产品的设计、包装、信息的传递方法、产品被接受的程度、分销和推广措施等。社会文化因素通过影响消费者的思想和行为来影响企业的市场营销活动，因此，企业在从事市场营销活动时，应重视对社会文化的调查研究，并做出适宜的营销决策。

2.3.2 汽车电子产品消费者购买行为分析

一、消费者市场

（一）消费者市场的含义

根据顾客购买产品或劳务目的的不同，市场可分为消费者市场和组织市场两大类。消费者市场是指由为了满足生活消费而购买商品和服务的个人与家庭构成的市场。生活消费是产品和服务流通的终点，因此消费者市场也称为最终产品市场。

（二）消费者市场的购买对象

消费者进入市场购买的对象是多种多样的。如果按照商品的耐用程度和使用频率分类，消费者的购买对象可以分为耐用品和非耐用品两类。如果按照消费者的购买习惯来划分，消费者的购买对象一般包括3大类，即日用品、选购品和特殊品。

（三）消费者市场的特点

1. 消费者市场购买者的分散性

消费者市场的购买单位是个人或家庭，人数众多，分布广泛。生活中的每一个人都不可避免地发生消费行为或消费品购买行为，成为消费者市场的一员。在现代社会中，消费者的购买呈现出分散性、小型化的特点，消费者购买的次数频繁，但每次购买的数量较少。因此，消费者市场营销者应当根据这一购买特点适当调整产品规格，缩小产品包装，以便更好地满足消费者的需要。

2. 消费者市场差异性大

由于消费者市场人数多、范围广，消费者受到年龄、性别、身体状况、性格、习惯、偏好、职业、地位、收入、文化教育程度、地理环境、气候条件等多种因素的影响，市场的消费需求和购买行为具有很大的差异性，所购商品的品种、规格、数量、质量、花色和价格也会千差万别。工商企业在组织生产和货源时，必须合理细分整个市场，不能把消费者市场简单地看成一个包罗万象的大一统的市场。

3. 消费者需求易变性

人类社会的生产力和科学技术总是在不断进步，新产品层出不穷，消费者收入水平不断提高，消费需求也就呈现出由少到多、由粗到精、由低级到高级的发展趋势。越来越多的消费者并不喜爱一成不变的商品，而是要求商品的品种、款式能够不断翻新。另外，随着市场商品供应的日益丰富和企业竞争的逐渐加剧，消费者对商品的挑选余地更大，消费潮流也是日新月异，商品的流行周期越来越短，往往令人难以把握。

4. 消费者市场购买属非专业性购买

消费者市场商品种类繁多，大多数消费者不可能对所购买的每一种商品都非常熟悉。消费者对大多数商品的质量、性能、价格、使用、维护、保管乃至市场行情往往缺乏专门的知识，甚至是必要的知识，只能根据个人感觉和喜好做出购买决策，大多数属于非专业性购买，很容易受个人情感、广告宣传、推销活动和他人意见影响或诱导。

二、消费者购买行为模式

（一）消费者购买行为模式

消费者购买行为是指消费者为获取、购买、使用、评估和处置预期能满足其需要的产品和服务所采取的各种行为。研究消费者购买行为的完整过程一般包括以下7个方面：

（1）消费者市场由谁构成（Who），即购买者（Occupants）。

（2）消费者购买什么（What），即购买对象（Objects）。

（3）消费者为什么购买（Why），即购买目的（Objectives）。

（4）消费者购买活动中有谁参与（Who），即购买的组织（Organizations）。

（5）消费者在什么时间购买该产品（When），即购买时间（Occasions）。

（6）消费者在什么地方购买该产品（Where），即购买地点（Outlets）。

（7）消费者怎样购买（How），即购买方式（Operations）

西方市场营销学家将这些决策归纳为研究消费者市场的6W1H研究方法。例如，某汽车制造厂生产和销售汽车，营销人员必须仔细分析研究以下问题：

①目前消费者市场上购买这种汽车的是哪些人？

②消费者购买什么类型的汽车？

③消费者为什么购买这种汽车？

④哪些人会参与汽车的购买行为？

⑤消费者在什么地方购买这种汽车？

⑥消费者什么时候购买这种汽车？

⑦消费者怎样购买这种汽车？

（二）消费者购买行为类型

消费者购买行为的类型，有多种多样的划分方法，其中最具有典型意义的有两种：一种是根据消费者购买行为的复杂程度和产品差异程度加以区分；另一种是根据消费者性格进行划分。

1. 根据消费者购买行为的复杂程度和所购产品的差异程度划分

（1）复杂型。

这是消费者初次在购买差异性很大的消费品时所发生的购买行为。购买这类商品时，通常要经过一个较长的考虑过程，购买者首先要广泛搜集各种相关信息，对可供选择的产品进行全面评估，并在此基础上建立起自己对该品牌的信念，形成自己对各个品牌的态度，最后慎重地做出购买决策。

（2）和谐型。

这是消费者购买差异性不大的商品时所发生的一种购买行为。由于各个品牌之间没有显著差异，消费者一般不必花费很多时间去收集并评估不同品牌的各种信息，关心的重点在于价格是否优惠，购买时间、地点是否方便等。因此，和谐型购买行为从产生需要和动机再到做出购买决定所用的时间较短，购买过程迅速而简单。

（3）习惯型。

所谓习惯性购买决策，是指消费者对所选购的产品和品牌比较了解，主要依据过去的知识和经验习惯性地做出购买决定，有了相应的选择标准。

（4）多变型。

多变型的购买行为是指消费者了解现有各品牌和品种之间的明显差异，在购买产品时并不深入收集信息和评估比较，就决定购买某一品牌，购买时随意性较大，只在消费时才加以评估，但是在下次购买时又会转换其他品牌。消费者转换品牌的原因不一定与他对该产品是否满意有什么联系，可能是对原来口味心生厌倦或者只是为了尝尝鲜，主要目的还是寻求产品的多样性。

2. 根据消费者性格划分

（1）习惯型。

消费者是某一种或某几种品牌的忠诚顾客，消费习惯和偏好相对固定，购买时心中有数，目标明确。

（2）理智型。

做出购买决策前对不同品牌加以仔细比较和考虑，相信自己的判断，不容易被他人打动，不轻易做出决定，决定后也不轻易反悔。

（3）冲动型。

易受产品外观、广告宣传或相关群体的影响，决定轻率，缺乏主见，易动摇和反悔。营销者在促销过程中争取到这类消费者并不困难，但要想使他们转变为忠诚的顾客，就不太容易了。

（4）经济型。

对价格特别敏感，一心寻求经济合算的商品，特别看重产品是否物美价廉。

（5）情感型。

对产品的象征意义特别重视，联想力较丰富，如有些宾馆在对客房编号时，专门在每个房号前后加"8"，就是为了迎合某些旅客希望"发财"的心理。

（6）不定型。

此类消费者往往比较年轻，独立购物的经历不多，消费习惯和消费心理尚不稳定，没有固定偏好，易于接受新的东西。

三、影响消费者购买行为的主要因素

（一）文化因素

1. 文化

文化是决定人类欲望和行为最基本的决定因素，对消费者购买行为的影响最为广泛和深远。文化是指某一特定社会生活方式的总和，包括语言、法律、宗教、风俗习惯、价值观、信仰、工作方式等独特的现象。每一个人都生活在一定的社会文化环境中，通过家庭和其他社会组织的社会化过程学习和形成了基本的文化观念。不同地区、不同民族的文化是不尽相同的，文化的差异会引起消费行为的差异。

2. 亚文化

每一个国家的文化内又包含若干亚文化群，其中主要有民族亚文化群、宗教亚文化群、种族亚文化群、地理区域亚文化群。

3. 社会阶层

社会阶层是根据职业、收入来源、教育水平、价值观和居住区域对人们进行的一种社会分类，是按层次排列的。每一阶层成员具有类似的价值观、兴趣、爱好和行为方式，对商品品牌、宣传媒体等有不同的偏好。

社会阶层对消费者的影响主要体现在以下5个方面：

（1）商店的选择；

（2）消费和储蓄倾向；

（3）消费产品的品位；

（4）娱乐和休闲方式；

（5）对价格的心态。

（二）经济因素

经济因素指消费者可支配收入、消费信贷、商品价格、商品效用、机会成本、经济周期等因素。经济因素是决定消费者购买行为的首要因素，决定着消费者能否发生以及发生何种规模的购买行为，决定着所购商品的种类和档次。必须注意，经济因素对消费者购买行为的影响是不断变化的。在消费者收入水平较低的情况下，经济因素的影响作用更大。随着可支配收入的增加和市场商品供应的日益丰富，消费者对商品的要求越来越高，经济因素对消费者的影响作用也就会逐步减小。

（三）社会因素

1. 相关群体

相关群体指能够直接或间接影响消费者态度、价值观和购买行为的个人或集体。消费者行为主要在 3 个方面受到相关群体的影响：

（1）示范性，即相关群体为消费者展示了新的消费行为和生活方式。

（2）仿效性，即相关群体还影响个人的态度和自我概念，从而引起人们仿效的欲望，影响人们的商品选择。

（3）一致性，即相关群体能产生一种令人遵从的压力，影响人们选购与其一致的产品和与其偏好相同的产品。

2. 家庭

所谓家庭，是指以婚姻、血缘和有继承关系的成员为基础组成的一种社会生活组织形式或单位。家庭是社会的细胞，也是社会中最重要的消费者购买组织。家庭成员对消费者的购买行为产生的影响最直接、最强烈。例如，一对没有孩子的年轻夫妇，他们可能会把大部分闲暇时间和金钱花费在娱乐、学习或旅游上；而一对已婚而且子女很小的家庭，则对儿童食品、服装、玩具有较大的需求。

3. 角色和角色地位

一个人在一生中要参加许多群体并担任很多角色，比如，在家庭里担任父亲、丈夫的角色，在公司里担任经理角色。角色是指一个人所期望做的活动内容，每个角色则伴随着一种地位。角色地位是周围的人对个人的要求或一个人在各种不同场合应起的作用，反映了社会对他的总体评价，即社会或团体为个体提供和规定的地位。

（四）个人因素

在文化、社会诸因素都相同的情况下，每个消费者的购买行为仍然会有很大的差异，这是由于年龄、职业、收入、个性和生活方式等因素的不同而造成的。

（五）心理因素

消费者的购买行为受到动机、感知、学习、信念和态度 4 个主要心理因素的影响。

1. 动机

动机是一种被刺激的需求，一个人的需求只有达到一定的强烈程度才能成为动机。动机迫使人们采取相应的行动来获得满足。心理学家曾提出许多人类行为动机理论，其中最著名的是亚伯拉罕·马斯洛的需要层次理论。马斯洛认为，人类价值体系中存在两类不同的需要：一类是低级需要或生理需要，是人类沿着生物谱系上升方向逐渐变弱的本能或冲动；另一类为高级需要，是随生物进化而逐渐显现的潜能。可以归纳为 5 类：生理需要、安全需要、社会需要、尊重需要和自我实现需要。

2. 感知

当消费者产生购买动机之后，便可能采取购买行动，但采取何种购买行动，则视其对客观情景的感知程度如何而定。所谓感知，是指个人搜集、选择、组织并解释信息的过程。消费者不仅对不同的刺激物或情景的感知不同，就是对于相同的刺激物或情景的感知也会有所区别。出现这种现象的主要原因是由于感知过程的特殊性。心理学家认为，感知过程是一个有选择性的特殊性心理过程。这种感知过程主要包括 3 个方面，即选择性注意、选择性曲解和选择性记忆。

3. 学习

人类的行为是多种多样的，其行为产生的原因则可归结为两个方面：一是人类本能的、与生俱来的；二是通过实践经验得来的，由经验引起的个人行为，改变则是人类的学习过程，是由驱使力、刺激物、诱因、反应和强化 5 个要素相互影响而产生的。

4. 信念和态度

（1）信念。

信念指一个人对某些事物所持有的描述性思想。信念的形成可以基于知识，也可以基于信仰或情感等。顾客的信念决定了企业和产品在顾客心目中的形象，影响着顾客的购买行为。营销人员应当高度重视顾客对本企业或本品牌的信念，一旦发现顾客的信念有误并阻碍了他的购买行为，就应运用有效的营销手段加以纠正，以促进产品的销售。

（2）态度。

态度是指人们对事物的看法，是由情感、认知和行为构成的综合体。消费者对某一商品所持有的正面或反面的认识上的评价、情感上的感受和行动倾向都属于对该商品的态度。态度作为一种内在的心理过程，不一定能直接观察得到，但可以从个体的脸部表情、言谈举止和行为活动中做出推断。态度一旦形成，则直接影响人们的行为，而且很难改变。消费者态度往往会影响到他的学习兴趣和学习效果，影响到他对产品、商标的判断和评价，进而影响到他的购买意向接。

四、消费者购买决策过程

典型消费者的购买决策过程，是相互关联的购买行为的动态系列，一般包括 5 个具体步骤，即确认需要→收集信息→评估选择→决定购买→购后感受和评价。

上述购买过程是一种典型而完整的过程，但并不意味着所有的购买者都必须对每个阶段一一经历。如有的购买者对汽车电子产品情况很了解，其购买过程经过的阶段就少；有的购买者对汽车电子产品一无所知，其经过的阶段自然就更多。上面的购买决策模式表明，购买过程实际上在实施实际购买行为之前就已经开始，并且要延伸到购买之后的很长一段时间才会结束，基于此，企业营销人员必须研究个人购买者的整个购买过程，而不能只是单纯注意购买环节本身。

用户购后感受阶段对企业的市场营销有着重要意义。因为用户在购买汽车后，总是要在使用中证实一下自己的购买决策是正确的，并希望达到预期的目的，从而形成购后感受。这种感受可分为满意、基本满意、不满意 3 种。用户感到满意或基本满意，将会对企业的销售有利，这些用户会向他的相关群体做满意的信息传播。同样，如果用户感到不满意，则会向其相关群体做不利于企业的信息传播。所以企业在宣传、广告等售前服务中，一定要实事求是地介绍自己的产品，不可搞虚假宣传，那样不仅会引起用户的失望，还可能会被指控为不正当竞争，而受到相关法律的制裁。此外，企业从用户的购后感受中还可以了解到许多改进产品、改进服务的信息。营销人员通过了解用户的购后感受，保持同用户的联系，既是搞好公共关系、树立良好企业形象的重要途径，又是巩固市场的重要手段

五、集团组织市场和购买行为分析

（一）集团组织购买行为的主要类型

生产者购买情况可分为 3 类：直接再购买、修正再购买和新任务购买。

1. 直接再购买

直接再购买指在所涉及的供应商、产品、服务、供货条件变化不大的情况下，生产者的采购部门按照过去惯例再订购曾购买过的产品。

2. 修正再购买

修正再购买指购买者原来购买的产品或服务、协议条件、供应商出现重大变故时，买卖双方需要对原来所购产品或服务的规格、数量、价格或其他交易条件进行重新商议后再行购买。

3. 新任务购买

这是购买行为中最复杂的一种，指生产者用户首次购买某种产品或服务。生产者在购买之前需要进行大量的准备工作，就一系列问题做出决策，如相关产品和供应商的信息、购买的成本和重要性、本次购买与以前各种采购的类似性、员工的经验、购买全过程的效率以及产品的试用等。新任务购买的成本和风险越大，购买决策的参与者就越多，需要收集的信息就越全面，购买过程就越复杂。

（二）集团组织购买决策的参与者

由于生产者购买产品或服务的价值高，技术复杂，除了专职的采购人员需要参与购买决策以外，还有很多其他相关者也要参与购买决策。这些人员一起组成企业的采购中心或是决策单位。所谓采购中心，是指"所有参与购买决策过程的个人和集体，他们具有某种共同目标并一起承担由决策所引起的各种风险"（韦伯斯特与温德尔）。生产者购买决策的采购中心包括以下几种：

1. 使用者

使用者指组织中将直接使用所购买的产品或服务的成员，如一线的生产工人、秘书、维修工程师。使用者往往最先提出购买建议，并协助确定拟购产品的规格、型号。如果某些员工对某种产品或服务有过不愉快的使用经历，他们就会拒绝再次使用此类产品或服务，这类使用者对于购买决策影响很大。

2. 影响者

影响者指组织中直接或间接对采购决策形成影响的人员，如生产工程师、设计师、研究人员。他们协助确定产品规格和购买条件，通过正式或非正式的渠道提供与采购有关的信息，采取建议、批评、抗议等方式对企业采购需求施加影响或予以确认。

3. 信息控制者

信息控制者指组织内部和外部能够控制信息流入采购中心的人员。如采购代理人或技术人员可以拒绝或阻止某些供应商和产品的信息流入，而接待员、电话接线员、秘书、门卫等

可以阻止推销者与使用者或决策者接触。

4. 信息评估者

并非所有的信息对生产者购买决策都有用，很多信息在被采购中心的人员使用前都要经过分析、评估、筛选和加工。外部咨询机构、质检人员和样品实验人员都可以承担信息评估的职责。

5. 决策者

决策者指有权决定产品规格、购买数量和供应商，或做出最后批准决定购买产品的人员。决策者可以是企业的高层管理人员，如总经理、首席执行官、采购总监，也可以是获得授权的中级甚至初级的管理人员。

（三）集团组织购买决策过程

集团组织购买活动属于理性购买，采购活动包括8个阶段：提出需要、确定需求内容、拟定产品规格、寻求供应商、编写规格书、选择供应商、发出正式订单、审查履约状况。

对于新购业务类型来说，一般包括这8个采购阶段，属于完整的采购过程。而对于修正重购和直接重购两种业务类型而言，所包括的决策过程的阶段要少一些，尤其是直接重购包括的决策阶段最少，这两种决策过程都属于不完整的采购决策过程。

总之，汽车产品的集团组织购买行为与个人购买行为很不相同，市场营销人员必须了解客户的需求、采购决策的特点等，并在此基础上按客户的具体类型设计出合适的营销计划。

2.3.3　汽车电子产品行业竞争分析

企业要制定出有利的竞争性营销战略，必须了解竞争者的有关情况，诸如谁是我们的竞争者、它们的战略是什么、它们的目标是什么、它们的优势和劣势是什么、它们的反应模式是什么。

一、识别竞争者

一个企业识别竞争者似乎很容易，如福特汽车公司识别日本丰田汽车公司是主要竞争对手，然而，企业的现实与潜在竞争者的范围是很广泛的，一个企业很可能被新出现的竞争对手打败，而非当前竞争者，如柯达胶卷的更大威胁者不是日本富士公司，而是新出现的"摄像机"。

（一）从销售商数量及产品差异化程度来识别竞争者

销售商数量与产品差异化这两个要素组合产生4种行业竞争结构类型。

1. 完全垄断

这是指在一定地理范围内（如一国或一个地区），只有一个公司提供一定的产品或服务。完全垄断可能是由规章法令、专利权、许可证、规模经济及其他因素造成的，在完全垄断条件下，由于缺乏密切替代品，垄断者追求最大的利润。如果行业出现了替代品或紧急竞争危机，垄断者会通过改善产品和服务来阻止竞争者进入。守法的完全垄断者，通常会考虑公众利益而降低产品价格并提供更多的服务。

2. 寡头垄断

这是指一个行业的结构是少数几个大企业生产从高度差别化到标准化的系列产品。寡头垄断有两种形式：

（1）完全寡头垄断，指某行业由几家生产本质共属于同一类产品（石油、钢铁等）的公司所构成，每个企业只能按现行价格水平定价，只能通过降低成本、增加服务来实现差异化；

（2）差异寡头垄断，指一个行业由几家生产部分有差别的产品（汽车、电冰箱、发电机）的公司组成，在质量、特性、款式或服务等方面实现差异化，各竞争者在其中某一方面居领先地位，吸引顾客偏爱该属性并接受该价格。

3. 垄断竞争

这是指某一行业内许多能在整体上或部分地区提供产品或服务的差异性，并通过产品或服务的差异性去吸引顾客，这些公司之间开展的竞争，其竞争的焦点在于扩大本企业品牌与竞争者品牌的差异，突出特色。

4. 完全竞争

这是指某一行业内由许多提供相同产品或服务的公司所构成的竞争。众多公司只能按市场供求关系来确定价格，它们是"价格接受者"而不是"价格的决定者"，其竞争战略焦点是通过降低生产成本、分销成本来提高利润率。

（二）从市场角度识别竞争者

除了从行业角度识别竞争者外，还可以从市场角度，即把其他竞争者看作是力求满足相同顾客需求或服务于同一顾客群的公司。如从顾客需求观点看，文字处理软件是获取书写能力，这种需要可由铅笔、钢笔、计算机等予以满足，因而，铅笔制造商、钢笔制造商、电脑制造商成为文字处理软件商的竞争者。可见，从市场角度看，对竞争者的识别开阔了公司的视野，扩大了实际竞争者和潜在竞争者的范围，使企业制定出更具竞争性的营销战略。

二、判定竞争者的战略与目标

（一）判定竞争者的战略

公司最直接的竞争者是那些对相同目标市场推行相同战略的公司。战略群体指在某个特定行业中推行相同战略的一组企业。一个企业必须识别与其竞争的战略群体。

识别行业内战略群体不仅从质量形象与纵向一体化上进行，还应从技术先进水平、地区范围、制造方法等方面了解每个竞争者更详细的信息，具体包括：竞争者的研究与开发、制造与营销、财务与人力资源管理；产品质量、特色及产品组合；顾客服务、定价策略；分销、广告、人员推销等。

由于市场环境在不断地变化，因此，富有活力的竞争者将随着环境的变化而修订其战略，如通用汽车公司因适应了市场对汽车的多样化需求而超过福特汽车公司。

（二）判定竞争者的目标

企业不仅要识别竞争者的战略，还必须了解它们的目标。竞争者的最终目标是获取利润，但不同公司对于长期利润与短期利润的重视程度不同：有的公司注重长期利润，有的公司重视短期利润；有的公司重视利润最大化，有的公司只重视适度利润。

三、评估竞争者的实力与反应

1. 评估竞争者的优势与劣势

（1）收集每个竞争者的信息。

主要是收集有关竞争者最关键的数据，如销售量、市场份额、心理份额、情感份额、毛利、现金流量、设备能力等。

（2）分析评价。

根据已收集到的信息综合分析竞争者的优势与劣势，如表2-3-1所示。

表2-3-1 综合分析竞争者的优势与劣势

产品	顾客知晓度	产品质量	产品利用率	技术服务	推销人员
A	优	优	差	差	良
B	良	良	优	良	优
C	中	差	良	中	中

表2-3-1中，优劣分4个等级，即优、良、中、差，根据4个等级评估A、B、C三个竞争者的优、劣势，可见，A产品在顾客知晓度与产品质量方面是最好的，而在产品利用率与技术服务方面最差，处于劣势；B产品的顾客知晓度、产品质量及技术服务方面不如A产品，但其利用率与推销人员优于A产品；C产品则无明显的优势，产品质量差，其他方面均处于不利地位。

（3）寻找标杆。

指找出竞争者在管理和营销等方面较好的做法，以此为标准，然后加以模仿、组合和改进，并力争超过标杆者，如施乐公司实行标杆法而缩短了其成为行业领导者的时间，并成为行业的"领头羊"。

标杆法包括7个步骤：①确定标杆项目；②确定评估关键绩效的变量；③识别最优级别的公司，即寻找出标杆公司；④衡量标杆公司的绩效；⑤衡量自己公司的绩效，寻找差距；⑥制定缩小差距的计划与行动；⑦执行和监测结果。

2. 评估竞争者的反应模式

由于每个竞争者的经营哲学、企业文化、价值观念不同，他们对竞争者的反应模式也应不同，概括起来，大约有以下4种反应模式：

（1）从容型竞争者。

从容型竞争者指一个竞争者对某一特定竞争者的行动没有迅速反应或反应不强烈，其原因有多种，或者认为其顾客忠于他们，不会转移购买；或者他们实行短期收益赚取策略，而不必理睬竞争者；或者由于他们缺乏资金，对竞争者的行动没有做出迅速反应。

（2）选择型竞争者。

选择型竞争者指竞争者只对某些类型的竞争攻击做出反应，而对其他竞争攻击无动于衷。竞争者经常对削价做出反应，而对广告费的增加可能不做出任何反应，因为它相信此因素对其威胁不大，了解主要竞争者在哪方面做出反应，可以为企业提供最为可靠的攻击类型。

（3）凶狠型竞争者。

凶狠型竞争者指对所有竞争者的攻击行为做出迅速而强烈的反应，这类竞争者在警告其他企业最好停止任何攻击行为。

（4）随机型竞争者。

随机型竞争者指对竞争攻击的反应具有随机性，让人捉摸不定。许多小公司往往是随机型的竞争者。

四、企业面对行业竞争者的一般性竞争战略

制定竞争战略的本质在于把某公司与其所处的环境联系起来，而厂商环境的关键方面在于某公司的相关行业、行业结构，它们对竞争者战略的选择有强烈影响。所谓行业，是指生产彼此可密切替代的产品的厂商群。行业内部的竞争状态取决于3种基本的竞争势力，即新参加竞争的厂商、替代产品的威胁、买方的讨价还价能力、供应方的讨价还价能力以及行业现有竞争者之间的抗衡。为了在长期中形成与这5种竞争势力相抗衡的防御地位，而且能在行业中超过所有的竞争者，企业可选择以下3种互相有内在联系的一般性竞争战略，即成本领先战略、差异化战略和集中性战略。

要成功地实行以上3种一般性竞争战略，需要不同的资源和技巧，需要不同的组织安排和控制程序，需要不同的研究开发系统，因此，企业必须考虑自己的优势和劣势，根据经营能力，选择可行的战略。

同样，一般性竞争战略还需要不同的领导风格，适合各种战略的企业文化，这些因素对能否成功实施一般战略的影响也较大。

2.3.4 汽车电子产品市场细分与目标市场分析

顾客是一个庞大而复杂的群体，其消费心理、购买习惯、收入水平和所处的地理文化环境等都存在很大差别，不同消费群体对同一产品的消费需求和购买行为存在很大差异。任何一个企业，无论其产品组合多么宽广，都无法满足整体市场的全部需求。因此，企业营销管理人员在发现和选择了有吸引力的市场机会之后，还要进一步进行市场细分和目标市场的选择。市场细分、选择目标市场以及市场定位，构成了目标市场营销的全过程。企业的营销任务就是对选定的目标市场进行细分，然后结合特定的市场环境和企业的资源条件，制定适合其目标客户群体的营销策略。

一、汽车市场细分概述

（一）市场细分概念

市场细分是指根据消费需求的差异性，把某些产品或服务的整体市场划分为在需求上大体相似的若干个市场部分，形成不同的细分市场，从而有利于企业选择目标市场和制定营销策划的企业活动的总称。

如汽车市场细分是按照顾客需求爱好的差别，按消费者的需求点来区分市场，形成若干客户群体。在这若干个细小市场中，选择经营对象和目标市场，以特定的产品功能定位和形象定位来满足客户群体的消费需求。有人对汽车市场的细分如图2-3-1所示。

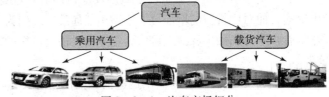

图2-3-1 汽车市场细分

如何理解市场细分的概念？

（1）市场细分不是对产品进行分类，而是对消费者的需求和欲望进行分类。

（2）每一个细分市场，都是一个由若干有相似的欲望和需求倾向的消费者构成的群体。

（3）不同细分市场在需求倾向上的差异性，既表现在产品上，也表现在市场营销组合的其他因素上。

（4）市场细分不是对市场的简单分解，而是企业从更具体的角度寻找和选择市场机会。

　　在汽车市场上，一方面，有着庞大的市场需求（2013 年全球汽车产量 8 738 万辆，中国生产 2 211.7 万辆，同比分别增长 2.7% 和 14.8%，中国汽车产量占全球汽车产量比达25.3%。预计 2016 年，中国汽车电子达到 5 000 亿，其复合增长率将达到 17%，其中，车载电子相关子行业增速将达到 30% 以上）。另一方面，消费者的需求日益趋向多样化和个性化，不同的消费者对汽车的品牌、款式、排量、价位、质量、性能、配置、颜色等，通常有不同的喜好和需求。

　　在我国，对汽车的需求呈现出极度多样化和个性化的特征。从品牌看，欧系、美系、日系、韩系，几乎世界所有国家的汽车品牌和产品，在中国都有生存空间。

　　从车型类别看，不论是身价百万的奔驰、宝马等豪华车，还是 QQ、吉利等几万元的入门车；无论是 3.0 以上的大型车，还是 1.0 以下的微型车，在中国都有市场。

　　从车型年代看，一边是越来越多的国际车型争相涌入中国，一边是 20 年前的桑塔纳、捷达、夏利依然畅销。因此，一个汽车公司不可能生产满足所有消费者需求的汽车，只能选择一部分消费者开展目标营销，这就需要对汽车市场进行细分。

（二）汽车电子产品市场细分理论依据

　　由于消费者受其所处的地理环境（路面状况）、社会环境（地位）、自身的心理（虚荣）、受教育程度等因素的影响，表现出不同的消费需求，产生差异化的购买特点。其理论依据有以下几点：

　　1. 顾客需求的异质性

　　顾客的需求是不尽相同的，只要存在着两个以上的顾客，就会出现不同的需求，针对不同类型的顾客，就需要制造出具有不同功用及车型的汽车。

　　2. 企业有限的资源和为了进行有效的市场竞争

　　汽车企业由于自身经济实力及技术的限制，不可能向市场提供能够满足一切需求的汽车或服务。为了进行有效竞争，必须进行市场细分，选择最有利可图的目标细分市场，集中资源，制定有效的竞争策略，以取得和增强竞争优势。

（三）汽车企业进行市场细分的作用

　　1. 有利于企业发掘新的市场机会

　　企业经过市场调查和市场细分后，可以掌握细分市场的需求特征、满足程度和竞争情况。可以发现某些尚未得到满足或未得到充分满足的细分市场。例如，日本铃木公司在打开美国市场时，通过细分市场，发现美国市场上缺少为 18~30 岁的年轻人设计的省油、实用的敞篷汽车，因此推出了小型轿车"铃木武士"。

　　2. 有利于企业确定自己的目标市场

　　市场细分是选择目标市场和进行市场定位的前提和基础。在没有进行市场细分的情况下，企业选择目标市场是盲目的，不认真地鉴别各个细分市场的需求特点，就不能进行有针对性的市场营销。

　　3. 有利于企业合理配置和使用资源，提高竞争能力

　　企业根据市场细分，确定目标市场特点，将有限的人力、物力、财力集中于少数的几个细分市场上，可避免分散使用力量，发挥最大的经济效益。

　　4. 有利于取得信息反馈和调整营销策略

　　企业为不同的细分市场提供不同功用及种类的汽车，制定相应的营销策略，能较易得到

市场信息，察觉顾客的反应。这有利于企业挖掘潜在需求，适时调整营销策略。

（四）汽车市场细分的标准

市场细分通常是从消费者需求的不同角度将产品市场按一定的标准进行细分。汽车市场的细分标准如下：

1. 按地理和气候因素来划分

地理因素有：地理类别（发达、欠发达）、地理区域（城市、乡村）、地形地貌（高原、平原等）、城市规模。

气候因素有：寒冷地区的汽车用户，对汽车的保暖、暖风设备更加关注，对汽车的防冻和冷起动效果、汽车的防滑安全措施都有较高的要求；炎热潮湿地区的汽车用户，对汽车的空调制冷、底盘防锈、漆面保护等有较高要求。

2. 按人口因素来划分

因消费者的性别、年龄、收入、职业等不同而对汽车产品的需求也不同。

3. 按心理因素来划分

不同的生活方式、性格和偏好等心理因素方面的差异促成了消费者不同的消费倾向。

4. 按行为因素来划分

行为因素包含消费者购买时机、购买与使用状况、利益追求、品牌忠诚度等。

（五）汽车市场细分的方法

汽车市场细分的方法包括以下几种：

1. 单因素法（又称箭线法）

单因素法指企业仅依据影响需求倾向的某一个因素或变量，对某产品的整体市场进行细分。如按用途因素对汽车市场进行细分。

2. 多因素法（也称坐标法）

多因素法指企业依据影响需求倾向的两个或两个以上因素或变量，对某产品进行综合细分。该方法适用于市场对某产品需求的差异性是由多个因素或变量综合影响所致的情况。

3. 系列因素法（也称网格法）

指企业依据影响需求倾向的多种因素或变量，对某一产品的整体市场由大到小、由粗到细地进行系统的逐级细分。该方法适用于影响需求倾向的因素或变量较多，企业需要逐层逐级辨析并寻找适宜的市场的情况。

（六）汽车市场细分的步骤

1. 选定产品的市场范围

选定产品的市场范围是根据企业的实际与企业战略目标选定企业的行业属性与产品方向。

2. 列举潜在客户的基本需求

从消费者对汽车需求的角度考虑，潜在客户的基本需求可以从两大系列来挖掘，即客户属性系列和潜在客户对汽车产品的消费利益取向来寻找。

3. 分析潜在客户的不同需求

在消费者的每一个基本需求方向上，划分其需求差异。

4. 为细分市场定名

用细分变量为细分市场定名。

5．对细分市场进行评估

市场细分的有效标志是：可测量性、可接近性、可进入性、可盈利性、稳定性。

（1）可测量性是指各细分市场的规模、购买力是可以被测量的。例如，美国"可口可乐"饮料在中国市场上的成功就是得益于对中国市场的有效细分和对中国消费者购买力的准确测量。因此，有效的市场细分应能使各分市场的需求规模及其购买力得到比较准确的测量。

（2）可接近性是指细分市场必须能够接近并提供服务。比如一家香水公司发现，用其香水的人多数是单身，这些人很晚还待在外面，社交很多，除非公司有办法知道这些人住在哪里，在哪里买东西，或者接触哪些媒体广告，否则，就很难达到产品促销的目的。

（3）可进入性是指企业有能力进入所选定的子市场。如日本本田公司在向美国消费者推销汽车时，就遵循这一原则，从而成功地进行了市场细分，选择了自己的目标市场。同"奔驰""奥迪""富豪"等高级轿车相比，本田汽车不仅价格较低，技术也较高，足以与竞争对手分粥。因此，进入美国市场后，取得了巨大成功。

（4）可盈利性是指企业进入所选定的分市场后，这一分市场的规模足以使企业有利可图，或者能够给企业带来足够的赢利。否则，市场细分就没有实际意义了。

（5）稳定性是指各细分市场的特征在一定时期内能保持相对不变，具有可持续发展的潜力，使企业占领市场后有一定的发展空间，能够制定较稳定的营销策略。

二、汽车目标市场分析

目标市场是指企业的目标顾客，也就是企业营销活动所需要满足的市场需求，是企业决定要进入的市场。企业选择的目标市场应是那些能在其中创造最大价值并能保持一段时间的细分市场。绝大多数企业在进入一个新市场时，只服务于一个细分市场，在取得成功后，才进入其他细分市场，大企业最终会选择完全覆盖市场。

（一）评估细分市场

1．细分市场的规模和发展评估

主要是对目标市场的规模与企业规模和实力相比较进行评估，以及对市场增长潜力的大小进行评估。

2．细分市场结构的吸引力评估

主要指企业在目标市场上长期获利能力大小的评估，主要取决于同行业竞争者、潜在新参加的竞争者、替代产品、购买者、供应商等。

3．企业自身的目标和资源评估

汽车企业必须考虑其对市场的投资与企业自身的目标和资源是否一致。

（二）目标市场的选择原则

1．购买力

目标市场有足够的现实或潜在购买力。

2．开发能力

企业有足够的开发能力，以应对市场变化。

3．竞争力度

竞争者的数量少，竞争力度较小。

4．资源

企业可以有效地获取各种必要的资源。

5. 销售渠道

有建立渠道和网络的现实条件。

（三）目标市场选择策略

汽车企业对目标市场进行科学评估后，就必须选择进入目标市场并提供相应的服务。目标市场选择策略有以下几种：

1. 密集单一市场策略

公司选择一个细分市场集中营销，集中企业的各种优势开展高度专业化的生产和销售。

2. 产品专业化策略

企业专注于某一类产品的生产，并将其产品推销给各类顾客。如在早期的汽车企业中，福特公司的 T 型战略"不管你想要什么颜色，我只出售黑色的汽车"一直大行其道，直到顾客有了其他选择。这种策略在现代汽车企业中用得较少。

3. 市场专业化策略

企业向某一个专业市场（某专业顾客群）提供其所需要的各种产品。企业在市场细分的基础上，根据自身的资源及实力，选择某一个细分市场作为目标市场，并为此制订市场营销计划。其优点是专业化经营，能满足特定顾客的需求；集中资源，节省费用。缺点是经营者承担的风险较大。这种策略适合资源薄弱的小企业。

以上三种策略适用于中小型汽车企业。

4. 完全市场覆盖策略

该策略是要面对整个市场，为满足各个细分市场上不同的需要，分别设计不同的产品，采取不同的市场营销方案，分别向各个细分市场提供各种不同类型的产品，并以所有细分市场为目标的营销策略。这种策略适合于我国大型汽车企业，通常大公司采用无差异性目标市场策略和差异性目标市场策略来实现完全覆盖市场。

（1）无差异性市场营销策略。

企业尽力寻找细分市场需求的共同点，不考虑细分市场的差别，只提供一种产品在整个市场上销售。如福特的 T 型车。

采取这种策略的优点有：大规模生产、降低生产和营销成本、树立统一的产品形象和企业形象。

其缺点是：忽略消费者的需求差异性，导致顾客的满意度降低，有可能丧失市场机会，并且如果多家都采用该策略，则竞争太激烈。

（2）差异性市场营销策略。

企业同时在几个细分市场经营业务，并分别针对每一个市场制定不同的营销策略，满足不同消费者的需求。汽车营销中多采用此种营销策略。

采取这种策略的优点有：能更好地满足需求，生产机动灵活。提高产品竞争力，有利于企业扩大销售，树立良好的市场形象，吸引更多的购买者。

其缺点是：投资大、成本上升，导致市场营销费用大幅度增加。因此采用此策略时，要避免对市场的过度细分。

三、汽车目标市场定位

定位的起源：定位是由广告经理艾尔·列斯（Al Ries）和杰克·特劳特（Jack Trout）提出的。他们把定位看成是对现有产品的创造性实践。

定位是以产品为出发点，如一种商品、一项服务、一家公司、一所机构，甚至一个人……但定位的对象不是产品，而是针对潜在顾客的思想。也就是说，要为产品在潜在顾客的大脑中确定一个合适的位置。

（一）市场定位概念

指企业根据竞争者现有产品在市场上所处的位置，针对顾客对该类产品某些特征或属性的重视程度，为本企业汽车塑造与众不同的，给人印象鲜明的形象，并将这种形象生动地传递给顾客，从而使该产品在市场上确定适当的位置。

1．定位的实质

使本公司汽车与其他公司汽车严格区分开来，使顾客明显感觉和认识到这种差别，从而在顾客心目中占有特殊的位置。

2．企业产品市场定位要解决的问题

顾客真正需要什么、企业把自己的产品定在目标市场的何处、目标市场上竞争者处于什么位置。

3．中国量产豪华车品牌定位分析

（1）奥迪：公务车朝商务车和私人用车市场发展，已树立豪华品牌形象。

（2）奔驰：商务车和私人用车朝公务车市场发展，但豪华、昂贵、霸气的形象不利于在公务车市场的竞争，所以要打造豪华而亲和的品牌。

（3）宝马：私人用车朝商务车和公务车发展，但张扬的个性使其竞争力减弱。

（4）丰田皇冠：20世纪60年代已出口到中国，内敛豪华的形象与政府用车的形象趋同，但排量与政府采购限制规定相抵触，国内消费者对日本的情绪，对其进入公务车市场带来一定的阻力。

（5）凯迪拉克：在国外历史悠久，别克的成功为其在华成功进入公务车市场奠定了基础，但与其他品牌相比，知名度不高，同时，品牌形象过于张扬，宣扬王者尊贵与威严，对其进入公务车市场造成一定的阻力。

（二）定位的步骤

市场定位的步骤如图2-3-2所示：

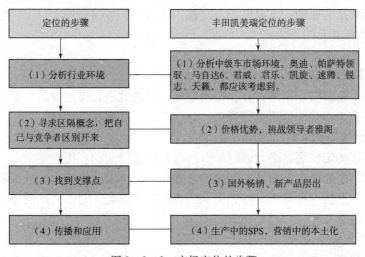

图2-3-2 市场定位的步骤

（三）汽车产品定位差异化

差异化是指设计一系列有意义的差别，以便使本公司的产品能够同竞争者的产品相区别的行动。可以从 5 个方面提供差异化，如表 2 - 3 - 2 所示：

表 2 - 3 - 2　差异化变量

差异化变量				
产品	服务	人员	渠道	形象
特色	订货方便	能力、资格	覆盖面	标志
性能	送货	谦恭	专业化	文字与视听媒体
一致性	安装	诚实	绩效	气氛
耐用性	客户培训	可靠		事件
可靠性	客户咨询	负责		
可维修性	维修	沟通		
风格	各种服务			
设计				

1. 产品差异化

汽车产品在很多情况下可以提供其他竞争者所没有的优势和特色，包括汽车产品的特色、性能质量、一致性、耐用性、可靠性等。例如，同是高档汽车，宝马车强调的是"驾驶的乐趣"，马自达强调的是"可靠"，奥迪强调的是"庄重"，而奔驰强调的是"高贵、王者、显赫、至尊"。

2. 服务差异化

在整车销售中，服务的重要性已经成为决定销售业绩的一项重要因素。它包括订货方便、客户培训、客户咨询、维修水平、服务人员素质、多种服务等。

3. 形象差异化

企业可通过树立标新立异的形象使自己不同于竞争对手。企业在进行差异化时，应注意有效的差异化应满足的原则：重要性、专有性、优越性、可感知性、可支付性、可赢利性。

4. 工作人员差异化

雇用并培训比竞争者素质更好的员工。

5. 渠道差异化

企业可以从渠道策略、渠道设计、渠道建立、渠道管理、渠道维护、渠道创新等方面进行差异化的建设，为本企业创造竞争优势。

（四）汽车市场定位策略

企业在做出市场定位后，必须通过一系列的宣传促销活动，把企业的定位观念准确地传播给潜在消费者，引起潜在消费者对产品的注意和兴趣，以此影响潜在购买者的购买行为。

市场定位实际上是一种竞争定位，确立的是本企业同竞争对手之间的竞争关系，市场定位的策略主要有以下几种：

1. 比附定位策略

就是比照名牌来给自己的产品定位，借名牌之光给自己的品牌生辉。

2. 属性定位策略

就是根据特定的产品属性来定位。如本田在广告中宣传它的低价，宝马在促销中宣传它良好的驾驶性能等。

3. 利益定价策略

就是根据产品所能满足的需求或所提供的利益、解决问题的程度来定位。

4. 市场空当定位策略

就是寻找市场无人重视或未被竞争对手控制的位置，使自己推出的产品能适应这一潜在目标市场的需要。

5. 性价比定位策略

就是结合对照质量和价格来定位。

市场定位应注意以下问题：

（1）加强市场调研，增强定位的准确性；

（2）注意市场定位的系统性；

（3）注意宣传手段的应用；

（4）避免竞争的定位。

经典实例

上海大众帕萨特的市场分析

上海大众在推出帕萨特轿车时，是综合了人口因素、心理因素和行为因素。对于公务车市场，主要采用排量标准进行市场细分，面向 B 级车市场；对于非公务车市场，则采用价格标准进行市场细分，面向 A 级车市场。由此勾勒出帕萨特轿车潜在消费者的消费背景和消费特征。

产品定位分析如下：

1. 帕萨特轿车潜在消费者的背景特征

（1）30～50 岁的男性；

（2）受过高等教育；

（3）中高级管理人员（包括公司高级白领、小企业老板等）；

（4）可能是第二辆车。

2. 帕萨特轿车潜在消费者的消费特征

（1）他们有一定的驾驶经验和爱好；

（2）有成就感和责任心。

思考与讨论题

通过调查研究，简要分析目前我国汽车电子产品市场细分情况。

情境 ③

汽车电子产品市场营销策略

情境导入

某汽车企业拟推出一款汽车智能防撞系统产品，指定由市场部小王来负责该产品的推广，小王该如何制订该产品从定价到上市再到推广等一系列计划？

学习目标

知识目标

1. 了解分销渠道的策略及分类原理。
2. 熟悉汽车电子产品策略的概念。
3. 熟悉汽车电子产品策略的分类。
4. 熟悉汽车电子产品定价策略的概念及对应的定价方法。
5. 熟悉汽车电子产品分销渠道的概念及分类方法。
6. 熟悉汽车电子产品促销策略的概念及分类方法。
7. 掌握产品策略、定价策略、产品促销策略的运用。

能力目标

1. 能制定相关产品的产品定位策略、产品定价策略、产品促销策略。
2. 能根据所掌握的知识确定产品所对应的分销渠道，并制定分销策略。
3. 能够对收集到的数据进行整合分析。

任务1　汽车电子产品策略

3.1.1　汽车电子产品市场策略

一、市场策略的概念

市场策略是企业以顾客需要为出发点，根据经验获得顾客需求量以及购买力的信息、商业界的期望值，有计划地组织各项经营活动，通过相互协调一致的产品策略、价格策略、渠道策略和促销策略，为顾客提供满意的商品和服务，从而实现企业目标的过程。

二、常用的产品市场策略

（一）功效优先策略

国人购买动机中列于首位的是求实动机。任何营销要想取得成功，首要的是要有一个功效好的产品。因此，市场营销第一位的策略是功效优先策略，即要将产品的功效视为影响营销效果的第一因素，优先考虑产品的质量及功效。

（二）价格适众策略

价格的定位，也是影响营销成败的重要因素。对于求实、求廉心理很重的中国消费者，价格高低直接影响着他们的购买行为。所谓适众，一是产品的价位要得到产品所定位的消费群体大众的认同；二是产品的价值要与同类型的众多产品的价位相当；三是确定销售价格后，所得利润率要与经营同类产品的众多经营者相当。

（三）品牌提升策略

所谓品牌提升策略，就是改善和提高影响品牌的各项要素，通过各种形式的宣传，提高品牌知名度和美誉度的策略。提升品牌，既要求量，同时更要求质。既要不断地扩大知名度，又要不断地提高美誉度。

（四）刺激源头策略

所谓刺激源头策略，就是将消费者视为营销的源头，通过营销活动，不断地刺激消费者的购买需求及欲望，实现最大限度地服务消费者的策略。

（五）现身说法策略

现身说法策略，就是用真实的人使用某种产品产生良好效果的事实作为案例，通过宣传手段向其他消费者进行传播，达到刺激消费者购买欲望的策略。通常利用现身说法策略的形式有小报、宣销活动、电视专题等。

（六）媒体组合策略

媒体组合策略就是将宣传品牌的各类广告媒体按适当的比例合理地组合使用，刺激消费者的购买欲望，树立和提升品牌形象。

（七）单一诉求策略

单一诉求策略，就是根据产品的功效特征，选准消费群体，准确地提出最能反映产品功效，又能让消费者满意的诉求点。

（八）终端包装策略

所谓终端包装，就是根据产品的性能、功效，在直接同消费者进行交易的场所进行各种形式的宣传。终端包装的主要形式：

（1）在终端张贴介绍产品或品牌的宣传画。

（2）在终端拉起宣传产品功效的横幅。

（3）在终端悬挂印有品牌标记的店面牌或门前灯箱、广告牌等。

（4）对终端营业员进行情感沟通，影响营业员，提高营业员对产品的宣传介绍推荐程度。调查显示，20%的保健品购买者要征求营业员的意见。

（九）网络组织策略

组织一支规模适度而且稳定的营销队伍，最好的办法就是建立营销网络组织。网络组织策略，就是根据营销的区域范围，建立起稳定有序的相互支持协调的各级营销组织。

（十）动态营销策略

所谓动态营销策略，就是要根据市场中各种要素的变化，不断地调整营销思路，改进营销措施，使营销活动动态地适应市场的变化。动态营销策略的核心是掌握市场中各种因素的变化，而要掌握各种因素的变化，就要进行调研。

3.1.2　汽车电子产品品牌策略

品牌策略是一系列能够产生品牌积累的企业管理与市场营销方法，包括4P与品牌识别在内的所有要素。主要有品牌化策略、品牌使用者策略、品牌名称策略、品牌战略策略、品牌再定位策略、品牌延伸策略、品牌更新策略、企业形象识别系统策略。

一、品牌化策略

品牌化策略是指企业决定是否给产品起名字、设计标志的活动。历史上，许多产品不用品牌。生产者和中间商把产品直接从桶、箱子和容器内取出来销售，无须供应商的任何辨认凭证。中世纪的行会经过努力，要求手工业者把商标标在他们的产品上，以保护他们自己并使消费者不受劣质产品的损害。在美术领域内，艺术家在他们的作品上附上标记，这就是最早的品牌标记的诞生。1909年6月，戴姆勒公司申请登记"三叉星"作为轿车的标志，象征着陆上、水上和空中的机械化，成为汽车行业最早的品牌之一。

使用品牌对企业有如下好处：有利于订单处理和对产品的跟踪，保护产品的某些独特特征被竞争者模仿，为吸引忠诚顾客提供了机会，有助于市场细分，有助于树立产品和企业的形象。

尽管品牌化是商品市场发展的大趋向，但对于单个企业而言，是否要使用品牌，还必须考虑产品的实际情况，因为在获得品牌带来的上述好处的同时，建立、维持、保护品牌也要付出巨大成本，如包装费、广告费、标签费和法律保护费等。

企业一旦决定建立新的品牌，那就不仅仅只是为产品设计一个图案或取一个名称，而必须通过各种手段来使消费者达到品牌识别的层次，否则，这个品牌的存在也是没有意义了。像德国宝马标志中间的蓝白相间图案，代表蓝天；白云和旋转不停的螺旋桨，喻示宝马公司悠久的历史，又象征公司一贯的宗旨和目标：以先进的精湛技术、最新的观念，满足顾客的最大愿望。

二、品牌使用者策略

品牌使用者策略是指企业决定使用本企业（制造商）的品牌，还是使用经销商的品牌，或两种品牌同时兼用。

一般情况下，品牌是制造商的产品标记，制造商决定产品的设计、质量、特色等。享有盛誉的制造商还将其商标租借给其他中小制造商，收取一定的特许使用费。近年来，经销商的品牌日益增多。像中国的庞大集团，于2014年作为唯一入选的汽车经销商品牌进入世界汽车品牌百强榜，排名第50位，其2013年品牌价值17亿美元，领先于长安汽车、一汽集团等。

一般来说，制造商品牌和经销商品牌之间的竞争，本质上是制造商与经销商之间实力的较量。在制造商具有良好的市场声誉、拥有较大市场份额的条件下，应多使用制造商品牌，无力经营自己品牌的经销商，只能接受制造商品牌。相反，当经销商品牌在某一市场领域中拥有良好的品牌信誉及庞大的、完善的销售体系时，利用经销商品牌也是有利的。像中国汽车经销商中有庞大汽贸、广汇汽车、利德行等企业已经成功地脱颖而出，成为行业知名品牌。

三、品牌名称策略

品牌名称策略是指企业决定所有的产品使用一个或几个品牌，还是不同产品分别使用不同的品牌。在这个问题上，大致有以下4种策略模式：

（一）个别品牌名称

即企业决定每个产品使用不同的品牌。采用个别品牌名称，为每种产品寻求不同的市场定位，有利于增加销售额和对抗竞争对手，还可以分散风险，使企业的整个声誉不致因某种产品表现不佳而受到影响。如大众公司的汽车品牌中级商务车使用了"帕萨特""迈腾"；家用系列车使用了"朗逸""速腾"；越野车使用了"途观"。

（二）对所有产品使用共同的家族品牌名称

即企业的所有产品都使用同一种品牌。对于那些享有很高声誉的著名企业，全部产品采用统一品牌名称策略，可以充分利用其名牌效应，使企业所有产品畅销。同时企业宣传介绍新产品的费用开支也相对较低，有利于新产品进入市场。如美国通用电气公司的所有产品都用GE作为品牌名称。

（三）各大类产品使用不同的家族品牌名称

企业使用这种策略，一般是为了区分不同大类的产品，一个产品大类下的产品再使用共同的家族品牌，以便在不同大类产品领域中树立各自的品牌形象。

（四）个别品牌名称与企业名称并用

即企业决定其不同类别的产品分别采取不同的品牌名称，且在品牌名称之前都加上企业的名称。企业多把此种策略用于新产品的开发。在新产品的品牌名称上加上企业名称，可以使新产品享受企业的声誉，而采用不同的品牌名称，又可使各种新产品显示出不同的特色。

四、品牌战略策略

品牌战略策略有4种，即产品线扩展策略、多品牌策略、新品牌策略、合作品牌策略。

（一）产品线扩展策略

产品线扩展策略指企业现有的产品线使用同一品牌，当增加该产品线的产品时，仍沿用原有的品牌。这种新产品往往都是现有产品的局部改进，如增加新的功能、包装、式样和风格等。通常厂家会在这些商品的包装上标明不同的规格、不同的功能特色或不同的使用者。产品线扩展的原因是多方面的，如可以充分利用过剩的生产能力；满足新的消费者的需要；率先成为产品线全满的公司，以填补市场的空隙，与竞争者推出的新产品竞争，或为了得到更多的货架位置。

1. 产品线扩展的利益

扩展产品的存活率高于新产品，而通常新产品的失败率在80%～90%；满足不同细分市场的需求；完整的产品线可以防御竞争者的袭击。

2. 产品线扩展的不利因素

它可能使品牌名称丧失它特定的意义。随着产品线的不断加长，会淡化品牌原有的个性和形象，增加消费者认识和选择的难度；有时因为原来的品牌过于强大，致使产品线扩展造成混乱，加上销售数量不足，难以冲抵它们的开发和促销成本；如果消费者未能在心目中区别出各种产品，会造成同一种产品线中新老产品自相残杀的局面。

（二）多品牌策略

在相同产品类别中引进多个品牌的策略称为多品牌策略。一个企业建立品牌组合，实施多品牌战略，往往也是基于同样的考虑，并且这种品牌组合的各个品牌形象相互之间是既有差别，又有联系的，不是大杂烩，组合的概念蕴含着整体大于个别的意义。

1. 多品牌策略的优点

有助于企业培植、覆盖市场，降低营销成本，限制竞争对手并有力地回应零售商的挑战。

2. 多品牌策略的局限性

多品牌策略虽然有着很多优越性，但同时也存在诸多局限性。

（1）随着新品牌的引入，其净市场贡献率将呈一种边际递减的趋势。经济学中的边际效用理论告诉我们，随着消费者对一种商品消费的增加，该商品的边际效用呈递减的趋势。同样，对于一个企业来说，随着品牌的增加，新品牌对企业的边际市场贡献率也将呈递减的趋势。这一方面是由于企业的内部资源有限，支持一个新的品牌有时需要缩减原有品牌的预算费用；另一方面，企业在市场上创立新品牌，会由于竞争者的反抗而达不到理想的效果，他们会针对企业的新品牌推出类似的竞争品牌，或加大对现有品牌的营销力度。此外，随着企业在同一产品线上品牌的增多，各品牌之间不可避免地会侵蚀对方的市场。在总市场难以骤然扩张时，很难想象新品牌所吸引的消费者全部都是竞争对手的顾客，或是从未使用过该产品的人，特别是当产品差异化较小，或是同一产品线上不同品牌定位差别不甚显著时，这种品牌间相互蚕食的现象尤为明显。

（2）品牌推广成本较大。企业实施多品牌策略，就意味着不能将有限的资源分配给获利能力强的少数品牌，各个品牌都需要一个长期、巨额的宣传预算。对有些企业来说，这是可望而不可即的。

（三）新品牌策略

为新产品设计新品牌的策略称为新品牌策略。当企业在新产品类别中推出一个产品时，它可能发现原有的品牌名称不适合于它，或是对新产品来说有更好、更合适的品牌名称，企业需要设计新品牌。例如，长城汽车以生产皮卡车著名，当它决定开发越野车时，为了更好地推广越野车系列，于是采用了新的品牌"哈弗"。

（四）合作品牌策略

合作品牌（也称为双重品牌）是两个或更多的品牌在一个产品上联合起来。每个品牌都期望另一个品牌能强化整体的形象或购买意愿。

合作品牌的形式有多种：一种是中间产品合作品牌，如富豪汽车公司的广告说，它使用米其林轮胎。另一种形式是同一企业合作品牌，如广汽集团的一款车型使用的是"广汽传祺"，传祺也是公司注册的一个商标。还有一种形式是合资合作品牌，如日产的汽车使用的是"日产"和"东风"联合品牌。

五、品牌再定位策略

品牌再定位策略是指一种品牌在市场上最初的定位也许是适宜的、成功的，但是到后来企业可能不得不对之重新定位。原因是多方面的，如竞争者可能继企业品牌之后推出他的品牌，并削减企业的市场份额；顾客偏好也会转移，使其对企业品牌的需求减少；或者公司决定进入新的细分市场。

在作出品牌再定位策略时，首先应考虑将品牌转移到另一个细分市场所需要的成本，包括产品品质改变费、包装费和广告费。一般来说，再定位的跨度越大，所需成本越高。其次，要考虑品牌定位于新位置后可能产生的收益。收益大小是由以下因素决定的：某一目标市场的消费者人数、消费者的平均购买率、在同一细分市场竞争者的数量和实力，以及在该细分市场中为品牌再定位要付出的代价。

六、品牌延伸策略

品牌延伸策略是将现有成功的品牌，用于新产品或修正过的产品上的一种策略。

品牌延伸，是指一个现有的品牌名称使用到一个新类别的产品上。品牌延伸并非只借用表面上的品牌名称，而是对整个品牌资产的策略性使用。随着全球经济一体化进程的加速，市场竞争愈加激烈，厂商之间的同类产品在性能、质量、价格等方面强调差异化变得越来越困难。品牌延伸是实现品牌无形资产转移、发展的有效途径。品牌作为无形资产，是企业的战略性资源，如何充分发挥企业的品牌资源潜能，并延续其生命周期，便成为企业的一项重大战略决策。品牌延伸一方面在新产品上实现了品牌资产的转移，另一方面又以新产品形象延续了品牌寿命，因而成为企业的现实选择。

七、品牌更新策略

(一) 品牌更新的意义

品牌更新是指随着企业经营环境的变化和消费者需求的变化，品牌的内涵和表现形式也要不断变化发展，以适应社会经济发展的需要。品牌更新是社会经济发展的必然。只要社会经济环境在发展变化，人们的需求特征就在趋向多样化，社会时尚在变，就不会存在一劳永逸的品牌，只有不断设计出符合时代需求的品牌，品牌才有生命力。品牌创新是品牌自我发展的必然要求，是克服品牌老化的唯一途径。由于内部和外部原因，企业品牌在市场竞争中的知名度、美誉度下降，以及销量、市场占有率降低等品牌失落的现象，称为品牌老化。现代社会，技术进步越来越快，一些行业内，产品生命周期也越来越短，同时社会消费意识、消费观念的变化也逐渐加快，这都会影响到产品的市场寿命。如英雄牌打字机，曾以电子式英文打字机盛销一时，但后来随个人电脑技术及多任务系统的推出，机械式及电子式英文打字机由于缺乏通信端口而被市场淘汰，该品牌也就因此被 IBM 等电脑公司的品牌所取代。

(二) 品牌更新策略

1. 形象更新

形象更新，顾名思义，就是品牌不断创新形象，适应消费者心理的变化，从而在消费者心目中形成新的印象的过程。有以下几种情况：

（1）消费观念的变化导致企业积极调整品牌战略，塑造新形象。如随着人们环保意识的增强，消费者已开始把无公害消费作为选择商品、选择不同品牌的标准，企业这时就可采用避实击虚的方法，重新塑造产品形象，采用迎头而上的策略，更新品牌形象为环保形象。如美国特斯拉公司推出的电动汽车，其以环保、高性能等特点成为汽车市场上的一匹黑马。

（2）档次调整。企业要开发新市场，就需要为新市场而塑造新形象，如日本小汽车在美国市场的形象，就经历了由小巧、省油、低耗能、价廉的形象到高科技概念车形象的转变，给品牌的成长注入了新的生命力。

2. 定位的修正

从企业的角度看，不存在一劳永逸的品牌；从时代发展的角度看，要求品牌的内涵和形式不断变化。品牌从某种意义上就是从商业、经济和社会文化的角度对这种变化的认识和把握。所以，企业在建立品牌之后，会因竞争形势而修正自己的目标市场，有时也会因时代特征、社会文化的变化而进行修正定位。

（1）竞争环境使得企业避实就虚，扬长避短，修正定位。美国著名非可乐饮料——"七喜"饮料，在进入软饮料市场后，经研究发现，可乐饮料总是和保守型的人结合在一起，而那些思想新潮者总是渴望能够找到象征自己狂放不羁思想的标志物。于是该饮料即开始以新形象、新包装上市，并专门鼓励思想新潮者组织各种活动。避实就虚的战略使得七喜获得了成功。这是在面对两大可乐公司的紧逼下寻找到的市场空隙，品牌的新市场定位给他们带来了生机。

（2）时代变化而引起修正定位。例如英国创立于 1908 年的李库柏（LEE COOPER）牛仔裤是世界上著名的服装品牌之一，也是欧洲领先的牛仔裤生产商，近百年来，他的品牌形象在不断地变化：40 年代——自由无拘束；50 年代——叛逆；60 年代——轻松时髦；70 年代——豪放粗犷；80 年代——新浪潮下的标新立异；90 年代——返璞归真。

3. 产品更新换代

在现代社会，科学技术是第一生产力、第一竞争要素，也是品牌竞争的实力基础。企业的品牌想要在竞争中立于不败之地，就必须保持技术创新，不断地进行产品的更新换代。在我国汽车品牌中，比如大众旗下的"帕萨特"已推出多代新产品，其技术水平呈升高趋势，这也是为什么众多消费者偏爱该品牌的缘故。

4. 管理创新

管理创新是企业生存与发展的灵魂。企业与品牌是紧密结合在一起的，企业的兴盛发展必将推动品牌的成长与成熟。品牌的维系，从根本上说是企业管理的一项重要内容。管理创新是指从企业生存的核心内容来指导品牌的维系与培养，它含有多项内容，诸如与品牌有关的观念创新、技术创新、制度创新、管理过程创新等。

当企业在制定品牌重新定位策略时，要全面考虑两方面的因素：一是要全面考虑把自己的品牌从一个市场部分转移到另一个市场部分的成本费用。一般来讲，重新定位距离越远，其成本费用就越高；另一方面，还要考虑把自己的品牌定在新的位置上能获得多少收入。像国内著名的自主品牌比亚迪在与奔驰公司合作开发新能源汽车技术的过程中推出了比亚迪"秦"这一全新的品牌，其价格和定位也远远高于比亚迪原有的产品，依靠领先的技术和先进的新能源概念成功地实现了其品牌的重新定位。

八、企业形象识别系统策略

这是指将企业经营理念与精神文化，运用整体传播系统（特别是视觉传播设计），传播给企业周围的关系或团体（包括企业内部与社会大众），并使其对企业产生一致的认同与价值观。它由3个方面的因素构成：经营理念识别、经营活动识别、整体视觉识别。

经典实例

丰田的市场分析

丰田作为日本汽车企业的典型代表，在行业内创造了一个又一个奇迹。思考丰田成功之道，其品牌体系的系统规划、动态管理起到了至关重要的作用。丰田汽车拥有数十个产品品牌，有着庞大的品牌体系，但深入分析，可以发现其品牌体系更具层级分明、定位明确、条理清楚、系统整合的特点。

一、层级分明的品牌构架

丰田汽车可以划分为4个层级，最高层级为企业品牌，也就是丰田汽车；第二层级为业务伞（母）品牌，包括丰田、雷克萨斯、Scion、Daihatsu、Hino等5个伞品牌（不包括Subaru等联营品牌）；第三层级为产品品牌，如Toyota伞品牌下包括凯美瑞、卡罗拉、克罗娜、皇冠等数十个产品子品牌；第四层级为产品标识，如同样为Corolla，又具体细分为运动款、标准款、天窗版、LE版等多种型号，以示不同产品的区别。

二、清晰明确的伞品牌定位

丰田汽车之所以涵盖了5个伞品牌，核心的原因在于不同品牌的核心价值有明显的区别。5个伞品牌中，大发（Daihatsu）和日野（Hino）是丰田兼并重组后在业务上独立运营的品牌，雷克萨斯（Lexus）和Scion（赛昂）则是丰田汽车自发衍生出来的独立伞品牌。这些伞品牌在消费者感知层面，都表现为相互独立区分的特点。不同品牌的核心价值诉求不同，针对的目标消费群体不同，各品牌背后的产品设计理念和风格特点就不同。丰田汽车涵盖了5个伞品牌，每个品牌针对的目标消费群体不同，各品牌背后的产品设计理念和风格特点不同。例如丰田核心价值诉求"可靠耐用、追求品质和技术"；而高端品牌雷克萨斯，则主打"豪华、舒适、品位"的高端情怀，值得一提的是，雷克萨斯在终端4S店建设上，也与丰田其他品牌渠道完全隔离，以突出其高端精致的品牌形象；作为丰田集团2002年推出的赛昂，则是顺应时代潮流，响应青年人对车的需求，其品牌定位在"时尚、多功能、惊奇"；被兼并的"大发"则继续其原有品牌定位，坚持"低成本、可靠质量"的核心价值；而日野作为商用车品牌，其针对的目标市场主要集中在组织客户上，其品牌诉求则集中在"安全、可靠"上。通过丰田汽车的5个伞品牌，我们可以较快地知道我们需要的是什么，若是有孩子的家庭则，会关注日野；若是追求奢华的人，则会关注雷克萨斯；若是收入不太高的家庭，则会关注"大发"。

三、产品品牌价格纵向延伸不宜过长，谨防相互冲突

丰田汽车伞品牌下产品品牌名目繁多，多达三十几个子品牌，覆盖了乘用车和商用车两大领域，乘用车从轿车延伸到了跑车、SUV、MPV，商用车旗下包括中小型客车、皮卡和卡车。同时，我们看到丰田旗下这些品牌规划有序，虽然在同一产品类别市场中，不同产品品

牌之间通过价格进行区分，并没有形成相互之间的激烈冲突和恶性竞争。以丰田汽车在美国市场的分布为例，轿车系列中进入美国市场的有 Echo、花冠、佳美、亚洲龙系列，每款车之间的价格 3 000～5 000 美元，产品价格越高，相互之间差距越大。任何一个产品品牌不可能只开发某一个产品，同时可能要满足用户对不同配置的需求，如基本配置版、舒适版、天窗版、豪华版等，但任何一个产品品牌由于本身品牌价格区间的需要，同时为了防止与兄弟品牌的恶性竞争，每个产品品牌价位上下延伸不宜过大。根据丰田汽车产品品牌的分布规律，可以发现：同类（产品类似、目标用户类似）产品品牌价位延伸上下不宜超过其中间价位的 20%。

总之，丰田汽车在整个品牌体系中，都有一套明确的规则和要求，使得整个品牌体系层级分明、条理清楚。

思考与讨论题

1. 丰田汽车的品牌构架分为几个层级？
2. 丰田汽车品牌各层级品牌的产品定位是什么？
3. 丰田汽车打造的高端品牌雷克萨斯其产品定位是什么？其品牌诉求是什么？

任务 2　汽车电子产品定价策略

许多人认为定价与营销毫无关系。确实，定价的许多步骤，如复杂计算、预测、风险预算等看起来似乎与营销关系不大，但是最后价格对营销来说是至关重要的。产品定价决定了客户及潜在的客户会如何评价产品。

假设你花 250 元买了一双鞋，鞋底不到一天就裂开了，顾客肯定会直接到商店要求退货。但是如果只花了 25 元，则可能只是无所谓地想想："看，便宜没好货。"认为 250 元的鞋理所应当有不可挑剔的质量，而 25 元的鞋不可能穿得久。同样的道理，如果产品或服务定价高于竞争对手，客户就会认定其质量更好。如果定价低，客户就只会期望与价钱相当的质量。事实上，产品定价是最重要的营销信息。

3.2.1　汽车电子产品价格构成

商品价格的形成要素及其组合，也称价格组成。反映商品在生产和流通过程中物质耗费的补偿以及新创造价值的分配，一般包括生产成本、流通费用、税金和利润 4 个部分。

生产成本和流通费用构成商品生产和销售中所耗费用的总和，即成本。这是商品价格的最低界限，是商品生产经营活动得以正常进行的必要条件。生产成本是商品价格的主要组成部分。构成商品价格的生产成本，不是个别企业的成本，而是行业（部门）的平均成本，即社会成本。流通费用包括生产单位支出的销售费用和商业部门支出的商业费用。商品价格中的流通费用是以商品在正常经营条件下的平均费用为标准计算的。

税金和利润是构成商品价格中盈利的两个部分。按照税金是否计入商品价格，可以分为价内税和价外税。利润是商品价格减去生产成本、流通费用和税金后的余额。按照商品生产经营的流通环节，可以分为生产利润和商业利润。

不同类型的价格，其构成的要素及其组合状态也不完全相同。例如，工业品出厂价格是由产品的生产成本加利润、税金构成；工业品零售价格由工业品批发价格加零售企业的流通费用、利润、销售税金构成。这两种价格的各个要素所占的比重也略有不同，如工业品出厂价格中利润所占的比重一般要高于工业品零售价格中的利润比重。

3.2.2　影响价格的主要因素

一、成本因素

成本是营销价格的最低界限，对企业营销价格有很大的影响。产品成本是由产品在生产过程和流通过程中耗费的物质资料和支付的劳动报酬所形成的。其一般由固定成本和变动成本两部分组成。固定成本费用并不随产量的变化而等比例发生变化，企业取得盈利的初始点只能在价格补偿平均变动成本费用之后的累积余额等于全部固定成本费用之时。显然，产品成本是企业核算盈亏的临界点，产品销售大于产品成本时，企业就有可能盈利，反之，则亏本。如石油、钢材等原材料价格的上涨往往能带动其他商品价格纷纷上扬。

二、供求关系

供求关系是影响企业产品价格的一个基本要素。一般而言，当商品供小于求时，企业产品营销价格可能会高一些，反之，则可能低一些；在供求基本一致时，企业市场营销中商品的售价，多半都为买卖双方能够接受的"均衡价格"。此外，在供求关系中，企业产品营销价格还受到供求弹性的影响。一般来说，需求价格弹性较大的商品，其营销价格相对较低，而需求价格弹性较小的商品，其营销价格相对较高。

三、竞争因素

竞争是影响企业产品定价的重要因素之一，在实际营销过程中，以竞争对手为主的定价方法主要有3种：一是低于竞争对手的价格；二是与竞争对手同价；三是高于竞争对手的价格。到底采取什么样的竞争价格，这主要看企业在网络营销市场中，与其他竞争对手相比处于一种什么样的相对地位。

在企业市场营销实例中，除上面3个主要因素外，市场营销的其他组合因素，如产品、分销渠道、促销手段、消费者心理因素、企业本身的规模、财务状况和国家政策等，都会对企业的营销价格产生不同程度的影响。

3.2.3　汽车电子产品定价的方法

定价方法是企业为实现其定价目标所采取的具体方法，可以归纳为成本导向、需求导向和竞争导向3类。

一、成本导向定价法

以营销产品的成本为主要依据制定价格的方法统称为成本导向定价法，这是最简单、应用相当广泛的一种定价方法。

（一）总成本定价法

可分为成本加成和目标利润两种定价法。

1. 成本加成定价法

即按产品单位成本加上一定比例的毛利定出销售价。

其计算公式为：

$$P = c \times (1 + r)$$

其中，P 为商品的单价；c 为商品的单位总成本；r 为商品的加成率。

2. 目标利润定价法

这是根据企业总成本和预期销售量，确定一个目标利润率，并以此作为定价的标准。

其计算公式为：

$$单位商品价格 = 总成本 \times (1 + 目标利润率) / 预计销量$$

（二）边际成本定价法

这种定价方法是使产品的价格与其边际成本相等，即 $P = Mc$。根据经济学原理，当某一产品的价格与其边际成本相等时，此时将实现帕雷托最佳配置。

由于当边际收入等于边际成本时，企业获利最大，此时的销售量最佳，相应地，此时的产品价格也最优。此方法要求对企业的销售模型和产品成本模型预先加以确定，然后根据两者间的关系推算价格水平，因其分析的起点是使企业的利润最大，所以是一种适合于企业长期采用的中长期价格制定方法。

（三）盈亏平衡定价

考虑到销售额变化后，成本也在发生变化，这种方法是运用损益平衡原理实行的一种保本定价法。

其计算公式为：

$$盈亏平衡点销售量 = 固定成本 / (单价 - 单位变动成本)$$

$$盈亏平衡点销售额 = 固定成本 / (1 - 单位变动成本率)$$

二、需求导向定价法

需求导向定价法是指根据市场需求状况和消费者对产品的感觉差异来确定价格的定价方法。

它包括以下 3 种：

（一）认知导向定价法

这是根据消费者对企业提供的产品价值的主观评判来制定价格的一种定价方法。

（二）逆向定价法

这是指依据消费者能够接受的最终销售价格，考虑中间商的成本及正常利润后，逆向推算出中间商的批发价和生产企业的出厂价。

其计算公式为：

$$出厂价格 = 市场可零售价格 \times (1 - 批零差率) \times (1 - 进销差率)$$

（三）习惯定价法

这是按照市场长期以来形成的习惯价格定价。

三、竞争导向定价法

竞争导向定价法，竞争导向定价法是企业通过研究竞争对手的生产条件、服务状况、价格水平等因素，依据自身的竞争实力，参考成本和供求状况来确定商品价格。

竞争导向定价主要包括以下 3 种：

（一）随行就市定价法

在垄断竞争和完全竞争的市场结构条件下，任何一家企业都无法凭借自己的实力在市场上取得绝对的优势，为了避免竞争，特别是价格竞争带来的损失，大多数企业都采用随行就市定价法，即将本企业某产品的价格保持在市场平均价格水平上，利用这样的价格来获得平均报酬。此外，采用随行就市定价法，企业就不必去全面了解消费者对不同价差的反应，也不会引起价格波动。

（二）产品差别定价法

产品差别定价法是指企业通过不同营销努力，使同种同质的产品在消费者心目中树立起不同的产品形象，进而根据自身特点，选取低于或高于竞争者的价格作为本企业产品的价格。因此，产品差别定价法是一种进攻性的定价方法。

（三）密封投标定价法

在国内外，许多大宗商品、原材料、成套设备和建筑工程项目的买卖和承包以及出售小型企业等，往往采用发包人招标、承包人投标的方式来选择承包者，确定最终承包价格。一般来说，招标方只有一个，处于相对垄断地位，而投标方有多个，处于相互竞争地位。标的物的价格由参与投标的各个企业在相互独立的条件下来确定。在买方招标的所有投标者中，报价最低的投标者通常中标，它的报价就是承包价格。这样一种竞争性的定价方法就称密封投标定价法。

3.2.4　汽车电子产品定价的策略

企业定价策略是指企业在充分考虑影响企业定价的内外部因素的基础上，为达到企业预定的定价目标而采取的价格策略。制定科学合理的定价策略，不但要求企业对成本进行核算、分析、控制和预测，而且要求企业根据市场结构、市场供求、消费者心理及竞争状况等因素作出判断与选择，价格策略选择得是否恰当，是影响企业定价目标的重要因素。

一、竞争性行业的企业定价策略选择

商品和服务的价格形式不仅受价值、成本和市场供求关系的影响，还受市场竞争程度和市场结构的制约。在完全竞争或垄断竞争的市场结构下，市场中有较多的生产经营者，多数企业无法控制市场价格，市场上同质商品的可选择性强，市场信息充分，市场经营者对市场信息的反应灵敏，为抢占市场份额，企业纷纷采用多角度应对策略，展开价格大战。

（一）根据产品的市场生命周期制定价格策略

产品市场生命周期可分为介绍期、成长期、成熟期和衰退期。

1. 介绍期

新产品初涉市场，在技术性能上较老产品有明显优势，但在企业投入上却存在批量小、成本大、宣传费高等劣势，该类企业定价决策时要考虑企业自身的竞争实力和新产品科技含量，若新产品具有高品质且不易模仿的特点，则可选择撇脂定价策略，即高价策略，产品打入市场，迅速收回投资成本；若新产品的需求弹性较大，采用低价可大大增加销售量，则可选择低价薄利多销的价格策略，产品打入市场，迅速占领市场份额，以扩大销售量，达到增加利润总额的目的。

2. 成长期

产品销量增加，市场竞争加剧，产品的性价比仍然保持优势，企业可根据自身的规模和市场的知名程度选择定价策略，规模大的知名企业，可选择略有提高的价格策略，继续获取高额利润，而规模较小的企业，则要考虑由于市场进入带来的价格竞争风险，应以实现预期利润为目标，选择目标价格策略。

3. 成熟期

市场需求趋于饱和，市场竞争趋于白热化状态，企业面临的是价格战的威胁，该阶段应选择竞争价格策略，即采用降价的方法达到抑制竞争、保持销量的目的。

4. 衰退期

产品面临被品质更优、性能更先进的新型产品取代的危险，因而企业选择定价策略的指导思想是尽快销售，避免积压，可选择小幅逐渐降价、平稳过渡的价格策略，同时辅之以非价格手段，如馈赠、奖励等促销方式，最大限度地保护企业利润；若产品技术更新程度高，则选择一次性大幅降价的策略，迅速退出市场，但在运用降价策略时，要注意是否有损于知名品牌的企业形象。

（二）选择定价策略的前提准备

企业在选择定价策略时，应具备必要的前提基础，采用撇脂定价策略企业，必须具备较高的技术能力和先进的技术水平，产品的质量应达到国内较高水平，并得到目标顾客的认同，该类企业多属于资金、技术密集型企业或知名企业，属知名品牌的产品，其服务的顾客属中、高收入阶层，主要是满足消费者的高品质生活及追逐名牌的心理需要。采用竞争价格策略的企业，特别是发动价格战的企业，要有一定的生产规模，一般认为，生产能力达到整个市场容量的10%是一个临界点，达到这一顶点后，企业的大幅降价行为就会对整个市场产生震撼性的影响，这一点也是企业形成规模经济的起点；企业运用竞争价格策略时，把握最佳的价格时机是至关重要的因素，如果行业内价格战在所难免，一般应率先下手，首发者用较少的降价所取得的效果，跟进者需花较多降价才能取得，但降价的幅度应与商品的需求弹性相适应，需求弹性大的商品，降价的幅度可大些，降价的损失可通过增加销量弥补，而需求弹性较小的商品，降价的幅度要小些，避免企业产品的总利润减少过多；对于规模小、市场份额少、劳动密集型的企业，在有效竞争的市场结构下，通常采取跟进价格策略，主要通过挖掘自身潜力，降低成本，达到增加效益的目的。

二、垄断性行业的企业定价策略选择

垄断性行业分为完全垄断市场结构和寡头垄断市场结构。

（一）完全垄断市场

这里指行业中只有唯一的一个企业的市场组织，该企业生产和销售的商品没有任何相近的替代品，其他任何企业进入该行业都极为困难或不可能，其市场排除了任何竞争因素，垄断企业可以控制和操纵市场价格，其垄断的原因主要是政府垄断和自然垄断，如铁路运输、天然气、供水、供电、供热等部门。完全垄断企业价格策略的基本原则是边际成本等于边际收益，通过调整产量和价格达到企业利润最大化目标。垄断企业虽掌握市场价格的垄断权，但要制定科学合理的产品价格，还需考虑市场的需求，分析边际收益、产品价格与需求价格弹性系数之间的关系，当需求富有弹性时，企业定价水平略低，当需求缺乏弹性时，企业选择高价策略。

（二）寡头垄断市场

这里指行业中企业为数甚少，而且企业之间存在相互依存、相互竞争关系的市场，该市场中只有少数几家企业生产经营，如汽车制造业、电信业，它们中的每一家企业对整个市场的价格和产量都有控制能力，任何一家企业都必须根据市场中其他企业的价格策略来形成自己的决策，如今年我国汽车市场各企业相互影响，纷纷降价，但企业在选择定价策略的时候，必须考虑到自己的价格决策对竞争对手的连锁反应，价格战往往会造成两败俱伤的结果，因而该类企业的产品价格在经过相互作用达到均衡后，应在一段期间内保持相对稳定，而从产品的性能、质量、宣传、服务等方面展开非价格竞争。

垄断虽不利于市场机制的形成，但从规模经济角度分析，独家经营的生产效益一定优于多家经营，因而，在某些产品的生产中，垄断经营是必选方式。在定价决策中，考虑不同层次消费者的消费需求及承受能力，垄断企业可选择差别定价策略，针对不同的消费群体、不同的消费形式及消费量，提供不同的产品服务，并采用不同的价格策略，如天然气、水、电、采暖等产品的价格，应区别居民、商用、政府部门等不同的消费对象，采用差别价格。

三、新产品的定价策略

新产品与其他产品相比，可能具有竞争程度低、技术领先的优点，但同时也会有不被消费者认同和产品成本高的缺点，因此在为新产品定价时，既要考虑能尽快收回投资、获得利润，又要有利于消费者接受新产品。实际生活中，常见的定价策略有以下 3 种：

（一）撇脂定价

这种策略也称高价策略，指企业以大大高于成本的价格将新产品投入市场，以便在短期内获取高额利润，尽快收回投资，然后再逐渐降低价格的策略。索尼公司的电器产品在投入市场之初，大都采用了该策略。我们生活中的许多电子产品、高科技产品，也都曾采取过此做法。一般来讲，撇脂定价策略适合于市场需求量大且需求价格弹性小，顾客愿意为获得产品价值而支付高价的细分市场，或企业是某一新产品的唯一供应者时，采用撇脂定价可使企业利润最大化。但高价会吸引竞争者纷纷加入，一旦有竞争者加入时，企业就应迅速降价。

（二）渗透定价

渗透定价与撇脂定价恰好相反，是在新产品投放市场时，将价格定得较低，以吸引大量消费者，提高市场占有率。采取渗透定价策略不仅有利于迅速打开产品销路，抢先占领市场，提高企业和品牌的声誉；而且由于价低利薄，从而有利于阻止竞争对手的加入，保持企业一定的市场优势。通常渗透定价适合于产品需求价格弹性较大的市场，低价可以使销售量迅速增加；同时，要求企业生产经营的规模经济效益明显，成本能随着产量和销量的扩大而明显降低，从而通过薄利多销获取利润。

（三）试销价格

试销价格是指企业在某一限定的时间内把新产品的价格维持在较低的水平，以赢得消费者对该产品的认可和接受，降低消费者的购买风险。如微软公司的 Access 数据库程序在最初的短期促销价为 99 美元，而建议零售价则为 495 美元。试销价格有利于鼓励消费者试用新产品，企业希望消费者通过试用而成为企业的忠实顾客，并建立起企业良好的口碑。该策略也经常被服务性企业所采用，如开业之初的特惠价等，但只有企业的产品或服务确实能使消费者感到获得了很大的利益时，此种策略才能收到预期的效果。

四、产品组合的定价策略

产品组合定价指企业为了实现整个产品组合（或整体）利润最大化，在充分考虑不同产品之间的关系，以及个别产品定价高低对企业总利润的影响等因素的基础上，系统地调整产品组合中相关产品的价格。主要的策略有以下几种：

（一）产品线定价策略

指企业为追求整体收益的最大化，为同一产品线中不同的产品确立不同的角色，制定高低不等的价格。有的产品充当招徕品，定价很低，以吸引顾客购买产品线中的其他产品；而定价高的则为企业的获利产品。产品线定价策略的关键在于合理确定价格差距。

（二）互补品定价策略

有些产品需要互相配合在一起使用，才能发挥出某种使用价值。如相机与胶卷、隐形眼镜与消毒液、饮水机与桶装水等。企业经常为主要产品（价值量高的产品）制定较低的价格，而为附属产品（价值量较低的）制定较高的价格，这样有利于整体销量的增加，增加企业利润。

（三）成套优惠定价策略

对于成套设备、服务性产品等，为鼓励顾客成套购买，以扩大企业销售，加快资金周转，可以使成套购买的价格低于单独购买其中每一产品的费用总和。

（四）心理定价策略

心理定价是根据消费者不同的消费心理而灵活定价，以引导和刺激购买的价格策略。主要有以下几种：

1. 声望定价

声望定价指对一些名牌产品，企业往往可以利用消费者仰慕名牌的心理而制定大大高于其他同类产品的价格。如国际著名跑车品牌保时捷、法拉利等，其售价从上百万元到上千万元不等。消费者在购买这些名牌产品时，特别关注其品牌标价所体现出的炫耀价值，目的是通过消费获得极大的心理满足。

2. 尾数定价

对于日常用品，一般来说，消费者乐于接受带有零头的价格，这种尾数价格往往能使消费者产生一种似乎便宜，且定价精确的感觉。

3. 整数定价

由于消费者常常根据价格来辨别产品的质量，对价格较高的产品，如耐用品、礼品或服装等消费者不太容易把握质量的产品，实行整数定价，反而会抬高产品的身价，从而达到扩大销售的目的。

4. 习惯性定价

有些商品如牛奶，消费者在长期的消费中，已在头脑中形成了一个参考价格水准，个别企业难于改变。如果企业定价低于该水准，易引起消费者对品质的怀疑；高于该水准，则可能受到消费者的抵制。企业在定价时常常要迎合消费者的这种习惯心理。

5. 招徕定价

零售商常利用消费者贪图便宜的心理，特意将某几种产品的价格定得较低，以招徕顾客，或者利用节假日和换季时机举行大甩卖、限时抢购等活动，把部分商品打折出售，目的是吸引顾客，促进全部产品的销售。

（五）折扣定价策略

企业为了鼓励顾客及早付清货款，或鼓励大量购买，或为了增加淡季销售量，还常常需酌情给顾客一定的优惠，这种价格的调整叫做价格折扣和折让。

1. 现金折扣

这是指企业对现金交易的顾客或对及早付清货款的顾客给予一定的价格折扣。在许多情况下，采用此定价法可以加速资金周转，减少收账费用和坏账。

2. 数量折扣

这是企业给那些大量购买某种产品的顾客的一种折扣，以鼓励顾客购买更多的货物。大量购买能使企业降低生产、销售等环节的成本费用。

3. 功能折扣

也叫贸易折扣，这是制造商给予中间商的一种额外折扣，使中间商可以获得低于目录价格的价格。

4. 季节折扣。这是企业鼓励顾客淡季购买的一种减让，以使企业的生产和销售一年四季都能保持相对稳定。

5. 推广津贴

这是指为扩大产品销路，生产企业向中间商提供促销津贴。如零售商为企业产品刊登广告或设立橱窗，生产企业除负担部分广告费外，还在产品价格上给予一定优惠。

（六）地区定价策略

通常一个企业的产品不仅在本地销售，同时还要销往其他地区，而产品从产地运到销地要花费一定的运输、仓储等费用，那么，应如何合理地分摊这些费、用不同地区的价格应如何制定，就是地区定价策略所要解决的问题。具体有5种方法：

1. 产地定价

以产地价格或出厂价格为交货价格，运杂费和运输风险全部由买方承担。这种做法适用于销路好、市场紧俏的商品，但不利于吸引路途较远的顾客。

2. 统一交货定价

统一交货定价也称邮票定价法，企业对不同地区的顾客实行统一的价格，即按出厂价加平均运费制定统一交货价。这种方法简便易行，但实际上是由近处的顾客承担了部分远方顾客的运费，对近处的顾客不利，比较受远方顾客的欢迎。

3. 分区定价

企业把销售市场划分为远近不同的区域，各区域因运距差异而实行不同的价格，同区域内实行统一价格。分区定价类似于邮政包裹、长途电话的收费，对企业来讲，可以较为简便地协调不同地理位置用户的运费负担问题，但对处于分界线两侧的顾客而言，还存在一定的矛盾。

4. 基点定价

企业在产品销售的地理范围内选择某些城市作为定价基点，然后按照出厂价加上基点城市到顾客所在地的运费来定价。在这种情况下，运杂费用等是以各基点城市为界由买卖双方分担的。该策略适用于体积大、运费占成本比重较高、销售范围广、需求弹性小的产品。

5. 津贴运费定价

指由企业承担部分或全部运输费用的定价策略。当市场竞争激烈，或企业急于打开新的市场时，常采取这种做法。

（七）定价策略的综合分析

1. 广义价格的定价策略选择

商品价格有广义、狭义之分。狭义的商品价格指商品交易完成时一次付清的货币额，广义的商品价格还包括商品交易时的特殊条件，如价格优惠、分期付款、售后服务等促销措施，消费者获得优惠条件的可能性是商品价格水平的反映。市场上多数商品的需求具有分散性，目标顾客群的消费理念及消费心理呈多样性，因此，就某种商品而言，其定价就必须采用因地制宜的多模式价格策略。对于追求低价的消费群，根据不同的交易方式、数量、时间及条件，采用折扣价格策略；对于追求品牌的消费群，在给高品质的名优产品定价时，采用声望价格策略；对于大件耐用消费品，由于消费者对产品质量的可靠性存在不安全的心理障碍，企业应加强售后服务，采用安全价格策略，将售后服务的平均费用计入商品价格中。

2. 企业定价策略应与市场营销组合策略相结合

市场营销组合策略是企业一系列市场营销决策的核心决策，其包括产品、价格、渠道、促销4大要素。价格是其中最敏感的因素。在市场中，多数商品的营销渠道较为分散，如电视销售、网上销售、专卖店销售、百货店销售等，不同的销售形式，其寻找质优价廉物品的成本不同，因而价格的差异性较为显著，这为企业实行价格歧视策略提供了可能性。企业可对不同寻找成本或支付意愿的消费者制定不同的价格，对为数不多的网上消费群采用低价格策略，对网下消费群实行高价策略，对价格极为敏感的消费群可借助报纸等媒介发放优惠券等促销方式，实施价格优惠策略。结合市场营销组合策略的多价格模式策略，给不同的消费者提供了个性化的价格服务，其目的是最大限度地扩大消费群。

3. 不同的细分市场对商品的需求弹性不同

需求价格弹性是需求量对价格变化反应的灵敏度。由于各种商品的具体特点不同，各种商品的需求价格弹性是不一样的，而同一种商品，在不同的价格范围内，需求价格弹性也是不一样的。各种商品的有效需求总是在一定的价格范围内变动。因此，在价格决策中，还要考虑决定某种商品需求价格弹性大小的主要经济因素，如可替代商品的多少、市场竞争程度、商品的重要程度、商品用途多少和急用程度等。总之，企业定价的目标及策略应以企业的市场战略目标和现代企业经营理念为指导，在不同的市场竞争程度和市场结构下，以企业与消费者双赢为经营理念，通过市场细分，对其所选定的目标市场进行分析，了解企业所服务的消费群的需求、欲望和收入状况，根据不同的市场状况，采用不同的价格策略。

经典实例

吉利汽车的定价策略

2001 年的中国汽车市场，一方面市场继续发育，另一方面受中国入世的影响，新车型频频亮相，产销量上升，价格逐渐下降。神龙富康推出的 9.78 万元的 "新自由人"，将中国车价打下 10 万元的心理关口，标志着中国汽车企业对待降价的心理日渐成熟。

2001 年 5 月，国家放开轿车定价之后，轿车价格战拉开序幕。6 月 7 日，长安铃木在全国范围内调整奥拓系列 11 款轿车销售价格，降至 35 800 ~ 52 500 元。此后，一直以低价位著称的吉利汽车将其三缸车型由 3.99 万元降至 3.49 万元，继续保持同类车低价王的位置，目标直指售价 3.91 万的夏利 7100A 小康型轿车。紧跟着夏利狂降 1.5 万元，捷达宣布优惠 3 000 元。11 月，神龙汽车公司推出 9.78 万元的 1.4 升富康车，在桑塔纳、捷达、富康三大品牌中率先把价格降到了 10 万元——中国轿车一大价格门槛以下。尽管吉利在轿车领域的资历很浅，但它"为中国百姓造车"的气魄却对中国轿车市场带来了冲击，引发了一波又一波的轿车价格战。

吉利汽车在第一次定价的时候就是全国最低，甚至在2001年的降价风潮中，直接由3.99万元调至3.49万元，它的类型属于低端轿车，但在激烈的竞争中，却丝毫没有影响到它的市场地位。

因为价格低廉，迎合了国内消费者买车的心理，吸引了一部分市场，而且为了让消费者更早买轿车，吉利汽车定位于广大的中低端消费者。吉利汽车采取了这种渗透定价策略，从而成功地进入了中国轿车市场。

思考与讨论题

1. 吉利汽车的定价属于什么定价策略？
2. 这样的定价策略有什么优点和缺点？

任务3　汽车电子产品分销渠道策略

3.3.1　分销渠道的概念与作用

一、分销渠道的概念

所谓分销渠道，是指某种产品和服务在从生产者向消费者转移的过程中，取得这种产品和服务的所有权或帮助所有权转移的所有企业和个人。因此，分销渠道包括中间商［商人中间商（因为他们取得所有权）］和代理商［代理中间商（因为他们帮助转移所有权）］，此外，还包括处于渠道起点和终点的生产者和最终消费者或用户。但不包括供应商、辅助商。

二、分销渠道的特点

（一）分销渠道反映某一特定商品价值实现的过程和商品实体的转移过程

分销渠道一端连接生产，另一端连接消费，是从生产领域到消费领域的完整的商品流通过程。在这个过程中，主要包含两种运动：一是商品价值形式的运动（商品所有权的转移，即商流）；二是商品实体的运动（即物流）。

（二）分销渠道的主体是参与商品流通过程的中间商和代理商

此处不详述。

（三）商品从生产者流向消费者的过程中，商品所有权至少转移一次

在大多数情况下，生产者必须经过一系列中介机构转卖或代理转卖产品。所有权转移的次数越多，商品的分销渠道就越长。

（四）在分销渠道中，与商品所有权转移直接或间接相关的，还有一系列流通辅助形式如物流、信息流、资金流等，它们发挥着相当重要的协调和辅助作用。

三、分销渠道的职能

（一）企业采用分销渠道的原因

分销渠道的职能在于它是联结生产者和消费者或用户的桥梁和纽带。企业使用分销渠

道，是因为在市场经济条件下，生产者和消费者或用户之间存在空间分离、时间分离、所有权分离、供需数量差异以及供需品种差异等方面的矛盾。

（二）分销渠道的主要职能

1. 调研

调研是指收集制订计划和进行交换所必需的信息。

2. 促销

促销是指进行关于所供产品的说服性沟通。

3. 接洽

接洽是指寻找潜在购买者并进行有效的沟通。

4. 配合

配合是指所供产品符合购买者需要，包括制造、装配、包装等活动。

5. 谈判

谈判是指为了转移所供货物的所有权，就其价格及有关条件达成最后协议。

6. 物流

物流是指从事产品的运输、储存、配送。

7. 融资

融资是指为补偿分销成本而取得并支付相关资金。

8. 风险承担

风险承担是指承担与销售渠道工作有关的全部风险。

3.3.2 分销渠道的模式

一、分销渠道的类型

按商品在流通过程中经过的流通环节的多少，分销渠道可以划分为以下几种：

（一）直接渠道

直接渠道是指没有中间商参与，产品由制造商直接销售给消费者和用户的渠道类型。如上门推销、电视直销和网上直销等。直接渠道是工业品销售的主要方式，特别是一些大型、专用、技术复杂、需要提供专门服务的产品，都通过直接渠道销售。

直接渠道的优点是：对于用途单一、技术复杂的产品，可以有针对性地安排生产，更好地满足需要；生产者直接向消费者介绍产品，便于消费者掌握产品的性能、特点和使用方法；因为直接渠道不经过中间环节，所以，制造商可以降低流通费用，掌握价格的主动权，积极参与竞争。但直接渠道也存在不足，如制造商在销售上投入大、花费大，而且销售范围也受到限制。

（二）间接渠道

间接渠道是指产品经由一个或多个商业环节销售给消费者和用户的渠道类型。它是消费品销售的主要方式，许多工业品都采用这种方式。

间接渠道的优点是：中间商的介入，使交易次数减少，节约了流通成本和时间，降低了产品价格；中间商着重扩大流通范围和产品销售，制造商可以集中精力在生产上，有利于整个社会的生产者和消费者。它的不足是：中间商的介入，使制造商与消费者之间的沟通不便。

　　另外，分销渠道还可以按照中间环节（层次）的多少分为长渠道和短渠道；按照每一渠道中间商的多少分为宽渠道和窄渠道；按照渠道成员联系的紧密程度分为传统渠道和现代渠道。传统渠道是指由独立的制造商、批发商、零售商和消费者组成的分销渠道。各自为政，各行其是，追求各自利益的最大化。但是实际上各自都实现不了各自利益的最大化，所以，现代渠道都趋向于联合经营或一体化经营，由竞争转向联合，通过做大做强，来追求利润的最大化。

二、渠道结构

　　营销渠道的结构，可以分为长度结构（层级结构）、宽度结构以及广度结构3种类型。3种渠道结构构成了渠道设计的3大要素（渠道变量）。进一步说，渠道结构中的长度变量、宽度变量及广度变量完整地描述了一个三维立体的渠道系统。

　　（一）长度结构（层级结构）

　　营销渠道的长度结构，又称为层级结构，是指按照其包含的渠道中间商（购销环节），即渠道层级数量的多少来定义的一种渠道结构。在通常情况下，根据包含渠道层级的多少，可以将一条营销渠道分为零级、一级、二级和三级渠道等。

　　1. 零级渠道

　　零级渠道又称为直接渠道，是指没有渠道中间商参与的一种渠道结构。零级渠道，也可以理解为是一种分销渠道结构的特殊情况。在零级渠道中，产品或服务直接由生产者销售给消费者。零级渠道是大型或贵重产品以及技术复杂、需要提供专门服务的产品采取的主要销售渠道。在IT产业链中，一些国内外知名的IT企业，比如联想、IBM（国际商业机器公司）、HP（惠普）等公司设立的大客户部或行业客户部等就属于零级渠道。另外，DELL（戴尔）的直销模式，更是一种典型的零级渠道。

　　2. 一级渠道

　　一级渠道包括一个渠道中间商。在工业品市场上，这个渠道中间商通常是一个代理商、佣金商或经销商；而在消费品市场上，这个渠道中间商则通常是零售商。

　　3. 二级渠道

　　二级渠道包括两个渠道中间商。在工业品市场上，这两个渠道中间商通常是代理商及批发商；而在消费品市场上，这两个渠道中间商则通常是批发商和零售商。

　　4. 三级渠道

　　三级渠道包括三个渠道中间商。这类渠道主要出现在消费面较宽的日用品中，比如肉食品及包装方便面等。在IT产业链中，一些小型的零售商通常不是大型代理商的服务对象，因此，就在大型代理商和小型零售商之间衍生出一级专业性经销商，从而出现了三级渠道结构。

　　（二）宽度结构

　　营销渠道的宽度结构，是根据每一层级渠道中间商的数量的多少来定义的一种渠道结构。渠道的宽度结构受产品的性质、市场特征、用户分布以及企业分销战略等因素的影响。渠道的宽度结构分成3种类型。

　　1. 密集型分销渠道

　　密集型分销渠道也称为广泛型分销渠道，就是指制造商在同一渠道层级上选用尽可能多的渠道中间商来经销自己的产品的一种渠道类型。密集型分销渠道，多见于消费品领域中的便利品,比如牙膏、牙刷、饮料等。

2. 选择性分销渠道

这是指在某一渠道层级上选择少量的渠道中间商来进行商品分销的一种渠道类型。在IT产业链中,许多产品都采用选择性分销渠道。

3. 独家分销渠道

这是指在某一渠道层级上选用唯一的一家渠道中间商的一种渠道类型。在IT产业链中,这种渠道结构多出现在总代理或总分销一级。同时,许多新品的推出也多选择独家分销的模式,当市场广泛接受该产品之后,许多公司就从独家分销渠道模式向选择性分销渠道模式转移。比如东芝的笔记本产品渠道、三星的笔记本产品渠道等就是如此。

(三) 广度结构

渠道的广度结构,实际上是渠道的一种多元化选择。也就是说,许多公司实际上使用了多种渠道的组合,即采用了混合渠道模式来进行销售。比如,有的公司针对大的行业客户,公司内部成立大客户部直接销售;针对数量众多的中小企业用户,采用广泛的分销渠道;针对一些偏远地区的消费者,则可能采用邮购等方式来覆盖。

概括地说,渠道结构可以笼统地分为直销和分销两个大类。其中直销又可以细分为几种,比如制造商直接设立的大客户部、行业客户部或制造商直接成立的销售公司及其分支机构等。此外,还包括直接邮购、电话销售、公司网上销售,等等。分销则可以进一步细分为代理和经销两类。代理和经销均可能选择密集型分销渠道、选择性分销渠道和独家分销渠道等方式。

三、汽车市场分销渠道模式

(一) 美国汽车分销渠道模式

作为世界汽车消费第一大国,美国汽车生产厂商采取的渠道模式简单实用。大多数企业采用地区销售分公司的做法,直接协调产销关系,力求直接对终端市场进行有效调控。美国汽车厂商一般不参与直接销售,而是由零售商来完成。目前美国市场共有汽车专卖店2.2万个,但是,汽车零售店只负责销售,售后服务部分则仍旧由厂家分公司运营。汽车销售渠道以"低成本、低投入、高产出、高效率、高素质"为特点,美国汽车经销商税前利润平均为29.3%,平均人均卖出汽车18辆/年,而中国则不足1辆。

1. 优势

采用地区销售分公司模式的优势在于,汽车企业可以非常有效地控制物流和终端,信息的反馈快速有效,能够较好地根据市场销量和需求,进行生产调整,同时为改良车型等提供了丰富的数字依据。

2. 劣势

厂商投入的资金成本较大,特别是企业的库存与运输成本,是美国汽车企业较大的负担。

(二) 英国汽车分销渠道模式

英国汽车分销模式相对比较保守,大多数采用的是较为传统的区域分销代理模式。这和欧洲发达的贸易体系是密不可分的。由于区域分销贸易企业相对比较稳定,汽车厂商相对较多,因此渠道利润也比较丰厚,很多分销商逐渐成长为世界级品牌代理商。但是,由于汽车经销采取"5S"终端模式(具备新车销售、旧车回收及销售、零配件供应、维修服务和信息反馈），终端压力很大，有时会成为包袱。

1. 优势

汽车生产厂商可以迅速地收回生产成本，获得再次开发和扩大生产的资金。同时，由于分销商对渠道具有较大的控制权，可以及时根据市场情况进行有针对性的、地域性的促销，从而拉动汽车的销售。

2. 劣势

英国模式的劣势在于经销商的压力和成本都较大，再加上激烈的市场竞争，使得汽车销售商的利润急剧缩水。因此，专卖店网络已显颓态。销售网点过于密集，利润空间逐年减少，合并或者破产的经销商越来越多。因此，欧盟也积极调整策略，决定"开放汽车销售形式"，重新设计适应新环境的营销形式，将销售和维修完全分开，并且对汽车零售业进行改革，允许多品牌经营，减少中间环节，以达到降低成本、促进销售的目的。英国销售渠道的改革，也给中国热火朝天的"4S"店建设带来有益的反思。

（三）日本汽车分销渠道模式

日本汽车分销渠道大多还是采取独立经销商模式，而且，独立经销商与企业合作紧密，有些企业还会直接投资分销渠道建设。在日本的分销渠道中，没有所谓"4S"店的形式，而是采用遍布全国、安排有序的品牌汽车分销点，这些分销点除了销售汽车以外，也提供基本的汽车维修和配件服务。日本汽车分销网络与生产厂商联系之紧密，令全世界咋舌。美国当年通过艰苦的贸易谈判，终于迫使日本开放了其汽车市场，但是，美系汽车厂商在进入日本市场后，却发现没有一个分销点愿意代理来自日本以外的汽车品牌。

1. 优势

汽车生产厂家与独立经销商之间有着超越合约的紧密合作，数十年不变。厂商和经销商之间的利润也保持在一个高效、合理的范围内，有利于销售网络在全国建设、布控。避免了恶意竞争，保证了市场对品牌产品的忠诚度。

2. 劣势

日本本土汽车市场，就如同安全的鱼塘，因为没有竞争者，很难为企业提供有力的发展动力。但由于日本外向型经济的特性，事实证明，日本这种精致的分销渠道在海外的试验是失败的。

四、中国当前几种汽车分销渠道模式比较

中国汽车分销渠道在传统上一向采用总代理模式，但是，随着国外品牌的涌入、家用轿车的普及，传统的分销渠道已经不能满足市场的需求，汽车厂商为加快渠道流通，提高品牌形象，完善售后服务，纷纷进行渠道转型。特别是国外汽车企业不断进入中国市场，在带来汽车产品和品牌的同时，也带来了高效的分销模式。目前，国内汽车行业分销渠道改革总的趋势是扁平化，以加快产品和资金流动，加强对市场和终端的控制。

（一）模式 A

通过与原代理商合资合作，成立省级联营公司。省级联营公司一般只代理联营企业的产品，其销售范围内的终端，即可以是以厂家为主体的多型号、多品牌销售中心，也可以是以单一品种为销售目标的品牌专营。厂家通过与联营公司紧密合作，来确保渠道独享、信息畅通和物流的有效调配。

（二）模式 B

即区域代理模式，其缺陷和优势都非常明显，优势在于企业可以很快获得资金回笼，通过代理商的保证金或者预支进货款，企业甚至可以弥补前期生产流程的管理费用和市场营销的费用，但是厂家对终端的控制不足，分销渠道不够稳定，特别是在汽车行业竞争越来越激烈的情况下，渠道冲突也越来越容易发生。同时，由于代理商往往积压大量的库存，以抵消企业的库存压力与成本，往往导致销售渠道不畅、车型更新换代的速度缓慢、各地区车型差异很大，给企业的市场战略带来很大的影响。

（三）模式 C

一些汽车企业在模式 B 的运作过程中，逐渐感受到模式 B 的缺陷越来越大，为了追求渠道的扁平化和对终端的直接控制，一些汽车厂商开始抛开原有代理商或者联营分销商，直接招标，利用经销商资源，大建品牌专卖店、"4S"店等，谋求通过分销得到市场、品牌的双重受益。但是，这种模式也存在巨大的隐患，经销商投资过大，导致终端在面临市场竞争时捉襟见肘，特别是市场行为不规范，也使得经销商争夺代理权时对生产企业分销部门行贿。

目前中国具有轿车经营权的企业达到 17 000 多家，包括连锁店及特许经营的零售店铺在内，可达到 2 万～3 万家，而其中品牌专营店大约有 6 000 家。国内的主要轿车制造商都已经或正在构建品牌专营的渠道模式。

现今国内的品牌专营模式几乎普遍按照国际通用的汽车分销标准模式建设，采用"三位一体"（3S）制式或"四位一体"（4S）制式，即以汽车制造企业的营销部门为中心，以区域管理中心为依托，以特许或特约经销商为基点，集新车销售、零配件供应、维修服务、信息反馈与处理为一体，受控于制造商的分销渠道模式。

广州本田是国内公认较为成功的品牌专营模式。它直接采用日本本田公司的品牌专营模式，是国内首家采用"四位一体"制专营店分销网络的汽车制造商。目前广州本田已拥有420 多家品牌专卖店，在专卖店的后面就是售后服务中心。品牌专营店在外观形象和内部布局上统一规范、统一标识，给人强烈的视觉冲击，有助于提升品牌形象的魅力，实行以直销为主的终极用户销售，将汽车销售与售后服务融为一体，从而赢得客户的信赖。

但同时，品牌专卖店的运营成本较高，特许经营带来的垄断使终端服务很难尽如人意，导致品牌短期利益和长期利益难以平衡，这是目前品牌专营模式亟须解决的问题。

从经营模式上看，汽车交易市场主要有 3 种类型：

1. 以管理服务为主

管理者不参与经营销售活动，而是由经销商进行经营销售活动，交易市场只负责做好硬件建设及完善管理。北京亚运村汽车交易市场就是这一模式的典型代表。由于市场内汽车品种齐全，交易规范，吸引了全国各地的顾客到交易市场购车。特别是政府的有关综合部门直接驻场，不仅有力地规范了市场交易秩序，同时方便办理一系列的交易手续。在市场外购车，需要经过 13 道手续，在亚运村汽车交易市场购车，经过 11 道手续就可以完成，非常方便、快捷。

2. 以自营为主，其他进场经销商非常少

即市场管理者同时也是主要的汽车销售者。该类型的汽车交易市场占总市场的 80%～90%。

3. 从销量上看，自营与进场经销商各占 50%。

传统的汽车交易市场大多只是各种品牌汽车的集中展厅，硬件和软件都无法满足消费者日益增长的需求，而且同一品牌的汽车在市场内又往往因为恶性竞争导致价格混乱。所以，新型汽车交易市场很受欢迎。

📌 经典实例

比亚迪退网风暴

2010 年以来，比亚迪经销商在成都、北京、浙江、山东、河南等地，均出现退网的情况。

一、金牌经销商退网

自 2010 年 5 月业内爆出比亚迪成都"金牌"经销商退网后，比亚迪汽车 4S 店退网事件接二连三出现，最终演变成全国范围内的退网危机。在比亚迪成立第 7 年，以创造发展速度奇迹、销量奇迹著称的比亚迪汽车，在经销商奏响的楚歌中，面临着其成立以来最重要的十字路口。

7 年来，比亚迪汽车都不失为资本和市场导向的典型。在各个环节，包括研发、制造和营销等方面都不拘一格，突破了行业的陈规，其发展模式被称为"比亚迪生产方式"。这种模式，虽然饱受质疑，却带来了高速的发展。

2010 年，正在朝着"80 万辆"加速时，比亚迪却出了问题。自第二季度车市变淡后，比亚迪也结束迅猛发展的势头，以往因高速发展、车市向好所掩盖的种种问题，从产品到渠道开始集中爆发。

二、全国第一网

创新的比亚迪生产方式，为其带来了低成本产品。而在营销上，比亚迪更是与众不同，这也是比亚迪最为人熟知，也是争议最大的一个方面。

比亚迪是分网销售的坚定执行者，推行多渠道策略。从 F3 投产到现在的 5 个年头，比亚迪一共有 8 款车，如果去掉每个月销量不超过三位数的 S8 和 F3DM，只有 6 款车，但是现在已经拥有了 A1、A2、A3、A4 这 4 个销售渠道，每个网络里，销售的车型都是不一样的，比如，A1 网现在销售的是 F3 和 F6，消费者要是买其他的车型，只能去其他的网络中购买。

在分网销售模式的推动下，比亚迪的渠道数量在急速地扩张，目前已经超过了 1 200 多家，成为我国汽车行业最大的销售网络，无论是一线城市广州，还是二线的成都，甚至三、四线市场，比亚迪经销商也形成"人海"优势，远远超过了上海通用、上海大众和一汽大众。

和比亚迪分网销售相匹配，比亚迪在销售上实行精细化运作，其组织架构非常复杂，即使是一般的比亚迪汽车的工作人员，也难以弄清楚。据一位内部人士介绍，在比亚迪的 4 个网中，每个网都分了南、北、东三个战区，每个战区又分了 7~8 个销售部。另外，全国还有 6 个营销部，负责培训、广告等职能工作，支持销售部的工作。

战区由销售公司副总经理直接负责，下面的销售部都是由销售总监负责。这样，每个网全国都有二十几名销售总监，4 个网就有接近 100 名销售总监。比亚迪的战区相当于其他厂家的大区，而销售部相当于其他厂家的小区。

销售部之下则是区域经理和运营经理。一般其他厂家的区域经理都会负责一个或者几个城市的经销商，而比亚迪则不同。刚刚进入比亚迪、派驻一线工作的区域经理、运营经理一般只负责一家经销商，比较成熟的则会负责3~4家经销商。

三、"大"之弊端

任何事情都有两面性。比亚迪在生产、销售方面的创新模式，使比亚迪成功地抓住了车市爆发的契机，进入了行业主流的队列之中。但是，在车市增速下滑的情况下，被高速增长掩盖住的问题暴露无遗。

从山东、浙江直到四川，比亚迪和当地经销商之间的厂、商矛盾开始大面积地爆发，甚至退网也时有发生，追根溯源，却是比亚迪发展模式弊端的暴露。分网销售、精耕渠道，使比亚迪把握了车市的爆发；大库存成就了大销量。但是，在现在的市场环境下，发展过于匆忙的比亚迪渠道，在大库存压力下，却暴露出了其承受能力不足的弱点，这不得不令人反思比亚迪之前的渠道门槛太低、发展太快。

有专家认为，比亚迪的这种模式，非常适应车市初级阶段，但在车市进入成熟阶段之后，必然要经历调整。在汽车行业，有一个浅显的道理，那就是，第一辆车是靠销售顾问卖出去的，第二辆车则是靠口碑卖出的。

 思考与讨论题

1. 比亚迪汽车采用的是何种渠道分销模式？
2. 比亚迪汽车采用的渠道分销模式有何优点？
3. 比亚迪汽车采用的这种模式为什么会导致经销商退网？

任务4　汽车电子产品促销策略

3.4.1　汽车电子产品促销组合

促销策略是指企业如何通过人员推销、广告、公共关系和营销推广等各种促销手段，向消费者传递产品信息，引起他们的注意和兴趣，激发他们的购买欲望和购买行为，以达到扩大销售的目的。企业将合适的产品，在适当的地点，以适当的价格出售的信息传递到目标市场，一般通过两种方式：一是人员推销，即推销员和顾客面对面地进行推销；另一种是非人员推销，即通过大众传播媒介在同一时间向大量消费者传递信息，主要包括广告、公共关系和营销推广等多种方式。这两种推销方式各有利弊，起着相互补充的作用。此外，目录、通告、赠品、店标、陈列、示范、展销等也都属于促销策略范围。一个好的促销策略，往往能起到多方面的作用，如提供信息情况、及时引导采购、激发购买欲望、扩大产品需求、突出产品特点、建立产品形象、维持市场份额、巩固市场地位，等等。

一、促销策略的分类

（一）根据促销手段的出发点与作用的不同分类

可分为推式策略和拉式策略两种促销策略。

1. 推式策略

即以直接方式，运用人员推销手段，把产品推向销售渠道，其作用过程为，企业的推销员把产品或劳务推荐给批发商，再由批发商推荐给零售商，最后由零售商推荐给最终消费者，该策略适用于以下几种情况：

（1）企业经营规模小，或无足够资金用以执行完善的广告计划。

（2）市场较集中，分销渠道短，销售队伍大。

（3）产品具有很高的单位价值，如特殊品、选购品等。

（4）产品的使用、维修、保养方法需要进行示范。

2. 拉式策略

采取间接方式，通过广告和公共宣传等措施吸引最终消费者，使消费者对企业的产品或劳务产生兴趣，从而引起需求，主动去购买商品。其作用路线为，企业将消费者引向零售商，将零售商引向批发商，将批发商引向生产企业，这种策略适用于以下几种情况：

（1）市场广大，产品多属便利品。

（2）商品信息必须以最快速度告知广大消费者。

（3）对产品的初始需求已呈现出有利的趋势，市场需求日渐上升。

（4）产品具有独特性能，与其他产品的区别显而易见。

（5）能引起消费者某种特殊的感情。

（6）有充分资金用于广告。

（二）根据讲究战术技巧的不同分类

实际上，两军对垒，不是简单地硬打硬拼，而要讲究战术技巧的应用。根据讲究战术技巧的不同，可分为以下几种促销策略：

1. 借势打力策略

通过一定的策略把竞争对手的某种力量转化到自己手中。这就像《笑傲江湖》中的吸星大法，在对手出招的时候，一定想办法把对方的优势转变成自己的优势。比如，利脑是一个地方性品牌，高考期临近，在脑白金、脑轻松等知名补脑品牌纷纷展开促销并请一些名人进行现身说法时，利脑就掀起了"服用无效，不付余款"的促销旋风。利脑作为实力弱小的品牌，在广告上无法跟大品牌打拼，在促销上也无法进行更多的投入。因此，只有在跟进促销中借力打力——采取"服用一个月，成绩不提升，不付余款"的促销活动。这样一来，因为跟大品牌在一起，并采取了特殊策略，于是就有效地解决了消费者的信任问题，也提升了知名度。

2. 击其软肋策略

在与竞争对手开战前，一定要做到"知己知彼"，这样才能决胜千里。实际上，竞争对手无论怎样投入资源，在整个渠道链条上都会有薄弱环节。比如，在渠道上投入过大，于是终端的投入就往往不够，如果在终端投入多了，在渠道上就往往会投入少了。再如，当面临全国市场时，可能会在某些区域市场不具有优势，这些都是很好的攻击机会。比如，在摩托罗拉为自己的新品大打广告的时候，某些国产手机则迅速组织终端拦截，在拦截中，也大打新品的招牌，并且低价进入，以此将竞争对手吸引到自己的柜台、专区。在竞争对手忽略终端执行的时候，这种模式是最有效的。

3. 寻找差异策略

有时候，硬打是不行的，要学会进行差异化进攻。比如，竞争对手采取价格战，就进行赠品战；竞争对手进行抽奖战，就进行买赠战。可口可乐公司的"酷儿"产品在北京上市时，由于产品定位是带有神秘配方的 5～12 岁小孩喝的果汁，价格定位也比果汁饮料市场领导品牌高 20%。当时，市场竞争十分激烈，很多企业都大打降价牌。最终，可口可乐公司走出了促销创新的新路子：既然"酷儿"上市走的是"角色行销"的方式，那人们就来一个"角色促销"。于是，出现了以下活动："酷儿"玩偶进课堂派送"酷儿"饮料和文具盒，买"酷儿"饮料赠送"酷儿"玩偶，在麦当劳吃儿童乐园套餐送"酷儿"饮料和礼品，"酷儿"幸运树抽奖，"酷儿"脸谱收集，"酷儿"路演，等等。

4. 提早出击策略

有时候，对手比人们想象的要强大许多，他们的促销强度自然也比较强。此时，人们最好的应对方法是提前做促销，令消费者的需求提前得到满足，当对手的促销开展之时，消费者已经毫无兴趣。比如，A 公司准备上市一个新的洗衣粉产品，并针对 B 公司的 C 品牌策划了一系列的产品上市促销攻势。B 公司虽然不知道 A 公司到底会采用什么样的方法，但知道自己的实力无法与之抗衡。于是，在 A 公司的新产品上市前一个月，B 公司开始进行疯狂的促销——推出了大包装，并且买二送一、买三送二，低价格俘虏了绝大多数家庭主妇。当 A 公司的新产品正式上市后，由于主妇们已经储备了大量的 C 品牌产品，所以 A 公司的新产品放在货架上几乎无人问津。

另外，如果在某些行业摸爬滚打一段时间后，对各竞争对手何时会启动促销大致都会心里有数。比如，面对节假日的消费"井喷"，"五一"、"十一"、元旦、春节，各主要品牌肯定会启动促销活动，促销活动的形式一般都不会有多大变化，往往是买赠、渠道激励、终端奖励等。经常对竞争对手进行分析，一定可以找到一些规律性的东西。针对竞争对手的惯用手法，可以提前采取行动，最好的防守就是进攻。比如，在 2005 年，针对往年一些乳业公司以旅游为奖项的促销。身居"新鲜"阵营的另一乳业巨头光明早早地在华东地区推出了"香港迪士尼之旅"，为自己的"新鲜"产品助阵促销，并首次在业内把旅游目的地延伸到了内地以外。"香港游"刚刚落幕，光明紧接着又与中央电视台体育频道"光明乳业城市之间"节目结盟，同步在中国范围内举行以"健康光明喝彩中国"为主题的大型市场推广活动。其促销产品不仅囊括旗下所有新鲜乳品，还包括部分常温液态奶，奖项设置也再次破位，"百人法国健康游"成为诱人大奖。

5. 针锋相对策略

简单地说，针锋相对策略就是针对竞争对手的策略发起进攻。

比如，1999—2001 年，某著名花生油品牌厂家大量印发宣传品，声称其主要竞争对手的色拉油没营养、没风味，好看不好吃。当然，运用这种策略，还是要遵循商业道德，不能不择手段。

6. 搭乘顺车策略

很多时候，当人们明知对手即将运用某种借势的促销手段时，由于各种条件限制，人们无法对其打压，也无法照样进行，但由于其预期有效，如果不跟进，便会失去机会。此时，最好的办法就是搭乘顺风车。比如，在某次世界杯上，阿迪达斯全方位赞助。耐克则另辟蹊径，针对网络用户中占很大一部分的青少年（耐克的潜在客户），选择与 Google 合作，创建了世界首个足球迷的社群网站，让足球发烧友在这个网络平台上一起交流他们喜欢的球员和球队，观看并下载比赛录像短片、信息、耐克明星运动员的广告等。数百万人成为注册会员，德国世界杯成为独属于耐克品牌的名副其实的"网络世界杯"。

7. 高唱反调策略

消费者的心智是很容易转变的。因此，当对手的促销做得非常有效，而人们却无法跟进、打压时，那么最好是高唱反调，将消费者的心智扭转回来，至少也要扰乱他们，从而达到削弱对手促销的效果。比如，2001年，格兰仕启动了一项旨在"清理门户"的降价策略，将一款畅销微波炉的零售价格大幅降至299元，矛头直指美的。6个月之后，格兰仕将国内高档主流畅销机型"黑金刚系列"全线降价。同时，美的也开展了火药味十足的活动，向各大报社传真了一份"关于某厂家推出300元以下的微波炉的回应"材料，认为格兰仕的"虚假言论误导消费者"，美的要"严斥恶意炒作行为"；2001年，美的还隆重推出了"破格（格兰仕）行动"。

8. 百上加斤策略

所谓百上加斤，就是在对手的促销幅度上加大一点，比如对手降低3折，人们就降低5折，对手逢100元送10元，人们就逢80元送10元。在很多时候，消费者可能就会因多一点点的优惠而改变购买意愿。比如，某瓶装水公司举行了"买一箱（12瓶）水送5包餐巾纸"的活动。开始的两个星期，活动在传统渠道（终端零售小店）取得了很大的成功。对此，另一家饮料公司则加大了促销力度。推出了"买水得美钻"的活动，即在促销时间内将赠送100颗美钻，价值5 600元/颗。采取抽奖方式，确定获得者。另外，在促销时间内，每购买2箱水，价值100元，可以获得价值800元的美钻购买代金券，在指定珠宝行购买美钻，并承诺中奖率高达60%以上。促销结果，火得出奇。

9. 错峰促销策略

有时候，针对竞争对手的促销，完全可以避其锋芒，根据情景、目标顾客等的不同，相应地改变促销策划，系统思考。比如，古井贡酒开展的一系列促销活动：针对升学的，提出"金榜题名时，美酒敬父母，美酒敬恩师"；针对老干部，提出"美酒一杯敬功臣"；针对结婚的，提出"免费送丰田花车"等。这一系列的促销活动，取得了较好的效果。

10. 促销创新策略

创新是促销制胜的法宝。实际上，即使是一次普通的价格促销，也可以组合出各种不同的玩法，达到相应的促销目的，这才是创新促销的魅力所在。比如，"统一鲜橙多"为了配合其品牌的核心内涵"多喝多漂亮"推出的一系列促销组合，不但完成了销售，同时也达到了品牌与消费者有效沟通、建立品牌忠诚度的目的。"统一"结合品牌定位与目标消费者的特点，开展了一系列与"漂亮"有关的促销活动，以加深消费者对品牌的理解。比如，"统一"在不同的区域市场就推出了"统一鲜橙多TV‒GIRL选拔赛""统一鲜橙多·资生堂都市漂亮秀""统一鲜橙多阳光女孩"及"阳光频率统一鲜橙多闪亮DJ大挑战"等活动，极大地提高了产品在主要消费人群中的知名度与美誉度，促进了终端消费的形成，扫除了终端消费与识别的障碍。

11. 整合应对策略

整合应对策略就是与互补品合作或联合促销，以此达到最大化的效果，并超越竞争对手。比如，方正电脑同伊利牛奶和可口可乐的联合促销，海尔冰吧与新天地葡萄酒联合进行的社区、酒店促销推广。在促销过程中要善于"借道",一方面,要培育多种不同的合作方式,如可口可乐与网吧、麦当劳、迪士尼公园等的合作,天然气与房地产开发商的合作,家电与房地产的合作等;另一方面,要借助专业性的大卖场和知名连锁企业,先抢占终端,然后逐步形成对终端的控制力。

12. 连环促销策略

保证促销环节的联动性就保证了促销的效果,同时也容易把竞争对手打压下去。实际上,促销活动一般有三方参加:顾客、经销商和业务员。如果将业务员的引力、经销商的推力、活动现场对顾客的拉力三种力量联动起来,就能增强购买吸引力,最大限度地提升销量。比如,某公司活动的主题是"减肥有礼! 三重大奖等您拿",奖品从数码相机到保健凉席,设一、二、三等奖和顾客参与奖。凡是购买减肥产品达一个疗程的,均可获赠刮刮卡奖票一张。没刮中大奖的顾客,如果在刮刮卡附联填写好顾客姓名、电话、年龄、体重、用药基本情况等个人资料,并寄到公司或者留在药店收银台,在一个月活动结束后还可参加二次抽奖。奖品设从34英寸彩电到随身听等一、二、三等奖。如果年龄在18~28岁的年轻女性将本人艺术照片连同购药发票一同寄到公司促销活动组,还可参加公司与某晚报联合举办的佳丽评选活动(该活动为本次促销活动的后续促销活动)。这次活动的顾客参与度高、活动周期长、活动程序复杂,很快就把竞争对手单一的买一送一的活动打压下去了。

在促销竞争中,要想战胜对手,就需要战略性地提早规划。实际上,需要从以下3个方面做好准备:在战略上,应从行业研究入手,充分地分析行业竞争的根本,并根据自身实力,制定有效的促销策略,注重"推力"和"拉力"的协调配合,顺应消费者的需求和渠道的自然力量,以最少的投入取得最大的促销效果。在管理上,当促销职能成为营销部门常规的工作时,人们往往只记得通过促销把商品卖出去,而忘记促销是为了突显商品或服务的价值。消费者的需求是多方面的,既是理性的,也是感性的,促销活动需要满足客户的各种心理需求。促销管理也与一般管理有相通性,需要明确目的、制订计划、过程管理、结果评价。缺少一个环节,都会造成促销的浪费和无效,所以,一定要加强管理的各个环节。

二、促销组合

所谓促销组合,是一种组织促销活动的策略思路,主张企业运用广告促销、人员促销、公关宣传、营业推广四种基本促销方式组合成一个策略系统,使企业的全部促销活动互相配合、协调一致,最大限度地发挥整体效果,从而顺利实现企业目标。

促销组合体现了现代市场营销理论的核心思想——整体营销。促销组合是一种系统化的整体策略,四种基本促销方式则构成了这一整体策略的四个子系统。每个子系统都包括了一些可变因素,即具体的促销手段或工具,某一因素的改变就意味着组合关系的变化,也就意味着一个新的促销策略。

3.4.2 汽车电子产品人员促销

一、人员促销的概念

人员促销是指企业派出推销人员直接与顾客接触、洽谈、宣传商品,以达到促进销售目的的活动过程。它既是一种渠道方式,也是一种促销方式。

二、人员促销的特点

（一）人员促销具有很大的灵活性

在推销过程中，买卖双方当面洽谈，易于形成一种直接而友好的相互关系，通过交谈和观察，推销员可以掌握顾客的购买动机，有针对性地从某个侧面介绍商品的特点和功能，抓住有利时机促成交易；可以根据顾客的态度和特点，有针对性地采取必要的协调行动，满足顾客的需要；还可以及时发现问题，进行解释，解除顾客的疑虑，使之产生信任感。

（二）人员促销具有选择性和针对性

在每次推销之前，可以选择具有较大购买可能的顾客进行推销，并有针对性地对未来顾客作一番研究，拟订具体的推销方案、策略、技巧等，以提高推销成功率。这是广告促销所不及的，广告促销往往包括许多非可能顾客在内。

（三）人员促销具有完整性

推销人员的工作从寻找顾客开始，到接触、洽谈，最后达成交易，除此以外，推销人员还可以担负其他营销任务，如安装、维修、了解顾客使用后的反馈等，而广告促销则不具有这种完整性。

（四）人员促销具有公共关系的作用

一个有经验的推销人员为了达到促进销售的目的，可以使买卖双方从单纯的买卖关系发展到建立深厚的友谊，彼此信任，彼此谅解，这种感情增进有助于推销工作的开展，实际上起到了公共关系的作用。

3.4.3 汽车电子产品广告促销

广告的市场策略主要包括3个具体策略：目标市场定位策略、广告促销策略和广告心理策略。

一、目标市场定位策略

所谓目标市场定位策略，就是企业为自己的产品选定一定的范围和目标，满足一部分人的需要的方法。任何企业，无论其规模如何，都不可能满足所有顾客的整体要求，而只能为自己的产品销售选定一个或几个目标市场，这就是所谓的市场定位。企业的目标市场定位不同，销售策略不同，广告策略也不一样。目标市场是广告宣传有计划地向指定市场进行传播活动的对象。因此，在制定广告策略时，必须依据企业目标市场的特点，来规定广告对象、广告目标、媒介选择、诉求重点和诉求方式等。

二、广告促销策略

这是一种紧密结合市场营销而采取的广告策略，它不仅告知消费者购买某商品的好处，以说服其购买，而且结合市场营销的其他手段，给予消费者更多的附加利益，以吸引消费者对广告的兴趣，在短期内收到很好的效果，有力地推动商品销售。广告促销策略，包括馈赠、文娱、服务、折价、公共关系等促销手段的运用。

三、广告心理策略

广告心理策略的作用与人们的心理活动密切相关，而广告的促销心理策略，则是运用心理学的原理来策划广告，诱导人们顺利地完成消费，使广告取得成功。广告活动中常用的心理学原理有需要、注意、联想、记忆、诉求等。

（1）需要是人们进行实践活动的原动力。人们之所以购买这种商品，而不购买别的商品，就是由于这种商品能够满足他们的某种需要。广告的促销活动不但要告诉人们有关商品的知识，而且要说明这种商品是符合他们的需要的。需要是广告诉求定位的主要依据。同是一个商品，它有许多属性，而只有那些最能满足需要的诉求定位才能导致购买行为，使广告获得成功。消费者不仅对商品的使用价值有所要求，而且要求获得心理上的满足。广告要同时掌握人们对商品使用价值和心理价值的需要，才能获得成功。同时，广告还必须能引起需要和刺激需要，通过对潜在需要的激发，使消费者产生物质欲求，并加强其信心，排除障碍，促使购买。这也是我们所说的广告指导消费的作用。

（2）引起人们的注意，是广告成功的基础。广告若不能引起注意，肯定要失败。因为注意是人们接触广告的开端，只有注意了广告，才能谈得上对广告内容的理解。在广告设计中有意识地加强广告的注意作用，是广告的重要心理策略。广告引起人们注意的方法有多种，主要是扩大空间面积、延长广告时间、突出广告色彩、增强广告的艺术化和使广告具有动态感等。广告的时间和篇幅都是有限的，仅靠直接印象取得的广告效果也是有限的。只有通过各种手段，激发有益的联想，才能加强刺激的深度和广度。这是有意识地增强广告效果的重要手段。

（3）联想能够使人们扩大和加强对事物的认识，引起对事物的兴趣，使消费者产生愉悦的情绪，对形成购买动机和促成购买行为有重要影响。在广告中，主要运用接近联想、连续联想、相似联想、对比联想、记忆联想和颜色联想等。

（4）广告运用记忆原理，使人们在实现购买时能记起广告内容，并起到指导选购的作用。要根据不同的广告对象的记忆特点来策划广告，要尽可能按需要的、注意的、有趣的、形象的、活动的、联想的、易于理解的和反复的等要求来设计广告，使人容易留下深刻的印象，保持记忆，便于回想。

（5）诉求是指外界事物促使人们从认知到行动的心理活动。广告诉求就是告诉人们有哪些需要，如何去满足，并敦促他们去为满足需要而购买商品。广告诉求一般有知觉诉求、理性诉求、情感诉求和观念诉求等。广告心理策略实质上就是对这些诉求的灵活运用。

依据市场来制定销售策略，一般可分为无差别市场策略、差别市场策略和集中市场策略3大类。针对不同的情况，广告策略也采取相应的形式，分为无差别市场广告策略、差别市场广告策略和集中市场广告策略。

1. 无差别市场广告策略

无差别市场广告策略是在一定时间内，向同一个大的目标市场运用各种媒介搭配组合，做同一主题内容的广告宣传。这种策略一般应用在产品引入期与成长期初期，或产品供不应求、市场上没有竞争对手或竞争不激烈的时期，是一种经常采用的广告策略。它有利于运用各种媒介宣传统一的广告内容，迅速提高产品的知名度，以达到创牌目的。

2. 差别市场广告策略

差别市场广告策略则是企业在一定时期内，针对细分的目标市场，运用不同的媒介组合，做不同内容的广告宣传。这种策略能够较好地满足不同消费者的需求，有利于企业提高产品的知名度，突出产品的优异性能，增强消费者对企业的信任感，从而达到扩大销售的目的。这是在产品进入成长期后期和成熟期后常用的广告策略。这时，产品竞争激烈，市场需求分化较突出。由于市场分化，各目标市场有不同的特点，所以广告设计、主题构思、媒介组合、广告发布等也都各不相同。

3. 集中市场广告策略

集中市场广告策略是企业把广告宣传的力量集中在已细分的市场中一个或几个目标市场的策略。此时，企业的目标并不是在较大的市场中占有小的份额，而是在较小的细分市场中占有较大的份额。因此，广告也只集中在一个或几个目标市场上。采取集中市场广告策略的企业，一般是本身资源有限的中小型企业，为了发挥优势，集中力量，只挑选对自己有利的、力所能及的较小市场作为目标市场。

3.4.4　汽车电子产品销售促进

一、信息预警系统

很多时候，一场战役的胜利不是集中在单一两军对垒的时候，而是战争前的预警系统。对促销战来讲，也是如此。所以，要建立准确、快捷的促销竞争信息系统，及时发现竞争对手的促销动向。越早发现，越可以提早采取措施，就会越主动。

二、构建信息预警系统的方法

（一）收集对手内部情报

竞争对手如果要发动促销活动，一定会提前进行促销筹备工作。因此，其企业内部相关的销售部、市场部肯定会提早进行准备工作。所以，一定要跟竞争对手的内部人员或其下家客户建立良好的关系，经常进行沟通，以此建立促销竞争信息的反馈系统。

（二）关注经销商的动向

竞争对手做活动，其合作伙伴及渠道商（经销商）肯定会得到活动通知，或者进行了有关促销活动的培训。事实上，一些渠道商，此时都是"会哭的孩子"，都会抢夺资源，这样才会"有奶吃"。因此，一些信息很容易被透露出来。

（三）了解终端细节动态

针对渠道促销，主要是着力于鼓励、拉动渠道和终端的进货量。因此，通过渠道和终端的提货量就可以略知一二。

（四）留意终端店面变化

针对消费者促销，主要是推动消费者购买。因此，竞争对手一定会在店内使用宣传物料，而宣传物料就是了解竞争对手的促销活动方式的最佳途径。实际上，竞争对手的所有行动，绝对不会无声无息的，一定会在渠道、终端上有所表现，只要平时留心，就很容易掌握其端倪。

（五）维护与促销人员的关系

主动接触竞争对手的促销人员，打探其公司短期内的促销活动安排状况。

（六）熟知媒体及广告公司

许多大型的促销活动往往要配合媒体的宣传，按照常规，无论电视还是报纸的宣传计划，都得提前申报安排。那么，在竞争对手进行相关的广告宣传案上报过程中，其代理广告公司和媒体的广告部门就能获知相关信息。

（七）打探物流公司的业务

竞争品牌在当地无论是直营还是交给经销商做，仓储、运输、装卸等物流环节都必不可少，而一般仓储运输公司不会在意对客户储运量数据的保密，有的甚至就挂在办公室里，通过他们，也能获知竞争对手要进行的促销活动。

（八）关注相关文印店的业务

许多企业的驻外分支机构基本都会有定点的文印店。为节省时间，量较大的打印、复印工作，或是复杂一些的图形表格制作，都会拿到这些文印店做。因此，提前稍作安排，获取资料易如反掌。需要注意的是，对收集来的信息，一定要进行专业分析。有促销活动管理经验的专业人员，能够根据各方面反馈的信息，推测竞争对手的促销活动策略，判断促销活动的主要内容（包括时间、范围、促销产品、促销方式、大致预算等），形成基本的应对策略。

🔄 经典实例

宝马的微信广告推销

"我拼命刷，都没有刷出宝马的微信广告，今天整个人心情都不好了。""我怎么连看宝马广告的资格都没有，好心酸。"2014年1月25日晚上，多位朋友因未能见到宝马的广告，心情极为低落。

1月26日，网传宝马公司斥资重金打造的"悦"字广告，选择目标客户的方式（如发红包、考虑个人年收入及对汽车相关资讯的热爱等），也让更多人郁闷得不行。25日下午，正值周日，首批微信朋友圈广告悄然上线，宝马中国、Vivo智能手机和可口可乐的图片，分别出现在朋友圈的信息流里，每个微信账号的拥有者只能看到一条。这种形式的广告，与微信朋友圈好友发布的信息形式类似，融合在信息流中，以期降低对用户的骚扰度。

宝马的广告是用一个大写"悦"字作为呈现方式，再配上一段广告语——"越是期待已久，悦是如期而至。"潜伏在朋友圈的"悦"，是宝马汽车2010年之后推出的品牌战略口号。

几家公司的微信广告一出来，瞬间就引爆了朋友圈。不少人晒出自己所获得的宝马及可乐图标，有的还把原来的头像改成了宝马公司LOGO，以此引人注意。而没有在朋友圈刷出宝马广告的，却"很不开心"。因为首轮的微信广告营销，似乎瞬间将人分成了三类——刷出宝马广告的、刷出Vivo的和刷出美国碳酸饮料的。

25日晚和26日的白天，关于你为何会收到宝马、Vivo和可口可乐，解释已在移动网络上满天飞，有的说是这轮广告推销基于大数据分析，如语言特性、朋友圈图片内容、图像识别；有的则胸有成竹地分析，你2014年的红包流量多、颜值高，才会赢得BMW的爱；"假设你年收入100万以上，消费能力强，你也会看到这匹马"。更有甚者说，宝马投放的目标群主要是普通人，因为普通人会很羞涩地在朋友圈晒出这一内容，从而为宝马做第二次传播。然而，上述各种说法，事实上都未能获得腾讯和宝马公司的官方确认。

据知情人士透露，腾讯特别重视第一次广告客户的选择。有说法称，目前它只接受国际大品牌如宝马、可口可乐等这类大型公司的投放，对外报价为每次几百万元。

另有消息称，宝马为了这一个"悦"字，支出为500万元。而包括宝马中国、Vivo智能手机和可口可乐等在内，同时参与微信投标的还有20多家客户，最终这三家胜出的原因在于广告创意。

事实上，此次微信朋友圈广告引起如此大的反响，还不仅仅是因为腾讯首次推出广告这么简单，市场对于这部分业务的前景，抱有极大兴趣。来自腾讯的数据显示，自 2012 年 8 月微信公众平台推出后，目前微信的全球累计注册用户高达 11.2 亿人，每月合并用户账户达到 4.4 亿人，朋友圈的分享链接内容次数超过 30 亿次。有 76.4% 的用户，会使用朋友圈来查看朋友的动态或分享，这些在朋友圈内活跃的用户也是国内主要的消费人群，具有较强的消费能力。

微信广告的"钱"景也不可估量，参考 Facebook 就能看出不少苗头。2014 年第三季度，这家美国交友公司的移动广告收入达 19.53 亿美元，超过 PC 端 10.07 亿美元的收入规模，占比达 66%，成为主要收入来源；加之目前移动互联网本身的吸引力，更多的客户也倾向于在微信这种强大的社交媒体之中投放广告。而腾讯微信由于具有广阔的覆盖人群基数、日益增长的微信好友量做底气，其广告年收入或在 100 亿元左右。

思考与讨论题

1. 微信推广作为一种新兴的营销推广模式，具有何种优势？
2. 宝马之所以能在此次微信营销中取得良好效果，与其品牌有何关联？

情境 4

汽车电子产品销售

情境导入

小王是刚毕业的学生,应聘到一家汽车电子产品超市。现在要提高某一款电子产品的销量,小王该如何寻找更多的潜在客户?

学习目标

知识目标

1. 熟悉潜在客户的概念。
2. 熟悉寻找潜在客户的原则。
3. 熟悉汽车电子产品销售的方式和客户消费的特点。
4. 熟悉客户异议处理的方法。
5. 掌握常见的寻找和挖掘潜在客户的方法和渠道。
6. 掌握潜在客户的管理方法。

能力目标

1. 具有分析潜在客户的能力。
2. 能寻找和挖掘潜在客户,尝试与客户进行广泛的接触,并与客户长期保持良好的关系。
3. 能根据消费者的需求,适时推荐汽车电子产品。
4. 具有处理客户异议的能力。

任务1　寻找潜在客户

4.1.1　寻找潜在客户

一、潜在客户

顾客是一个特定的群体，他（她）们是明显地区别于其他顾客群体的，而这种区别具体表现在一些重要特征上，例如其性别、年龄、职业、收入、偏好，等等。也就是说，企业的营销人员必须能够清楚地说出自己的顾客是男的还是女的、年龄多大、做什么工作、喜欢什么，等等。认识顾客不是一句空话，不是一个抽象的分析过程，而是一个十分具体的研究过程。通俗地说，具体的顾客概念问题就是要求企业的营销人员在制定营销策略之前必须清楚顾客是谁，要做到充分认识了解顾客，就必须能够非常清楚、具体和详细地描述出顾客的各种特征。可以说，营销人员对这些特征描述得越清楚、越具体、越详细，表明他对企业的顾客了解得越深入、越全面、越细致，就越有利于制定针对性强的营销策略。

潜在顾客是相对于已经购买、消费使用本企业产品或服务的事实顾客而言的，就是那些不具备充分条件成为事实顾客的顾客，即有可能成为事实顾客但因为种种原因还没有能够购买、消费使用本企业产品的顾客。在很多情况下，销售人员必须能鉴别潜在的顾客，这些潜在顾客必须具备两个基本条件：一是愿意购买；二是有支付能力。如果只有一个条件满足，就不是潜在的顾客。

对公司而言，成功不只是意味着把产品或服务出售给个别的购买者。成功意味着了解谁是你的客户，了解他们的背景并能比其他竞争对手更好地满足客户的要求。要清楚地了解客户，最好的办法之一就是帮助你的客户，这就意味着必须对重点客户的业务了如指掌，特别是重点客户所面对的市场需求情况。如果能比客户自己更早发现潜在的市场机会，然后同客户一道共同策划，挖掘并把握这些潜在的机会，以此来提高客户的竞争实力，这样双方都获益良多。

能洞察出潜在的市场机会，并不是单纯地去探听客户或者客户的需求，而是要求对客户业务的战略思想、客户本身以及客户所面对的市场有一个深入的了解。要有分析、研究和策划的技巧，还要有开放的思想、对未知事物的好奇心以及开拓创新的精神，同时还要对客户的灵活性、创造性和经验充满信心。挖掘潜在的市场机会要耗费大量的精力。正因为如此，只能有选择性地针对重点客户进行。在执行时，必须与客户结成团队，发掘出对其具有重要价值的机会，并帮助付诸实施。

二、帮助客户发掘出潜在的市场机会

如何做才能帮助客户最有效地发掘出潜在的市场机会？

（一）切实地为客户考虑，尽其所能地帮助客户

下面举两个例子：曾有一个包装食品生产商与一家连锁超市合作进行了一次店内调查。调查的内容是：在品种日益增加而又分类摆放的冷冻食品中，观察购物者是如何最先注意到某一特定的商品并进行选购的。通过历时两个月的观察，使商店彻底改变了冷冻食品在

冰柜中的陈列方式。其中之一便是在所有连锁店拆掉妨碍购物者检查产品包装的玻璃门。这一改变使这些高利润商品在各连锁店里的销售大幅度增加。而这一切都源于生产商而非商店的主动精神。这一改变带来了更多新的改善并提升了竞争的能力。

针对特定的消费群特征，这家包装食品公司不断地为连锁网络中的每一家主要商场推出定制式的促销方案。而且，双方已经有了一个业务促进活动的年度合作日程安排，大家都能看到并分享合作带来的利益。

在美国的中西部，有一家大型的商业印刷公司。这家公司运用同样的方法，为重要的客户，也为自己创造出全新的价值。大批量的印刷业务，如产品目录或电话簿的印刷，常被等同为一般的大宗货物买卖进行，即谁的报价低，谁就能赢得生意。但是这家公司却非常了解几个重点客户的业务和经营理念，因而向他们提出了一系列的财务改革方法，帮助他们降低了经营成本。这家商业印刷公司在和一个客户进行为时三个月的合作过程中，依次完成了下面5个阶段的工作：

（1）分析了客户的核心业务——如何决定向消费者提供何种产品和服务、怎样推销这些产品和服务、以什么方式购买印刷服务等。

（2）发现在某些业务交往中，客户并没有好好利用自身印刷流程中特有的灵活性和速度优势。有效地利用这些优势会给用户提供更多的服务，从而给客户带来更高的利润。

（3）对于客户尚处于开发阶段的新产品，企业就为其研发项目提供检测和资金方面的帮助。之后，企业就成了唯一能满足整个项目需求的厂商。

（4）监控新项目所带来的销售反馈和顾客满意度，公司成为推动项目执行的幕后动力。

（5）利用这次成功强化了同客户的关系，同时扩展了自己的业务范围。

在上面的实例中，从销售点到最高管理层，该商业印刷公司小组人员与客户在各个组织层次上竭诚合作，组成了一个极具战斗力的团队。

发掘市场潜在机会的过程要求双方共享敏感的内部信息，包括成本与利润数据以及个别最终用户的销售记录。因此，深入地发掘市场潜在机会的工作，只能提供给和自己彼此信赖、相互尊重的客户。

在很多条件下，良好的合作伙伴应该是那些具有多种需求的大客户。他们在所属的市场上必须具备相当的实力，否则，他们将无法抓住在你的帮助下取得的新业务。

要成功实现这一工作，就应该做到以下几点：

（1）确保最高管理层支持这种合作关系，让销售人员享有工作成果。工作推进中会遇到许多挑战，因此销售人员是至关重要的。

（2）精心挑选、训练并组建工作小组。只选用那些掌握各种重要原则的优秀人员，他们能洞察顾客的需求，并能保密；他们能够分析一项业务的商业价值，也懂得如何动员组织开展新的工作。

（3）一旦同客户确定了所要追求的目标，就应尽公司所能，贯彻始终。决定要做这项工作之后，除了全身心地投入外，别无选择。

（4）奖励那些在工作中出谋划策，并能将构思付诸实施的人员。以新颖、不受陈规约束的方法与客户进行合作，将能使优秀的下属脱颖而出。

（5）全面了解客户的业务结构和经营理念，源源不断地向他们提供创新的思路，使他们能充分发挥自身的潜力。要让更多优秀的下属直接接触客户的业务，帮助客户发掘出更多潜在的市场机会。帮助客户就是帮助公司自己。

（二）多接触一些竞争对手的客户

了解客户的另外一个好办法就是多接触一些别人（竞争对手）的客户。你或许认为把精力集中在从未拥有过的客户身上是一种时间上的浪费，但是，实际上这些客户代表了一种机会。如果你没有为这些客户服务过，就形成了一种挑战：弄清市场需求是最重要的。竞争对手的客户会告诉你什么最重要。有一点需要注意，那就是从竞争对手的客户那里得到信息是要付出代价的，因为你并不认识他们，与他们没有关系。例如，多花时间去客户聚集的地方，利用贸易展览、消费组织及产业会议，去与那些不是你的客户建立联系，然后同他们交谈。向选择竞争产品的客户提些问题，看他们是否花时间去看过市场上的产品？他们是否听说过你的产品或服务？如果有，他们是否真的花时间去看了你的产品？看过之后对产品有什么印象？如果没有，原因是什么？无论他们说的话有多不中听，你也一定要听。当他们说你的产品或服务不好时，一定不要自我辩解或争论。重要的是获取信息，然后制出如表4 –1 –1 所示的客户信息表。

表4 –1 –1　客户信息表

（1）描述你的当前客户： 　　年龄： 　　性别： 　　收入水平： 　　职业： 　　如果是企业，那么： 　　企业类型： 　　规模：	人： 企业：
（2）他们来自何处？	□本地 □国内其他地方 □国外
（3）他们买什么？ 　　产品： 　　服务： 　　好处：	
（4）每隔多长时间他们购买一次？	□每天 □每周 □每月 □随时 □其他

（5）他们买多少？ 　　　按数量： 　　　按金额：	
（6）他们怎样买？	□赊购 □现金 □签合同
（7）他们怎样了解你的企业？	□广告：报纸、广播/电视 □口头 □位置关系 □直接销售 □其他（要注明）
（8）他们对你的公司/产品/服务怎么看？ 　　（客户的感受）	
（9）他们想要你提供什么？ 　（他们期待你能够或应该提供的好处是 什么？）	
（10）你的市场有多大？ 　　　按地区： 　　　按人口： 　　　潜在客户：	
（11）在各个市场上，你的市场份额是多 少？	
（12）你想让客户对你的公司产生怎样的感 受？	

4.1.2　寻找潜在客户的原则

能成为你的潜在客户必须具备两个要素：第一是有需求；第二是买得起。

首先要用得着，有需求。不是所有的人都需要你的产品，需要你的产品的人一定是一个具有一定特性的群体。其次是买得起，对于一个想要某个产品又掏不出钱的潜在客户，你再多的努力也无济于事。

寻求潜在客户是一项艰巨的工作，特别是刚刚开始从事这个行业的时候，你的资源只是你对产品的了解而已，你会通过很多方法去寻找潜在客户，而你花在这上面的时间也非常多。

在寻找潜在客户的过程中，可以参考以下"MAN"原则：

M：Money，代表金钱。即所选择的对象必须有一定的购买能力。

A：Authority，代表购买决定权。即该对象对购买行为有决定、建议或反对的权力。

N：Need，代表需求。即该对象有这方面（产品、服务）的需求。

潜在客户应该具备以上特征，但在实际操作中，会碰到如表4-1-2所示的各种状况，应根据具体情况采取具体对策。

表4-1-2　MAN的状况

购买能力	购买决定权	需　　求
M（有）	A（有）	N（大）
m（无）	a（无）	n（无）

其中：

（1）M+A+N：是最有希望的客户，是理想的销售对象。

（2）M+A+n：可以接触，配上熟练的销售技术，有成功的希望。

（3）M+a+N：可以接触，并设法找到具有A之人（有决定权的人）

（4）m+A+N：可以接触，需调查其业务状况、信用条件等。

（5）m+a+N：可以接触，应长期观察、培养，使之具备另一条件。

（6）m+A+n：可以接触，应长期观察、培养，使之具备另一条件。

（7）M+a+n：可以接触，应长期观察、培养，使之具备另一条件。

（8）m+a+n：非客户，停止接触。

由此可见，潜在客户有时在欠缺了某一条件（如购买力、需求或购买决定权）的情况下，仍然可以开发，只要应用适当的策略，便能使其成为你的新客户。

4.1.3　寻找潜在客户的方法

一、网上搜索法

（一）用搜索引擎了解相关信息

用多个搜索引擎，输入关键词，搜索××专业网、××行业协会的网站。看这些网站上的会员列表，在这些专业网和行业协会网站上有很多相关链接，也很有用。还可以看企业网站和工商目录。

（二）到各大搜索平台去搜索求购信息

换不同的关键字去搜索；然后再按上面提供的电话或是各种联系方式一一去联系。常见的搜索平台如图4-1-1所示。

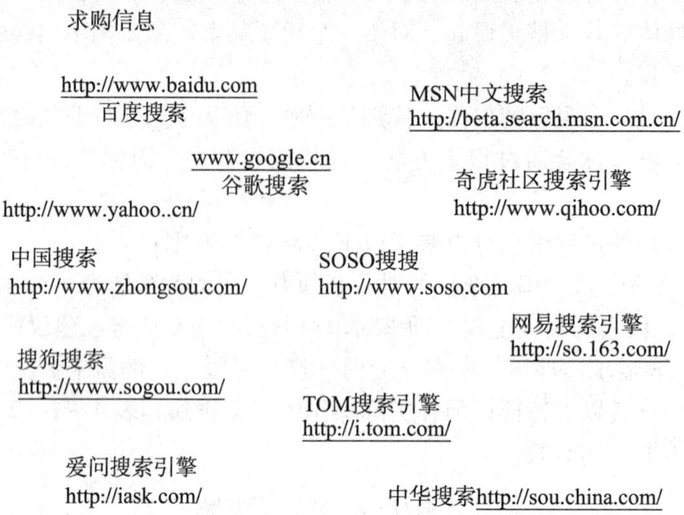

求购信息

http://www.baidu.com
百度搜索

MSN中文搜索
http://beta.search.msn.com.cn/

www.google.cn
谷歌搜索

奇虎社区搜索引擎
http://www.qihoo.com/

http://www.yahoo..cn/

中国搜索
http://www.zhongsou.com/

SOSO搜搜
http://www.soso.com

网易搜索引擎
http://so.163.com/

搜狗搜索
http://www.sogou.com/

TOM搜索引擎
http://i.tom.com/

爱问搜索引擎
http://iask.com/

中华搜索http://sou.china.com/

图 4 - 1 - 1　常见的搜索平台

二、巧用论坛

逛论坛、交朋友、多发帖，让更多的人了解你，从而了解你的店。第一时间发现与自己的产品有关联的求购信息，与求购商及时联系。

及时回复相关的留言与信息，让客户感觉到你的店铺很正规。在回复客户时一定要用客气与尊重的语气。注意电话回访：对有意向的客户定期或不定期地电话跟踪，但是要把握好尺度，以免人家嫌烦，如果不跟踪客户，客户会遗忘你。线上交谈，线下及时跟踪，不要放过每一个机会。

三、用好微博、博客

充分利用微博、博客营销，设置好关键字，也会有意想不到的收获。

四、社区信息

经常到社区去解答别人的问题，发表你专业的见解。有时候，社区也有求购信息。社区是人力资源非常丰富的地方。和高手组成交际圈，形成互动很关键，可以建立商业同盟，信息互通，资源共享，多方合作。

五、利用当地行业协会

基本上每个行业都有自己的行业协会。虽然行业协会只是一个民间组织，但恐怕没有人能比行业协会更了解行业内的情况了。如果你的潜在客户恰好是某某协会的成员，能得到协会的帮助，是你直接接触到潜在客户的有效方法。

六、大型专业市场寻找法

大型专业市场如某某商品一条街，往往是商家云集之处，来到这里，不仅可以获取大量的潜在客户资料，而且可以现场物色潜在客户。在这里来来往往的人，几乎都是可以为你提供一些宝贵信息资料的人。

七、展会寻找法

在展会，你可以搜集到大量的客户资料，甚至可以现场寻找客户、联络感情、沟通了解。

八、熟人介绍法

一个人可以辐射一圈，这是销售人员扩大人脉最快的办法。你的某一个朋友不需要你的产品，但是朋友的朋友可能需要，去认识他们，你会结识很多的人。告诉你身边的人，你在干什么，你的目标是什么，获得他们的理解，通过他们的帮助，你会很快找到你的潜在顾客，因为你身边的人都会帮你。

九、相互协助法

相互协助法是一种比较有效的寻找客户资料的方法，且不需要任何投入。其含义就是让别人帮你寻找客户资料，同时你也帮别人寻找客户资料，大家彼此相互协助。

十、客户推荐法（把小礼物送给给你带来业务的人）

对于给你推荐客户的客户，你一定不要忘记他们，应该给予回报，哪怕是送一个你自己精心制作的小礼品也好，说明你心里感激他们。

4.1.4 潜在客户管理

一、客户管理的阶段

客户管理主要经过以下几个阶段：

（1）客户信息收集。

（2）客户划分。

（3）客户跟踪处理。

这其中最关键的就是客户的划分和跟踪处理。

二、客户的划分

对于手上现有的客户信息，可以从以下4个角度产生4种不同的划分方式。

（一）从客户是否已经和企业成交的状态来划分

可以把客户分为已成交客户、正在谈判的客户以及潜在客户。

（二）从客户的重要性来划分

重要性一般用可成交额度或者业务潜在量来衡量。按重要性来划分，可以把客户分为重要客户和非重要客户。

（三）从需要处理客户信息的时间段上来划分

可以把客户分为以下4种：

① 紧急客户（一般需要在一周内做出处理）。

② 缓急客户（一般指一周到1个月内需要对该客户作出处理）。

③ 不紧急客户（1个月以上3个月以内必须处理的客户）。

④ 可慢反应客户（3个月以后才可能发生关系的客户）。

（四）从客户的需求状况上来划分

可以把客户分为目标客户（现在就有需求）、潜在客户（未来有需求）和死亡客户（不会有任何需求）。

以上就是通常的4种划分方式，不同的划分有不同的管理方式。针对上面的分法，如何管理客户呢？

三、客户的管理

可以将他们糅合，产生一种新的分法——客户等级划分法。

（一）客户等级划分法

按客户等级划分法将客户划分为A、B、C、D、E共5个等级。

A 级客户：有明显的业务需求，并且预计能够在一个月内成交。

B 级客户：有明显的业务需求，并且预计能够在三个月内成交。

C 级客户：有明显的业务需求，并且预计能够在半年内成交。

D 级客户：有潜在的业务需求，或者有明显需求但需要在至少半年后才可能成交。

E 级客户：没有需求或者没有任何成交机会，也叫死亡客户。

（二）客户追踪志管理法

如何来管理这些客户？这里提供一种管理的方式，就是建立客户追踪志，称为客户追踪志管理法。

客户追踪志一般有以下几种：

（1）客户追踪日志：也就是需要每天将客户的信息重新跟踪处理，并刷新记录。

（2）客户追踪周志：就是每周内至少对客户的信息处理一次，并刷新记录。

（3）客户追踪半月志：也就是每 15 天对客户的信息处理一次，并刷新信息记录。

（4）客户追踪月志：也就是每 30 天需要对客户的信息至少处理一次，并刷新信息记录。

（5）客户追踪年志：也就每一年需要对客户的信息至少处理一次，并刷新信息记录。

有了客户追踪志以后，只需要对相应等级的客户用相应的追踪志做管理。一般来说，对于 A 级客户，需要用客户追踪日志；对于 B 级客户，使用客户追踪周志；对于 C 级客户，使用客户追踪半月志；对于 D 级的客户，使用客户追踪月志；而对于 D 级的客户，则使用客户追踪年志。而且每次客户追踪以后就对客户信息重新定格划分等级，并且用新的等级所对应的管理方法来处理。

经典实例

乔·吉拉德的故事

乔·吉拉德是世界上汽车销售最多的一位超级汽车销售员，他平均每天要销售 5 辆汽车。

他是怎么做到的呢？客户推荐法是他使用的一个方法，只要任何人介绍顾客向他买车，成交后，他会付给每个介绍人 25 美元，25 美元在当时虽不是一笔庞大的金额，但也足够吸引一些人，举手之劳就能赚到 25 美元。

哪些人能当介绍人呢？当然每一个人都能当介绍人，可是有些人的职位，更容易介绍大量的顾客，乔·吉拉德指出，银行的贷款员、汽车厂的修理人员、处理汽车赔损的保险公司职员，这些人几乎天天都能接触到有意购买新车的顾客。每一个人都能使用介绍法，但要怎么进行才能做得成功呢？

汽车推销大王乔·吉拉德在把汽车卖给顾客数星期后，就从客户登记卡中找出对方的电话号码，开始着手与对方联系："以前买的车子情况如何？"白天打电话，接听的多半是购买者的太太，她大多会回答："车子情况很好。"乔·吉拉德接着说："假使车子振动得厉害或者有什么问题的话，请送回我这儿来修理。"并且请她提醒她的丈夫，在保修期内送来检修是免费的。

同时，乔·吉拉德也会问对方，是不是知道有谁要买车子？若是对方说有位亲戚或朋友想将旧车换新的，他便请对方告知这位亲戚或朋友的电话号码和姓名，并请对方拨个电话替他稍微介绍一下。且让对方知道如果介绍的生意能够成功，对方可得到 25 美元的酬劳。最后，乔·吉拉德没有忘记对对方的帮助再三致谢。

乔·吉拉德认为，即使是质量上乘的产品，在装配过程中也会发生莫名其妙的小差错，虽经出厂检验，也难免有疏漏，这些毛病在维修部修起来并不难，但对顾客来说就增添了许多麻烦。把车子卖给顾客后，对新车是否有毛病的处理态度和做法如何，将会影响顾客向别人描述车子时的角度和重点。他可能会说："我买了一辆雪佛兰新车，刚购回来就出毛病！"但在你主动询问对方对车子的评价，及时发现毛病并给予免费维修后，顾客就会对别人说："乔·吉拉德这个人挺有意思，时时为我的利益着想，虽然车子出了点毛病，但他一发现，就马上给我免费修好了。"

思考与讨论题

1．乔·吉拉德用什么方式来寻找准顾客？

2．乔·吉拉德急着给顾客打电话询问车子的状况，是否会引起对方对所购产品质量的怀疑？假如出现这种情况，你认为应怎样处理？

3．乔·吉拉德为什么明知买主白天不可能在家，却偏偏在这个时候打电话到顾客家里去？这里的奥秘何在？

任务 2　汽车电子产品销售

4.2.1　汽车电子产品的销售方式

汽车电子产品的销售与一般产品的销售不一样，它有着自己独特的 3 种销售方式。

第一种方式就是随车赠送大礼包。

第二种方式是独立销售，就是车销售出去以后，再单独销售电子产品。在店内有专门的推广销售电子产品的人，这是一种非常可取的销售方式。

第三种方式就是把电子产品安装在新车上，和整车一起销售，也可称之为前装，是前装销售的一种。当然，这个前装是指 4S 店的前装，不是主机厂的前装。

4.2.2　汽车电子产品客户的消费特点

根据很多资深汽车电子产品销售人员的总结，汽车电子产品客户的消费特点主要有 3 点：

一、对产品的认知差别大

大多数客户对汽车电子产品的认知是停留在表面上的，即使他们通过各种途径获得了有关电子产品的介绍知识，但很多都不是通过文字或者口头话语传播就能让消费者理解透彻的，因此，客户对电子产品的认知和电子产品本身的功能特点有比较大的差别。

二、关注产品的品质

客户购买汽车电子产品多数是为汽车进行增值加装，或更好地享受驾驶和乘坐的艺术感，因此，他们对汽车电子产品的品质要求很高，所以，增加汽车电子产品的品质是首要任务。

三、担心上当受骗

当要购买一件不了解的商品时，人总是担心上当受骗，并且会很小心谨慎地选择，这是人所共有的心理。多数汽车电子产品的消费者对电子产品了解不多，所以走进汽车电子产品区，往往带着担心上当受骗的防备心理，对想要购买的汽车电子产品往往会问了一遍又一遍，总喜欢提出疑义，或者考虑多次后才购买。所以，汽车电子产品销售人员一定要对产品非常了解，才能说服这些疑心重重的客户，通过熟练的解释不断地消除客户的疑义，才能获得成功，一旦在解释产品的时候言词含糊闪烁，就很容易引起客户的怀疑。

了解了以上汽车电子产品客户的消费特点后，汽车电子产品销售人员还要清晰地了解顾客存在什么忧虑、他的车存在什么问题、哪种电子产品适合他的需求、什么价位适合他，等等，把这一连串儿的事情弄清楚后，汽车电子产品销售的成功率才会提高。

4.2.3 汽车电子产品销售的注意事项

汽车电子产品销售在汽车销售过程中占据重要的位置，而随着车市的激烈竞争，汽车电子产品销售越发成为企业营利的一个纽带，也成为维系客户情感的纽带。

一、在卖车的过程中带入汽车电子产品的销售

汽车电子产品是不能独立销售的，汽车电子产品就是汽车的附属物，独立销售肯定做不好，那就要将汽车电子产品的销售和汽车的销售融在一起，这一点至关重要。如在向顾客介绍某款车有智能钥匙时，销售人员就必须将遥控器拿给顾客看，告诉客户只要将遥控器放在包里面，人一靠近，车门就会自动打开，这样，汽车电子产品销售就和整车融在一起销售了。

二、安装样车让客户体验

任何一种销售，都是让顾客不断去体检，产品才能卖得好。前面提到汽车电子产品的销售要和整车销售融合在一起，那么，怎样跟整车最密切地融合在一起呢？安装样车是最佳方式，有了样车，就可以让客户切身去体验电子产品的实际作用与功能。在销售"智能钥匙·一键启动系统"产品时，4S店都是通过安装样车让顾客体验的方式去销售，这也是汽车电子产品厂家所要求的。若销售人员在介绍这款钥匙的时候就告诉顾客："这款钥匙是与遥控器合二为一的，一按钥匙就会弹起来。"并通过演示来告诉顾客，这也是一种让顾客体验的方法。

三、设计有效的销售流程

为了让汽车电子产品销售人员的销售行为规范，做到忙而不乱，让客户满意度达到更高，最终顺利地完成整个销售过程，4S店还应该设计有效的汽车电子产品销售标准流程。4S店在整车销售方面已经有很完善的销售流程，参照整车的销售流程，根据汽车电子产品销售的特点进行修改，设计出汽车电子产品的标准销售流程并不难。如一汽丰田4S店的精

品销售流程是：①目标设定与管理——②顾客接待——③商品说明及签单——④派工及安装——⑤车辆交付——⑥售后跟进。

四、提供专业的意见及建议

（一）用"切割"的原则来树立汽车4S店的"专业化"定位

通过向客户提供专业的意见及建议来销售产品。4S店在汽车电子产品的营销过程中，顾客普遍认为店内电子产品的价格相对比较高。那么，4S店要怎样做才能令顾客觉得价格合理呢？想要让顾客觉得产品贵得有价值，就必须从一个专业化的角度向顾客介绍产品，让顾客切实感到店内的产品有保障，这样，哪怕贵一点，他们也能接受。这也是一种"切割"的原理，就是将后市场和4S店一刀切割下去，4S店是专业的，顾客是非专业的。用专业做出来的产品，品质上有保障，顾客大可以放心，这才是4S店所要达到的理想状态。

（二）为客户创造出更多"超值感"

"4S店的产品贵"，正是消费者的普遍感觉，顾客都认为4S店卖电子产品都是"宰人"，所以，4S店要努力去平衡消费者的这种感觉，除了前面说的，从专业化角度向顾客介绍产品，给顾客安全保障外，还可以通过强调产品的多功能或赠送相关产业及服务，给客户超值感。4S店在销售"智能钥匙·一键启动系统"时就是这么做的。例如丰田公司在销售"智能钥匙·一键启动系统"时，就特别跟客户强调一点：装这套产品，可赠送3年防盗抢险，最高赔付可以达到20万，而顾客单买3年盗抢险就需要几千元。

（三）充分挖掘客户的消费需求

客户对电子产品的消费需求无非两个时间段，新车落地时和新车使用后。新车落地时是装饰及电子产品销售的最佳时间，除了将电子产品装进新车与新车打包销售外，4S店也要考虑到，客户在拿到新车时也会自主挑选一些电子产品，希望自己的"宝贝"更加完美。如果4S店能针对客户这个需求，多搞一些促销活动，或者将客户最需要的几样打包优惠销售，相信很多新车主都会买单。此外，4S店还要关注一些客户回店消费的产品，也就是新车使用后需要的电子产品，不要单考虑新车的销售，其实客户回头消费也是电子产品营销中的一大块。

五、加强培训，达到全员销售

汽车电子产品销售业绩的攀升，一是因为产品的性能得到消费者的认可，但更大的原因是4S店员工的专业化服务深得人心。对于电子产品销售业务来说，加强对销售人员的培训是至关重要的。

（一）培训实施的步骤

（1）4S店要制订培训计划和实施方案，确定培训目标及对象，选择培训方式，制作培训日程。

（2）要按计划组织实施培训，选好讲师，整合教材，准备培训场地，按计划进行培训。

（3）要对培训成果进行考核并点评销售人员的演练，培训课程完成后，以笔记或实战的方式考核培训人员，并利用固定时间进行演练。

（4）一定要追踪改善，时时关注培训效果，总结经验，使培训人员的能力不断得到提高。

（二）常用培训方法

在理论学习上，可以采用讲授法，这样有利于受训者系统地接受新知识、掌握销售理论；对工作流程和操作技能的培训，可以采用演示法，这样可以激发受训者的学习兴趣，利用多种感官，做到看、听、想、问相结合，获得感性知识，加深对所学内容的印象；针对应对客户方面，则可以运用角色扮演法，训练受训者的基本动作和技能，提高他们的观察能力和解决问题的能力。

（三）在培训的过程中要有针对性

（1）应根据不同岗位的工作职能给予培训。

（2）要有计划性，要安排好定期的培训，例如以周、月或自定期限为培训周期。

（3）要注意灵活性，根据销售策略和人员的变化，及时调整培训计划。加强热销产品的培训，提高员工达成交易的能力，最大限度地利用热销产品，有效提高营业额。

例如，珠海腾达在培训方面注重与市场形势相结合，主动探索市场动向，及时进行热销产品的培训，每月进行一次电子产品专题培训，由电子产品主管组织，设定课题，制作材料，并在每月末进行考核，这一培训的实施，大大提高了该公司的营业额。兵法曰："夫军无习练，百不当一；习而用之，一可当百。不教而战是谓弃之。"商场如战场，不教给员工应掌握的知识和技能，员工则没有执行力，企业也无法在商场中独占鳌头。如有的公司在每天下班后用 1~2 个小时进行培训，同时不断开展销售演习，让业务人员对新产品的了解达到最高境界。

4.2.4 客户异议处理

一、处理客户异议应注意的问题

不成熟的市场与不成熟的客户会产生很多的客户异议。在汽车电子产品销售的过程中，影响成交的重要因素之一就是客户的异议。汽车电子产品销售人员在销售过程中，经常会遇到客户提出的异议。销售人员要明白"挑货人才是买货人"的道理，客户没有问题才是销售过程中最大的问题。对待异议，销售人员要端正心态。此外，也要在处理异议的过程中找到自己的优势和不足，及时取长补短。判断一个销售人员有没有能力，不是看他背产品知识背得多好，而是看他解决问题的能力。销售人员所要思考就是：问题怎么解决、用什么方法来解决。一个好的销售员，往往就是一个解决问题的高手，甚至他会将问题消灭在萌芽之中。

销售人员要有良好的心理素质和较强的应变能力，以平常心对待客户异议，及时应对客户可能提出的异议，做到有备无患。汽车电子产品销售人员在处理客户异议的时候，首先必须认识到，客户产生异议是一件很正常的事情，提出问题的客户才是最有可能购买汽车电子产品的客户。因此，销售人员要控制好自己的情绪，正确对待客户异议，继续努力，说不定能使销售发生转机。其次，销售人员要明白，客户有拒绝购买的权利。遭到客户拒绝的时候，销售人员不应该自暴自弃或放弃继续努力。拒绝虽然会给销售人员带来一定的负面影响，但真正优秀的精品销售人员善于从拒绝中总结经验，为下次的成功做好准备。

二、客户产生异议的原因

在汽车电子产品销售的整个过程中，汽车电子产品销售人员从接触客户、商谈到成交，每一个环节都可能会遭遇客户的异议。对汽车电子产品销售人员来说，客户的异议是家常便饭，是一件很常见的事。一个异议之所以产生出来，通常有3种情况：

（一）对销售人员不信任

客户对销售人员产生不信任的原因是多方面的。例如，当客户对产品了解得十分透彻了，而销售人员所介绍的内容与客户所了解的信息却不对称，客户就会对销售人员产生不信任。因为客户对销售人员所说的每一句话都会抱着审视的态度，如果销售人员提供的信息与客户了解的信息不同甚至是有误，其结果可想而知。此外，销售人员要想让客户信任自己，还要做到态度诚恳，举止得当。

（二）客户对自己没有自信

也有许多客户对汽车电子产品并不是非常了解，因此对销售人员的介绍会显得自信不足，难以抉择。或是如同上面所说，发现销售人员提供的信息与自己掌握的信息不对称，客户往往担心自己上当受骗。

（三）客户的期望未能满足

这可能是由于销售人员的服务态度不够专业，或是等待的时间过长，或是销售人员的粗心大意而导致的。客户的期望未能得到满足，自然而然会产生异议。

4.2.5　汽车电子产品售后服务

售后服务，就是在商品出售以后所提供的各种服务活动。从推销工作来看，售后服务本身也是一种促销手段。在追踪跟进阶段，推销人员要采取各种形式的配合步骤，通过售后服务来提高企业的信誉，扩大产品的市场占有率，提高推销工作的效率及效益。

一、售后服务的重要性

售后服务是售后最重要的环节。售后服务已经成了企业保持或扩大市场份额的要件。售后服务如何，会影响消费者的满意程度。在购买时，商品的保修、售后服务等有关规定可使顾客摆脱疑虑、摇摆的心态，下定决心购买商品。优质的售后服务是品牌经济的产物，在市场竞争激烈的今天，随着消费者维权意识的提高和消费观念的变化，消费者不再只关注产品本身，在同类产品的质量与性能都相似的情况下，更愿意选择那些拥有优质售后服务的公司。

客观地讲，优质的售后服务是品牌经济的产物，名牌产品的售后服务往往优于杂牌产品。名牌产品的价格普遍高于杂牌，一方面是基于产品的成本和质量，同时也因为名牌产品的销售策略中已经考虑到了售后服务成本。

二、售后服务的内容

（1）代为消费者安装、调试产品。

（2）根据消费者的要求，进行有关使用等方面的技术指导。

（3）保证维修零配件的供应。

（4）负责维修服务，并提供定期维护、定期保养。

（5）为消费者提供定期电话回访或上门回访。

（6）对产品实行"三包"，即包修、包换、包退（许多人认为产品售后服务就是"三包"，这是一种狭义的理解）。

（7）处理消费者来信来访以及电话投诉意见，解答消费者的咨询。同时用各种方式征集消费者对产品质量的意见，并根据情况及时改进。

三、售后服务流程

售后服务流程如图 4-2-1 所示。

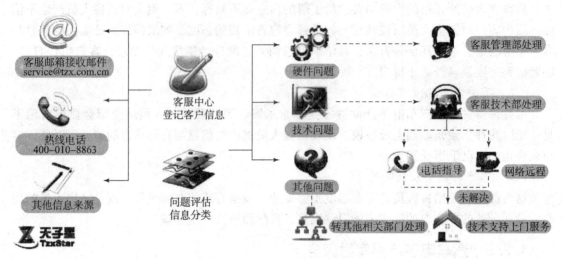

图 4-2-1　售后服务流程

四、售后服务的要点

（一）耐心聆听

对顾客所说的话要从头到尾耐心地听。一般人如果听到对方重复话题，不免都想阻止对方，于是就说"我知道了"，不想让对方再说下去。但是请你一定要把这些反复的话当作重要的信息，耐心地听完。

（二）听出真意

在与顾客谈话的过程中或者是了解、商讨对策的过程中，你要注意地去听，听出顾客真正的用意在哪里，看他们有什么不满或者抱怨的情形。如果你遇到的顾客表达得可能不是特别清楚，或他讲话可能有一些结巴，你也一定要有耐心，让顾客把他的问题说出来，从他的话中听出真意。因为说出"不便说或不敢说的话"才是重要的。

（三）引导顾客出对策

如果车辆问题实在没有办法解决，也可以让顾客帮你想出对策。当你用心去为顾客服务，用心地关心顾客时，顾客会感谢你，还会做出更大、更好的回馈，为你想出最好的解决烦恼的对策来。

（四）通过服务树立企业形象

在产品同质化日益严重的今天，售后服务作为市场营销的一部分，已经成为众多厂家和商家争夺消费者的重要领地，良好的售后服务是下一次销售前最好的促销，是提升消费者满意度和忠诚度的主要方式，是树立企业口碑和传播企业形象的重要途径。

（五）提升顾客满意度

售后服务作为顾客提出来的要求，厂家或商家做的好坏程度将与顾客的满意程度成正比。售后服务做得好，能达到顾客提出的要求，顾客的满意度自然会不断提高；反之，售后服务工作做得不好或者没有去做，顾客的满意度就会降低，甚至产生极端的不满意。

顾客满意后，通常会持续购买自己满意的产品，进行口碑宣传，这对提高产品的市场占有率和品牌的美誉度会起到强有力的作用。若顾客因服务不满意，则会做不好的宣传。据实证研究结果表明：96%的消费者遇到服务不周到的情况是不会投诉的，但90%的不满意消费者不会再购买该公司的产品和服务，或将他们的经历告诉至少另外9个人，13%有过不满意经历的消费者会将他们的经历告诉20个人以上。

五、售后危机应对

（一）倾心梳理

客户购买了产品之后，在使用的过程中出现了问题，导致产品不能正常使用。客户会通过各种渠道（电话、邮件、信访等）抱怨对产品的不满。无论客户是通过哪种渠道投诉，永远记住，不要争辩，要耐心地倾听，把客户的问题梳理出来，然后在适当时机表达你的观点。

（二）勇于认错

千万不要和你的顾客发脾气，要学会控制情绪，做一个高智商的销售人员。顾客可能很生气，但你一定要耐心地接受，不要做过分的辩解，只需要认错。尊重顾客是一个称职的销售人员必须具备的素质，即使你知道这个顾客误会了你，或者你平白无故地被顾客骂了，你仍然要静静倾听顾客吐苦水，有时在你耐心地倾听时，顾客的怒气就消了，你对顾客的不满也就不知不觉地解决了。许多人在顾客尚未表露不满时，就很焦急地想找借口应付他，如果你一再地辩解，顾客会情绪性地产生反感。一旦他的不满强烈地表现出来，就会带走更多的顾客。

（三）提供解决方案

（1）如果是产品本身的质量问题引来顾客的不满，首先要诚恳地向客户表示歉意，并表示会在约定期间尽快帮客户把问题处理好。

（2）如果是人为原因造成产品不能正常使用，首先，要肯定客户对公司产品的认可，感谢客户对公司的支持；然后，向客户说明出现问题的原因，表示出现这类问题不在保修范围内，再根据客户的问题，向客户提供其他的解决方案。

经典实例

一家4S店在卖雄兵汽车电器有限公司的新产品"智能钥匙·一键启动系统"时，就采用了价值列表的思维去卖这个汽车精品。这家4S店把它掰成几个部分来卖，如表4-2-1所示，将汽车分为有智能钥匙和没智能钥匙的，差价2万元钱；防盗自动升窗功能值2 000元；声光报警防盗功能值1 000元，因为原配的防盗器是芯片防盗锁发动机，振动时不报警，这款产品能够振动报警；两把电子钥匙价值2 000元；一份保险共值2 700~2 800元。即使是说少了2万元钱的功能，"智能钥匙·一键启动系统"还能送顾客这个或那种功能，将它的价值通过表4-2-2列出来，可以发现，最后整套产品售价五六千，没有任何困难。从而使这个产品很容易被顾客接受，这样产品销售起来十分顺畅。

表 4 - 2 - 1 "智能感应·一键启动系统"的价值列表

序号	功能	价值/元	备 注
1	智能钥匙系统	20 000	可将原来的遥控中控升级为防盗系统；
2	自动升窗功能	2 000	原车大多数没防盗自动升窗功能，这可有效防止因忘记关窗而被盗的风险；
3	声光报警防盗功能	1 000	
4	双智能感应电子钥匙	1 000	20 万的盗抢险每年约 920 元，三年则 2 760 元；
5	三年盗抢险	3 000	其计算方法因不同的地区可能有差别
合 计		27 000	

 思考与讨论题

1. 该家 4S 店为什么这样销售？有什么好处？
2. 针对该产品，客户可能提出哪些异议？应如何应对？

情境 5

汽车电子产品其他营销

情境导入

随着信息化技术水平的不断提高和客户消费观念的转变，企业的营销概念和营销理念不断创新，小王所在的汽车电子产品公司想寻找更多的营销方案，以提高知名度，增进销量。他该如何做！

学习目标

知识目标

1. 了解网络营销的概念及特点。
2. 了解网络营销的流程及策略。
3. 了解汽车电子产品定制营销与关系营销的概念及特点。
4. 熟悉网络营销策划方案的撰写。
5. 熟悉定制营销与关系营销的应用。

能力目标

1. 熟悉互联网，具有搜集和处理数字化信息的能力。
2. 有建立与维护长期顾客关系的能力。
3. 能与顾客双向沟通、相互信任，有联合活动的执行能力。
4. 根据不同的营销理念，结合汽车电子产品的性能，能策划相应的营销方案。

任务1　汽车电子产品网络营销

5.1.1　网络营销的概念

一、网络销售的核心

（一）网络营销的含义

网络营销就是以国际互联网为基础，利用数字化的信息和网络媒体的交互性来辅助营销，从而实现目标的一种新型的市场营销方式。简单地说，网络营销就是以互联网为主要手段进行的，为达到一定营销目的的营销活动，是企业整体营销战略的一个组成部分，是为实现企业总体经营目标所进行的，以互联网为基本手段营造网上经营环境的各种活动。准确地说，网络营销就是以互联网为主要手段开展的营销活动。网络营销概念的同义词包括线上营销、互联网营销、在线营销、网络行销、口碑营销、视频营销、网络事件营销、社会化媒体营销、微博营销、博客营销、知识营销等。

（二）网络营销的5个精准定位

（1）核心竞争力定位。

（2）目标客户定位。

（3）核心产品定位。

（4）品牌差异化定位。

（5）关键词精确定位。

传统的营销方式（电视广告、报纸、户外广告等）成本大、效果难监控。而随着网络的发展，互联网品牌推广表现出高性价比的优势，让企业的产品或品牌深入消费者心坎，让消费者认识品牌、了解品牌、信任品牌，到最后依赖品牌。

二、网络营销的特点

（一）交易成本的节省性

交易成本的节省体现在企业和客户两个方面。对企业来说，尽管企业上网需要一定的投资，但与其他销售渠道相比，交易成本已经大大降低了，其交易成本的降低主要包括通信费用、促销成本和采购成本的降低。

（二）交易的特殊性

交易的特殊性包括交易主体和交易对象的特殊性。从交易主体来看，随着网民的增加和电子商务的发展，网上购物的人数在不断增加。但是网上购物者的主体依然是具有以下共同特征的顾客群体：年轻、比较富裕、比较有知识的人；个性化明显、需求广泛的人，知识广博、头脑冷静、擅长理智分析和理性化选择的人，求新颖、求方便、惜时如金的人。从销售对象的特征来看，并不是所有的商品都适合在网上销售。

5.1.2 汽车电子产品网络营销的流程

一、网络营销的流程

（一）将自己的企业全面快速地搬到互联网上

企业在建立自己的网络营销方案的时候，首先要考虑到把自己的网站建成营销型的网站。

（二）通过多种网络营销工具和方法来推广和维护企业网站

在互联网做的任何宣传和推广活动都必须以企业的网站为核心。

（三）网站流量的监控与管理

通常人们采用流量监控与分析系统和在线客服系统来实现网站流量的监控与管理。营销型网站需要一套功能齐备的在线客服系统，以此来帮助人们时时主动地发出洽谈，能够及时地将有效的流量（潜在客户或意向客户）转换为网上销售。

二、网络营销方案制定的内容

（1）网络营销战略规划：总体目标与战略方案；

（2）网络营销计划；

（3）网络营销目标；

（4）企业实施网络营销的内容与方式；

（5）企业网页设计框架；

（6）网络营销实施方案；

（7）网络营销应注意的问题。

5.1.3 汽车电子产品网络营销策略

一、网络营销获取方法

（一）找出客户期待什么

无论公司规模如何，都要用专业精神和礼貌来对待电子客户。

要告诉客户，公司是一家正规的合法公司，公司始终对产品负责。如果可能，在主页上解释公司有哪些服务和产品保证。告诉客户，公司非常在意客户的满意度，也就是在宣布公司非常重视客户。

客户想知道公司是值得信赖的。通过与客户的沟通，展示公司的可靠性。迅速答复所有客户的电邮问询。

客户想知道公司是人性化的。客户发电邮询问时，公司在回信中使用的措辞要尽量人性化。

（二）让客户方便联系

1. 24 小时在线

在网上做生意，客户会觉得在一天 24 小时中不管什么时候来到公司网站，都是受欢迎的。

2. 迅速处理订单

电子客户希望订单能得到快速处理。对在网上购物的客户来说，最讨厌的事情就是问询石沉大海，或者答复姗姗来迟。

3. 通过电邮建立客户忠诚度

感谢客户对公司的关注。用电邮告知大减价、特别折扣或新产品的信息。给回头客户发邮件，让他们知道公司最近的情况。但在电邮中要为不愿意收到这些邮件的客户提供选择退出的方法。

4. 用电邮与客户沟通时，要确认所写的内容正是公司想表达的意思

在点击"发送"按钮前要小心斟酌用词，利用优秀的沟通技巧，这要从邮件的标题开始，保证标题能反映邮件的内容。

5. 让信息看上去有趣

信息应尽量简短，用短句和主动句来表达。段落要简短，用双倍行距在信息的主体部分留下空间。尽可能使用项目列表或标题形式的文字，认真校对所有信息，结语有趣。说一些具体的事情，这是加入公司个性的好地方，可以加一句话表现你对生意的重视。落款要留下个人的名字和职位。

6. 表现专业水准

不要把人模式化，不要居高临下地对客户说话，不要随意猜测。尊重别人，也能表现出你的彬彬有礼与宽容。在回信中要尽量体现专业水准，对电子客户可能不理解的词或专业术语给予完整的解释。

二、网络营销四大定位

网络销售围绕着互联网展开，网络销售的四大定位分别如下：

（一）产品特点定位

知道产品的核心竞争力是什么，也就是通常人们所说的卖点。

（二）产品人群定位

一定要知道自己的产品是卖给谁的。对相应的客户群体进行分析。

（三）产品市场定位

要知道自己的产品在市场上占有的份额是多少、竞争对手是谁。俗话说："知己知彼，百战不殆。"

（四）网络销售方法定位

根据产品的卖点，进行客户群体分析、竞争对手分析及市场分析，选择适合自己的网络销售方式。

三、汽车电子产品网络营销的定价策略

（一）定制

定制定价策略的核心是价格会变动，根据消费者的需求进行有针对性的定价。要实行定制定价策略，需要进行资料的搜集，建立数据库，将每一个客户都当成一个独立的个体。定制定价策略常适用于服务类，如品牌传播服务、网站优化推广等，需要根据客户的需求进行详细的分析，确定其难度，从而定制出一个合理的价格。

（二）低价

低价定价策略可以说是一种耳熟能详的定价策略，低价定价策略的核心是薄利多销和抢占市场。薄利多销的前提是产品的需求量大，生产的效率高，就如日常的生活用品纸巾、洗发水等。而抢占市场适用于一个新产品的发布，为了提高市场的知名度，为了建立消费者的认知，新产品的低价定价策略是一个不错的选择。

（三）拍卖

拍卖定价策略是一种较为新颖的定价策略，物品起始的价格非常低，甚至为零，但是经过消费者的一番争夺后，其价格便会无限制地上涨。甚至其竞拍的价格会高于物品一般的价格。如一些数量稀少难以确定价格的物品都可设置拍卖定价策略。拍卖定价策略的前提是物品稀少、市场需求大。

（四）捆绑

捆绑定价策略是现代最为普遍的一种定价策略。捆绑定价策略多运用于配套的产品或服务，也可运用于类似的产品销售。但是捆绑定价策略不可令消费者产生负面的印象，需要令消费者满意。

（五）品牌

在现代的产品销售中，定价除了考虑产品的成本和质量外，还需要考虑产品的品牌性，而现代消费者消费也具有品牌针对性。当消费者认准了一个品牌后，未来的消费都会倾向于该品牌。品牌的知名度是建立在不断的推广维护上的，所以，在进行网络营销时，需要考虑产品的品牌性，如著名的世界品牌，其定价便定得高些，这样才能显示出其品牌价值。

四、网上促销策略

在进行网络营销时，对在网上营销活动的整体策划中，网上促销是其中极为重要的一项内容。促销是指企业利用多种方式和手段来支持市场营销的各种活动。而网上促销是指利用Internet等电子手段来组织促销活动，以辅助和促进消费者对商品或服务的购买和使用。根据网上营销活动的特征和产品服务的不同，结合传统的营销方法，可总结出以下几种网上促销策略。

根据促销对象的不同，网上促销策略可分为消费者促销策略、中间商促销策略和零售商促销策略等，以下主要是针对消费者的网上促销策略而言。

（一）网上折价促销

折价也称打折、折扣，是目前网上最常用的一种促销方式。如今网民在网上购物的热情远低于在商场超市等传统购物场所，因此，网上商品的价格一般都要比商场超市的价格低，以吸引人们购买。由于网上销售的商品不能给人全面、直观的印象，也不可试用、触摸，再加上配送成本和付款方式的复杂性，造成网上购物和订货的积极性下降。而幅度比较大的折扣可以促使消费者进行网上购物的尝试并做出购买决定。

大部分网上销售的商品都有不同程度的价格折扣，如8848、当当书店等。

折价券是价格直接打折的一种变化形式，有些商品因在网上直接销售有一定的困难，便结合传统营销方式，可从网上下载、打印折价券或直接填写优惠表单，到指定地点购买商品时再享受一定优惠。

（二）网上变相折价促销

变相折价促销是指在不提高或稍微提高价格的前提下，提高产品或服务的品质数量，较大幅度地增加产品或服务的附加值，让消费者感到物有所值。由于在网上直接进行价格折扣容易给消费者造成降低了品质的怀疑，利用增加商品附加值的促销方法就容易获得消费者的信任。

（三）网上赠品促销

赠品促销在网上的应用不算太多，一般情况下，在新产品推出试用、产品更新、对抗竞争品牌、开辟新市场的情况下，利用赠品促销可以达到比较好的促销效果。

1. 赠品促销的优点

（1）可以提升品牌和网站的知名度。

（2）鼓励人们经常访问网站以获得更多的优惠信息。

（3）能根据消费者索取赠品的热情程度，总结分析营销效果和消费者对产品本身的反应情况等。

2. 赠品促销应注意赠品的选择

（1）不要选择次品、劣质品作为赠品，这样做只会起到相反的作用。

（2）明确促销目的，选择适当的能够吸引消费者的产品或服务。

（3）注意时间和时机，如冬季不能赠送只在夏季才能用的物品，另外，也可考虑不计成本的赠品活动。注意预算和市场需求，赠品要在能接受的预算内，不可过度赠送赠品而造成营销困境。

（四）网上抽奖促销

抽奖促销是网上应用较广泛的促销形式之一，是大部分网站乐意采用的促销方式。抽奖促销是以一个人或数人获得超出参加活动成本的奖品为手段进行商品或服务的促销，网上抽奖活动主要附加于调查市情、产品销售、扩大用户群、庆典、推广某项活动等。消费者或访问者通过填写问卷、注册、购买产品或参加网上活动等方式获得抽奖机会。

网上抽奖促销活动应注意的问题：

（1）奖品要有诱惑力，可考虑用大额超值的产品吸引人们参加。

（2）参加活动的方式要简单化，因为上网费偏高、网络速度不够快以及浏览者兴趣不同等原因，网上抽奖活动要策划得有趣味性和容易参加。太过复杂和难度太大的活动较难吸引匆匆的访客。

（3）抽奖结果要公正、公平，由于网络的虚拟性和参加者的广泛地域性，对抽奖结果的真实性要有一定的保证，应该及时请公证人员进行全程公证，并及时通过 Email、公告等形式向参加者通告活动的进度和结果。

（五）积分促销

积分促销在网络上的应用比起传统营销方式要简单和易操作。网上积分活动很容易通过编程和数据库等来实现，并且结果可信度很高，操作起来相对较为简便。积分促销一般设置价值较高的奖品，消费者通过多次购买或多次参加某项活动来增加积分以获得奖品。

积分促销可以增加上网者访问网站和参加某项活动的次数；可以增加上网者对网站的忠诚度；可以提高活动的知名度等。

现在不少电子商务网站发行的虚拟货币应该是积分促销的另一种体现，如 8848 的"e元"、酷必得的"酷币"等。网站通过举办活动来使会员"挣钱"，同时可以用仅能在网站使用的虚拟货币来购买本站的商品，实际上是给会员购买者相应的优惠。

（六）网上联合促销

由不同商家联合进行的促销活动称为联合促销，联合促销的产品或服务可以起到一定的优势互补、提升自身价值等效应。如果应用得当，联合促销可起到相当好的促销效果，如网络公司可以和传统商家联合，以提供在网络上无法实现的服务。

以上6种方式是网上促销活动中比较常见又较重要的方式，其他如节假日的促销、事件促销等都可以和以上几种促销方式进行综合应用。但要想使促销活动达到良好的效果，必须事先进行市场分析、竞争对手分析以及在网络上活动实施的可行性分析，与整体营销计划结合，有创意地组织实施促销活动，使促销活动新奇、富有销售力和影响力。

五、撰写网络营销策划方案

网络营销策划就是为了达成特定的网络营销目标而进行的策略思考和方案规划的过程。在理解网络营销策划概念的时候，要以特定的网络营销目标为前提，也就是要明白策划的对象、策划要达成的目标。同时，网络营销策划最先要做的是营销策划，网络只是营销策划的范围而已。

（一）网络营销策划的内容

一般来说，网络营销策划主要可分成以下几个模块：

1. 网络营销营利模式策划

主要解决通过什么途径来赚钱的问题。

2. 网络营销项目策划

主要解决我们是谁、我们做什么、我们的核心优势、我们靠什么赚钱、我们的目标是什么、我们应该怎样实现目标等一些宏观层面的问题。同时需要将具体的行动编制成甘特图，也就是行进路线和进度控制。

3. 网络营销平台策划

是策划建设网站，还是借助第三方平台来做，这需要与营销模式相匹配。同时要考虑网站怎么规划，从结构逻辑、视觉、功能、内容、技术等方面去规划是不错的选择。

4. 网络推广策划

网站怎么推广、品牌产品怎么推广、怎么广而告之、怎么吸引目标客户、通过什么手段来传播推广、有什么具体的操作细节和技巧、怎么去执行等，都需要全面考虑。

5. 网络营销运营系统策划

这主要包括业务流程的划分，根据业务流程来规划部门编制、团队岗位、薪酬、管理考核、培训等。

一般网络营销策划就是上述几个模块，因为在具体进行网络营销的过程中，为了动态平衡，要进行专题策划，如某网站的销售力差、转化率低，那就形成了以转化率为核心的网站销售力策划，但是这其实在网站平台策划中就已经包含了。而在网络推广策划中就可以形成单一传播形式的策划，如博客营销策划、软文策划、网络广告策划、SEO策划、论坛推广策划，也可形成以主题为核心的阶段性整合传播策划，将各种网络传播渠道集中利用。

另外，在网络营销过程中，数据分析是一个非常重要的模块，这可以理解为"为了达成提升公司网络营销效率的目标，而进行网络营销数据统计、分析、比对、解构和总结"的网络营销数据分析策划。

（二）网络营销策划方案的编写步骤

1. 确定目标

即确定策划对象、策划目标、策划的意义作用。

2. 分析思路

从目标客户、竞争对手、自身优劣来综合分析，确定策划的整体思路。

3. 执行分解

具体落实思路，需要分解为几个模块、几个步骤和环节，然后用一定的人力、财力、物力等资源配合，最后将所有操作编制成一份甘特图，从时间、空间、任务、目标等落实到人。

需要注意的是，在具体的网络营销策划方案执行过程中，不管前期考虑得多周详，也一定有需要调整的细节。所以，前期策划、组织领导和执行监督控制一样，都不能缺失，只有这样，才能将网络营销工作越做越好。运筹帷幄，决胜网络。

🔄 经典实例

宝马 MINI 城市微旅行
——搜狗输入法皮肤、搜狗壁纸设计大赛

一、营销背景

在繁忙的工作中，不让假期牵绊自己的步调。就在居住的城市，选定若干绝佳去处，展开长则数天、短则半日的旅程。期盼意外发现那些朝夕相处的城市不为人知的美。最快乐的事，莫过于像 MINI PACEMAN 一样有意思、有格调、有脾气的旅伴。

MINI 将这种行走方式、这种发现的概念称为"城市微旅行"，如图 5-1-1 所示。这种懂得享受生活美好的用户，恰恰是 MINI PACEMAN 的核心目标人群。伴随着 MINI PACE-MAN 车型全新上市，MINI 将车型推广与融入步调引领者的城市微旅行活动，以及新车的理念在网络上最大化地展现，让更多的人认识并认同 PACEMAN 车型。

图 5-1-1 城市微旅行

二、营销目标

借助搜狗强大的用户规模覆盖和使用人群与 MINI PACEMAN 的高度匹配，实现用户的积极参与互动。

三、营销策略

（一）强大的用户规模

MINI 选择与搜狗合作，主要建立在搜狗强大的用户规模基础上，搜狗输入法用户超过

4亿，搜狗壁纸用户超过1亿，每天活跃的用户分别超过1.9亿，凭借这些活跃的用户在他们每天必经的浏览渠道中覆盖，在用户打字过程中和使用电脑桌面时全程营销，最大限度地传播微旅行的主题与活动信息。

（二）精准的用户定位

从MINI的定位、市场状况及搜狗汽车行业投放等多方面共同研讨得出，喜欢个性化输入法皮肤、电脑手机壁纸的用户，往往更重视生活品位和格调，满足MINI PACEMAN的定位。MINI新车与搜狗人群均为年轻、活跃的人群，他们偏好互动、新颖的方式，厌恶硬性的推送，视觉影响占据他们营销体验的重点。所以，最终确定了以微旅行为主题的输入法皮肤、搜狗壁纸设计大赛，以用户设计的作品来影响更多用户。

（三）创新的营销方式

调动搜狗已经积累的大量设计师资源，让他们参与设计大赛，唤来更多优质作品。在大赛结束的同时，利用广告位推送优质作品，吸引更多的用户点击下载皮肤及壁纸，在日常生活中时刻营销。

搜狗输入法的另一个资源——新词弹窗本身具有新鲜信息整合的平台作用，将此次赛事作为新鲜事告知，不仅不会引起反感，反而容易调动更多兴趣。

四、创意沟通元

举办以新车皮肤壁纸为核心思想的设计大赛，以视觉冲击传递MINI品牌内涵。

搜狗以MINI新车设计大赛为契机，开辟了一个先河。设计师参与设计搜狗的输入法皮肤、壁纸，不但能够尊享万千网民的膜拜，更能通过优秀的设计赢得各类精美礼品和奖金。

以往的展示广告，往往比拼的是广告展现的位置和机会，搜狗却切入另一个全新领域，以大家每天使用的输入法皮肤以及电脑手机桌面为原点，构建了一套全新的广告体系。当用户对图片产生浓厚的兴趣后，可以点击下载皮肤或桌面壁纸，客户广告将会很长时间地驻留在用户打字时和开机浏览时，将广告时间无限延长。

对于不少网民来说，已经厌倦被各种广告信息轰炸，搜狗设计大赛的独特创意，让产品图片以高端、大气、上档次的格调进驻消费者视野。

搜狗输入法皮肤、壁纸设计大赛的核心价值在于易复制，对于以品牌、产品展现为主的用户，都具有推广价值！

五、执行过程

第一步，借助输入法皮肤、壁纸设计大赛，以输入法皮肤及壁纸为主载平台，利用搜狗积累的大量设计师参与互动，设计出优秀作品。

第二步，多样推送设计作品，让网友点击下载，实现品牌曝光。

第三步，下载后的作品上可以添加链接至品牌官网，为营销铺路，基于用户的主动下载及点击互动行为，可以让品牌信息快速扩散。

创意策略：以微旅行为主题，向广大受众征集作品，并在作品中加入官网链接再次推送，将品牌桌面MINI站请到用户桌面上，让用户在对壁纸、皮肤的使用中，全天候时刻感受品牌理念。

媒体策略：在征集阶段，运用皮肤、壁纸及新词弹窗等资源，广泛推送赛事，让这一创意活动被更多受众所知。在推送阶段中，再运用皮肤及壁纸的推送资源，选择用户黏度较高的资源位促进作品的下载使用。

六、营销效果与市场反馈

此次合作超过原定目标。最终征集得到 58 款皮肤、195 款壁纸，远超过原定计划的几十款，下载量分别达 76 万与 1 603 万，为原定计划 8 万的上百倍。

除去下载量与征集作品，据统计，搜狗达到了 3.8 亿次的展现量，预约试驾导流 1 663 次，官网导流超 17 万，成功地让更多的人主动了解了 MINI 新车，拉近了品牌与消费者的距离，以皮肤和壁纸的制作使用，使视觉冲击加网络生活伴随，从而感知品牌微旅行概念。推广期间，MINI 曝光量明显增加，官网流量与试驾导流显著提升。

七、专业点评

《广告人》的社长、总编穆虹评价如下：

随着"80 后""90 后"逐渐成为汽车消费市场的主要购买群体，各大汽车品牌纷纷收起刻板、传统的营销手段，寻求最契合年轻人需求的营销方式。"MINI 城市微旅行——搜狗输入法皮肤、搜狗壁纸设计大赛"无疑在这方面给出了绝佳的思路和答案。

对于 MINI 而言，这是一次全新的营销模式，更是一次精准的跨界营销，巧妙地通过搜狗输入法、壁纸等客户端产品，MINI 品牌有效地拓展了传播渠道，并全面覆盖、时刻营销主流用户人群。值得一提的是，案例采用征集作品的形式，特别是调动搜狗已经积累的大量设计师资源，以他们的参与吸引更多的参与者，唤来更多的优质作品。

活动期间，MINI PACEMAN 品牌在短时间内得到快速、集中曝光，实现并超越预期效果。该案例已经成为全新营销模式的标杆案例，也为汽车企业提供了一个新的营销范式。

🎧 思考与讨论题

1. 简述宝马 MINI 的网络营销方式。
2. 这种营销方式在实施过程中有哪些注意事项？

任务 2 汽车电子产品定制营销与关系营销

5.2.1 汽车电子产品定制营销

一、基本概念及发展沿革

（一）定义

定制营销（Customization Markting）是指在大规模生产的基础上，将市场细分到极限程度——把每一位顾客视为一个潜在的细分市场，并根据每一位顾客的特定要求，单独设计、生产产品并迅速交货的营销方式。它的核心目标是以顾客愿意支付的价格并以能获得一定利润的成本，高效率地进行产品定制。美国著名营销学者科特勒将定制营销誉为 21 世纪市场营销最新领域之一。在全新的网络环境下，兴起了一大批像 Dell、Amazon. com、P&G 等为客户提供完全定制服务的企业。

（二）源起

1999 年 10 月，上海一家著名的百货集团公司在其下属的所有门店都建立了"消费者家庭档案"，集团公司根据档案设计出各种档次的家庭用品消费方案，并分别送给这些家庭，结果家庭用品销售额立即猛增了 3 倍。这种营销方式就是被美国著名营销学者科特勒誉为 21 世纪市场营销最新领域之一的"定制营销"。

二、产生与发展因素

随着经济的快速发展，居民收入、购买力水平同步提高，人们的消费需求、消费观念发生着变化。从感情消费（量的满足、质的满足和感性满足）逐渐转变为差别消费，同时，消费越来越从共性消费向个性消费转变，这也是非常明显的一个发展趋势。

三、基本特点

与传统的营销方式相比，定制营销主要具有以下优点：

（一）能极大地满足消费者的个性化需求，提高企业的竞争力

海尔的"定制冰箱"服务已充分说明这一点。

（二）以销定产，减少了库存积压

随着买方市场的形成，大规模地生产雷同的产品，必然导致产品的滞销和积压，造成资源的闲置和浪费，定制营销则很好地避免了这一点。因为这时企业是根据顾客的实际订单来生产，实现了以需定产，因而几乎没有库存积压，加快了企业资金的周转速度，同时也减少了社会资源的浪费。

（三）有利于促进企业的不断发展

创新是企业永葆活力的重要因素，但创新必须与市场及顾客的需求相结合。否则，将不利于企业的竞争与发展。在定制营销中，顾客可直接参与产品的设计，企业也根据顾客的意见直接改进产品，从而达到产品、技术上的创新，并能始终与顾客的需求保持一致，从而促进企业不断发展。

四、局限与不足

定制营销也并非十全十美，它也有其不利的一面。

（1）由于定制营销将每一位顾客视作一个单独的细分市场，这固然可使每一个顾客按其不同的需求和特征得到有区别的对待，使企业更好地服务于顾客。但另一方面，也将导致市场营销工作的复杂化、经营成本的增加以及经营风险的加大。

（2）技术的进步和信息的快速传播使产品的差异日趋淡化，今日的特殊产品及服务到明天则可能就大众化了。产品、服务独特性的维护工作因而变得极为不容易。

（3）定制营销的实施条件也相对苛刻，定制营销的实施，要求企业具有过硬的软硬件条件。企业应加强信息基础设施建设，如果没有畅通的沟通渠道，企业无法及时了解顾客的需求，顾客也无法确切表达自己需要什么产品。

（4）企业必须建立柔性生产系统。柔性生产系统的发展是大规模定制营销实现的关键。这里所说的柔性，是相对于 20 世纪 50 年代的硬性标准化自动生产方式而言的。柔性生产系统一般由数控机床、多功能加工中心及机器人组成，只要改变控制软件，就可以适应不同品种式样的加工要求，从而使企业的生产装配线具有快速调整的能力。

五、主要类型

（一）合作型定制

当产品的结构比较繁多、可供选择的零部件式样比较繁多时，顾客一般难以权衡，甚至有一种束手无策的感觉。他们不知道何种产品组合适合自己的需要，在这种情况下，可采取

合作型定制。企业与顾客进行直接沟通，介绍产品各零部件的特色性能，并以最快的速度将定制产品送到顾客手中。如以松下电器公司为首的一批企业，开创"自选零件、代客组装"的业务。

（二）选择型定制

在这种定制营销中，对于顾客来说，产品的用途是一致的，而且结构比较简单，顾客的参与程度很高，从而使产品具有不同的表现形式。例如许多文化衫，印上顾客所喜爱的图案、卡通画、幽默短语，可以使消费者的个性得以突出表现。

（三）适应型定制

如果企业的产品本身构造比较复杂，顾客的参与程度比较低，企业可采取适应型定制的营销方式。顾客可以根据不同的场合、不同的需要对产品进行调整，变换或更新组装来满足自己的特定要求。如灯饰厂可按顾客喜欢的式样设计，再按顾客对灯光颜色、亮度的喜好进行几种不同组合搭配，满足顾客在不同氛围中的不同需求。

六、应用范围

定制营销的适用范围十分广泛，不仅可以用于汽车、服装、自行车等有形产品，也可以用于无形产品的定制，如金融咨询、理财规划、信息服务等。

比如戴尔公司的定制就做得非常成功。

戴尔计算机公司于1984年由企业家迈克尔·戴尔创立。迈克尔·戴尔是目前计算机业内任期最长的首席执行官，他的理念非常简单：按照客户要求制造计算机，并向客户直接发货，使戴尔公司能够更有效和明确地了解客户需求，继而迅速地作出回应。

这重革命性的举措已经使戴尔公司成为全球领先的计算机系统直销商，跻身业内主要制造商之列。截至2000年1月28日，戴尔公司的收益达到270亿美元，是全球收入名列第二、增长最快的计算机公司，全球有35 800名雇员。在美国，戴尔公司是商业用户、政府部门、教育机构各消费者市场名列第一的主要个人计算机供应商。

戴尔公司设计、开发、生产、营销、维修和支持一系列从笔记本电脑到工作站的个人计算机，显然，每一个系统都是根据客户的个别要求量身定制的。

戴尔公司通过首创的革命性"直线订购模式"，与大型跨国企业、政府部门、教育机构、中小型企业以及个人消费者建立直接关系。戴尔公司是首个向客户提供免费直拨电话技术支持以及第二个工作日到场服务的计算机供应商。这些服务形式现在已经成为全球行业的标准。

直线订购模式使戴尔公司能够提供最佳价值的技术方案：系统配置强大而丰富，性能表现绝对是物超所值。同时，也使戴尔公司能以更富竞争力的价格推出最新的相关技术。

从每天与众多客户的直接洽谈中，戴尔公司掌握了针对客户需要的第一手资料。戴尔公司提供广泛的增值服务，包括安装支持和系统管理，并在技术转换方面为客户提供指导服务。通过Dell Ware项目，戴尔公司设计并定制产品、服务、销售，包括外围硬件和计算机软件等在内的广泛产品系列。

今天，戴尔公司利用互联网进一步推广其直线订购模式，再次处于业内领先地位。戴尔公司在1994年推出了网站并在1996年加入了电子商务功能，推动商业向互联网方向发展。今天，基于微软公司的操作系统，戴尔运营着全球最大规模的互联网商务网站。该网站销售额占公司总收益的40%～50%。戴尔PowerEdge服务器运作的网址包括80个国家的站点，目前每季度有超过 4 000 万人浏览。客户可以评估多种配置，即时获取报价，得到技术支持，订购一个或多个系统。

戴尔公司作为一个国际性的公司，为更好地满足不同市场需求，在推行定制营销的同时，专门针对不同区域市场推行特定的网上定制，改变了传统营销的手段和方式，开创了一个划时代的革命性的营销新纪元。

5.2.2　汽车电子产品关系营销

关系营销，是把营销活动看成是一个企业与消费者、供应商、分销商、竞争者、政府机构及其他公众发生互动作用的过程，其核心是建立和发展与这些公众的良好关系。1985 年，巴巴拉·本德·杰克逊提出了关系营销的概念。

一、关系营销的形态

关系营销是在人与人之间的交往过程中实现的，而人与人之间的关系丰富多彩，关系复杂。归纳起来大体有以下几种形态：

（一）亲缘关系营销形态

这是指依靠家庭血缘关系维系的市场营销，如父子、兄弟、姐妹等亲缘关系为基础进行的营销活动。这种关系营销的各关系方盘根错节、根基深厚、关系稳定、时间长久、利益关系容易协调，但应用范围有一定的局限性。

（二）地缘关系营销形态

这是指以公司（企业）营销人员所处地域空间为界维系的营销活动，如利用同省同县的老乡关系或同一地区企业关系进行的营销活动。这种关系营销在经济不发达，交通邮电落后，物流、商流、信息流不畅的地区作用较大。在我国社会主义初级阶段的市场经济发展中，这种关系营销形态仍不可忽视。

（三）业缘关系营销形态

这是指以同一职业或同一行业之间的关系为基础进行的营销活动，如同事、同行、同学之间的关系，由于接受相同的文化熏陶，彼此具有相同的志趣，在感情上容易紧密结合为一个整体，可以在较长的时间内相互帮助、相互协作。

（四）文化习俗关系营销形态

这是指公司（企业）及其人员之间具有共同的文化、信仰、风俗习俗为基础进行的营销活动。由于公司（企业）之间和人员之间有共同的理念、信仰和习惯，在营销活动的相互接触交往中易于心领神会，对产品或服务的品牌、包装、性能等有相似需求，容易建立长期的伙伴营销关系。

（五）偶发性关系营销形态

这是指在特定的时间和空间条件下发生突然的机遇形成的一种关系营销，如营销人员在车上与同坐旅客闲谈中可能使某项产品成交。这种营销具有突发性、短暂性、不确定性，往往与前几种形态相联系，但这种偶发性机遇又会成为企业扩大市场占有率、开发新产品的契机，如能抓住机遇，可能成为一个公司（企业）兴衰成败的关键。

二、关系营销的层次

（一）一级关系营销

这是指企业通过价格和其他财务上的价值让渡吸引顾客与企业建立长期交易关系。如对那些频繁购买以及按稳定数量进行购买的顾客给予财务奖励的营销计划。

（二）二级关系营销

这是指企业不仅用财务上的价值让渡吸引顾客，而且尽量了解各个顾客的需要和愿望，并使服务个性化和人格化，以此来增强公司和顾客的社会联系。二级关系营销的主要表现形式是建立顾客俱乐部。

（三）三级关系营销

这是指企业和顾客相互依赖对方的结构发生变化，双方成为合作伙伴关系。三级关系营销的建立，在存在专用性资产和重复交易的条件下，如果一方放弃关系，将会付出转移成本，关系的维持具有价值，从而形成"双边锁定"。这种良好的结构性关系会提高客户转向竞争者的机会成本，同时也将增加客户脱离竞争者而转向本企业的利益。

三、关系营销要遵循的原则

关系营销的实质是在市场营销中与各关系方建立长期稳定的相互依存的营销关系，以求彼此协调发展，因而必须遵循以下原则：

（一）主动沟通原则

在关系营销中，各关系方都应主动与其他关系方接触和联系，相互沟通信息，了解情况，形成制度或以合同形式定期或不定期碰头，相互交流各关系方的需求变化情况，主动为关系方服务或为关系方解决困难和问题，增强伙伴合作关系。

（二）承诺信任原则

在关系营销中，各关系方相互之间都应作出一系列的书面或口头承诺，并以自己的行为履行诺言，才能赢得关系方的信任。承诺的实质是一种自信的表现，履行承诺就是将誓言变成行动，是维护和尊重关系方利益的体现，也是获得关系方信任的关键，是公司（企业）与关系方保持融洽伙伴关系的基础。

（三）互惠原则

在与关系方交往的过程中，必须做到相互满足关系方的经济利益，并通过在公平、公正、公开的条件下进行成熟、高质量的产品或价值交换使关系方都能得到实惠。

四、关系营销与传统营销的不同

（一）营销核心不同

传统营销的核心是交易，关心如何实现交易和吸引新顾客；关系营销的核心是关系，强调如何保持与客户的友好关系，获取忠诚客户。

（二）营销对象不同

传统营销的营销对象只是顾客；关系营销的营销对象则包括顾客、供应商、员工、分销商等与企业利益相关的多重市场。

（三）营销部门不同

传统营销的营销部门其职责就是完成企业的营销任务，其他的部门很少直接参与企业的营销活动；而奉行关系营销思想的企业，其营销任务不仅仅由营销部门完成，许多部门都积极参与和各方建立良好关系，营销部门成了关系营销的协调中心。

经典实例

您的私人定制，BMW 5 系精英之选

BMW 5 系专属定制服务，通过该项服务，顾客可以根据自己的需求为爱车选择心仪的配置和装备，规划自己的梦想座驾。专属定制服务正式遵循这一豪华消费趋势，打破传统的车型配置概念，让购车者从"选你所有"升级成"定我所需"。作为豪华商务轿车市场的领军车型，BMW 5 系将通过专属定制服务更好地满足高端商务人士的个性化需求。例如，选择了 BMW525Li 豪华型的客户，如果对安全科技有更高的要求，可以在专属定制清单上选取主动巡航控制系统和自适应随机控制大灯两项配置，这些配置原来只在顶配的 BMW 535Li 系列上才有。

思考与讨论题

1. BMW 5 系专属定制提供了哪些服务？
2. 阐述定制服务的优、缺点。